广视角 · 全方位 · 多品种

权威 · 前沿 · 原创

皮书系列为

“十二五”国家重点图书出版规划项目

U0832476

中国社会科学院创新工程学术出版项目

低碳经济蓝皮书

BLUE BOOK OF LOW-CARBON ECONOMY

中国低碳经济发展报告（2014）

ANNUAL REPORT ON CHINA'S LOW-CARBON ECONOMIC DEVELOPMENT (2014)

主　编／薛进军　赵忠秀

副主编／戴彦德　王　波

助　编／郭　琳

社会科学文献出版社

SOCIAL SCIENCES ACADEMIC PRESS (CHINA)

图书在版编目（CIP）数据

中国低碳经济发展报告. 2014/薛进军，赵忠秀主编. —北京：社会科学文献出版社，2014.5
（低碳经济蓝皮书）
ISBN 978－7－5097－5998－1

Ⅰ.①中…　Ⅱ.①薛…②赵…　Ⅲ.①节能－经济发展－研究报告－中国－2014　Ⅳ.①F124

中国版本图书馆 CIP 数据核字（2014）第 089225 号

低碳经济蓝皮书
中国低碳经济发展报告（2014）

主　　编／薛进军　赵忠秀
副 主 编／戴彦德　王　波

出 版 人／谢寿光
出 版 者／社会科学文献出版社
地　　址／北京市西城区北三环中路甲 29 号院 3 号楼华龙大厦
邮政编码／100029

责任部门／经济与管理出版中心（010）59367226
电子信箱／caijingbu@ssap.cn
项目统筹／恽　薇　高　雁
经　　销／社会科学文献出版社市场营销中心（010）59367081　59367089
读者服务／读者服务中心（010）59367028
责任编辑／高　雁　颜林柯
责任校对／白　云
责任印制／岳　阳

印　　装／北京季蜂印刷有限公司
开　　本／787mm×1092mm　1/16
印　　张／19.5
版　　次／2014 年 5 月第 1 版
字　　数／297 千字
印　　次／2014 年 5 月第 1 次印刷
书　　号／ISBN 978－7－5097－5998－1
定　　价／69.00 元

《中国低碳经济发展报告（2014）》
编　委　会

主要作者简介

薛进军　经济学博士。日本名古屋大学经济学院附属国际经济政策研究中心教授，国际低碳经济研究所联席所长兼学术委员会主席，国家发改委能源研究所、中国科学院（科技政策与管理科学研究所）、清华大学（气候政策研究中心）客座研究员，对外经济贸易大学、北京理工大学、武汉大学、陕西师范大学、西安交通大学、深圳大学、西北大学兼职教授，碳排放交易湖北省协同创新中心首席科学家，湖北经济学院“楚天学者”，《新加坡经济评论》、《经济科学》（日文版）、《中国人口资源与环境》（英文版）特约编辑，《中国经济研究》（日文版）等杂志编委，以及一些中英日文学术刊物审稿人。曾任陕西师范大学政教系讲师，美国耶鲁大学经济增长中心福布赖特高级访问学者，武汉大学经济学院教授，日本一桥大学经济研究所副教授，英国牛津大学经济系访问教授，日本大分大学经济学院教授等。近著有 *China's Green Low-carbon Development* (co-ed.), Springer, 2013；《不平等的增长——收入不平等的国际比较》（编著）（中文版，社会科学文献出版社，2012；英文版，World Scientific，2013）；《中国的不平等》（日文版，日本评论社；中文版，社会科学文献出版社，2008）；《低碳经济学》（中文版，社会科学文献出版社，2011；英文版，World Scientific，2013）；自2010年主编《中国低碳经济发展报告》（社会科学文献出版社），在 *Energy Policy*、*Singapore Economic Review*、*Asian Economic Journal*、*Chinese Journal of Population Resource and Environment*、《经济科学》（日文）、《经济研究》、《中国社会科学》等刊物上发表英、日、中文论文多篇。近期主持和参与日本文部省、中国教育部、挪威气候变化与环境研究所、湖北省协同创新中心等有关中国经济、收入分配、环境经济、低碳经济、气候变化与能源政策等的重大项目和国际合作项目。

赵忠秀　经济学博士，对外经济贸易大学副校长，教授，国际低碳经济研究所所长，中国国际贸易学会副秘书长，全球商务与贸易国际学会会长，APEC电子商务工商联盟专家委员会秘书长，享受国务院政府特殊津贴专家。专业领域为国际贸易理论与政策、贸易与经济增长、规制经济学、国际直接投资、国际低碳经济等。在国内外重要学术刊物上发表论文数十篇，出版多部专著和教材。曾应邀担任政府、国际机构和企业的研究专家和顾问，经常就贸易和经济问题接受媒体采访，两度担任中央电视台年度经济人物的经济学家评委。主持教育部人文社科研究重大项目“我国碳排放交易市场研究”和北京市重点交叉学科“低碳经济学”等。

戴彦德　国家发展和改革委员会能源研究所副所长，研究员。兼任中国化工节能技术协会理事长、全国能标委能源管理技术委员会主任、中国人民外交协会理事会理事、北京市科协委员、中国能源研究会常务理事。任大连理工大学、北京理工大学、对外经济贸易大学兼职教授等。长期从事能源经济、能源环境、能源发展战略以及节能方面的规划和研究，出版专著、教材多部，在国内外报刊上发表论文30余篇，有多项成果获宏观经济研究院、国家部委科技进步奖。近期主持“实现2020年单位GDP二氧化碳强度下降40%～45%的途径和措施”，“‘十二五’节能规划研究”，“2050年中国低碳之路”，“中国中长期的能源需求情景”及“中国中长期能源发展战略”等国家发展战略和规划项目。

王　毅　中国科学院科技政策与管理科学研究所副所长，博士生导师，中国科学院可持续发展战略研究组组长、首席科学家，第十一届全国人大代表。曾先后在中国环境科学研究院、中国科学院生态环境研究中心从事国情分析、资源环境政策和发展战略研究。主要从事可持续发展相关领域（包括资源、环境、流域管理、能源与气候变化等）的公共政策及发展战略研究。曾主持和参与数十项国家科技重大专项、国家自然科学基金、中科院战略性先导科技专项及各部委委托的课题研究，参与过许多政府部门和有关机构的重大法律、规划、文件、政策建议的研究与起草工作，其中一些专题研究报告受到有关决策部门和社会各界的高度重视。出版专著20多部（包括合著和编著），发表学术论文百余篇，先后获部级科技进步一、二等奖，第四届中国青年科技奖。主要代表作有《中国可持续发展战略报告》（2006～2011）和中国国情分析系列研究报告等。

潘家华　剑桥大学经济学博士，中国社会科学院城市发展与环境研究所所长，研究员，博士生导师。兼任国家气化变化专家委员会委员，国家外交政策咨询委员会委员，中国生态经济学会副会长，中国保护母亲河顾问团成员，欧洲气候论坛理事等。政府间气候变化专门委员会（IPCC）第三、第四、第五次评估报告核心撰稿专家等。研究领域为环境经济学、城市发展、能源与环境等，著有《低碳发展论》《应对气候变化报告》等，发表论文200余篇。

王　波　国际关系学博士，对外经济贸易大学国际关系学院副教授，国际低碳经济研究所副所长，利兹大学商务孔子学院中方院长，利兹大学商学院访问学者。曾任英国东安格里亚大学客座研究人员，在哈佛大学肯尼迪政府学院从事气候变化政策博士后研究。研究领域为国际气候变化与能源政策、技术转让政策、中国外交、美国政治与外交、中欧关系等。著有《美国石油政策研究》等，在重要国际期刊上发表论文多篇。主持教育部社科资助项目"'行业减排方法'对我国参与国际气候变化谈判与合作、履行自主减排承诺的可行性研究"，国家社会科学基金资助项目"国际气候变化谈判框架下的技术转让问题及中国的对策研究"等。

摘　要

《中国低碳经济发展报告（2014）》（以下简称《报告》）是由对外经济贸易大学和日本名古屋大学共同创办的国际低碳经济研究所主持编写的以低碳经济为主题的系列年度研究报告的第四份报告。

2014 年的报告仍然关注以雾霾为代表的大气污染问题，并从环境污染源和碳排放源的角度，将环境污染治理与节能减排结合起来讨论。

2014 年的报告由五大部分组成：第一部分是总报告；第二部分提出中国的低碳经济要从政府主导向市场主导转型，发展市场导向型的绿色低碳经济；第三部分介绍市场导向型的低碳产业发展，指出其成就与问题；第四部分是发展低碳经济的政策分析，报告提出将碳减排与环境治理相结合，利用环境治理的法规、政策方法来减排；第五部分从全球价值链、国际贸易的角度分析中国与世界的碳排放源与碳泄漏问题，提出碳减排的合理分摊和国际合作机制建立的必要性。

总报告指出：近年来，笼罩中国 1/5 国土的雾霾，形成全球最大规模的环境灾害，使中国成为国际社会高度关注的焦点。这些环境问题的集中大规模出现，使得中国民众最关注的社会问题已经越来越转向健康安全、污染防治；而过多的碳排放、急速的能源消费增长和能源进口。总报告指出，新一届政府发出了最强音：“坚决向污染宣战。”但是，“向污染宣战”不能只停留在口号上，还应当落在实处，变为行动。总报告就与节能减排、治理雾霾相关的问题，提出以下建议：（1）从根本上改变经济发展优先的观念，树立环境保护优先的理念；（2）制定《环境与生态发展规划》；（3）极大地增加环境投资；（4）征收资源税、环境税（包括碳税）、房地产税等，用经济手段治理雾霾；（5）开展与环境污染相关的疾病的病例研究；（6）支持市民的环保运动，形成全民保护环境的氛围；（7）像治理环境污染那样治理二氧化碳排放；（8）把环境保护的政府承诺纳入法律体系。（9）产能压缩和转移要严防碳泄漏。

《报告》的第二部分是“发展市场导向型的绿色低碳经济”。绿色低碳经济发展虽然取得了一定成绩。但是，中国的低碳经济发展是自上而下型、主要靠政府推动的。这一方面会在短期内带来大发展，但与此同时也会产生计划经济式的“政府失灵”，太阳能的过快发展导致产能过剩就是一例。对此，《报告》第三章提出要应对日趋紧迫的资源环境压力，必须进一步通过改革激发更大的市场活力，以市场力量为主推动绿色低碳经济加快发展。《报告》认为发展市场导向型绿色低碳经济，必须兼顾创造市场、引导市场、服务市场，做到三管齐下，即通过政府规制污染物排放、界定资源产权等创造绿色低碳发展的市场，通过价格、财政税收和金融保险等政策引导市场发展，通过维护公平竞争、搭建碳排放交易平台等为企业提供充分竞争和交易的机会，达到推动企业主动调整能源浪费和污染物治理行为、借助市场力量发展绿色低碳经济、建立节能减排长效机制的最终目的。《报告》第四章提出想要切实有效推进绿色治理，就需要“观念”、“制度”和“器物”三个层面的支撑和转变，分析了中国推进绿色治理所面临的主要障碍是 GDP 至上的发展模式、过度依赖行政手段和市场作用发挥不足，“资源要素价格扭曲、缺乏公平竞争环境、环保监管不严”制约着绿色治理的深入开展，并提出推进中国绿色治理的政策措施。

《报告》的第三部分介绍了低碳产业发展的现状与问题。其中，第六章介绍了欧盟碳排放交易体系第三期改革的经过，并提出对中国构建碳市场的四点启示。第七章介绍了德国的工业变革和可持续能源发展中“能源转换”对德国的经济结构特别是工业结构的影响。第八章分析了德国电力发展的经验，指出，德国价格分区模式为电力市场勾勒出一个新的市场设计草图，并总结了其对中国的启示。第九章和第十章分别探讨中国光伏和风电产业发展的成就与问题。第十一章和第十二章介绍了台湾的节能减碳和可再生能源发展的措施和成效，探讨了现行政策的问题，提出了未来制定节能减碳目标与政策时应遵循的原则。本年度报告继续关注中国碳排放交易体系的建设。《报告》第十三章介绍了北京市碳排放权交易体系的建设进展，以及其覆盖范围、交易产品、排放核算与报告方法、配额分配等关键技术问题。第十四章分析了湖北省重点行业碳减排差异，认为湖北的试点对于提高碳排放权交易的公平性和经济性，以较低的经济代价推动湖北省低碳发展具有一定意义。

《报告》的第四部分探讨了碳减排和环境保护的综合治理。第十五章从中国节能减排的实际情况出发，分析了环境治理的全过程管理模式与节能减排的关系，阐述了环境治理全过程管理模式的不同环节对节能减排的作用并提出了综合治理的建议。第十六章总结了日本建设低碳社会的主要环境政策包括碳税、FIT、排放量交易制度。第十七章介绍了日本的环境教育和实现低碳社会的一些具体行动及其成效。日本的经验表明，低碳经济、节能减排、保护环境已经成为日本社会的基本理念和市民自觉遵守的准则。

《报告》的第五部分是国际贸易与节能减排。最新研究显示，1/5 ~ 1/4 的碳排放由贸易生产引致。第十八章应用世界投入产出数据库（WIOD）公布的中国非竞争型投入产出表（1997 ~ 2009），测算了各行业出口中的隐含碳；并基于 Fisher 指数分解方法，将出口隐含碳的变动分解为三种因素：总量、效率和结构。研究结果显示，出口结构的调整降低了 CO_2 排放；而效率提升的作用则不太显著；出口总量的增长是贸易隐含碳增加的主要因素。第十九章采用 WIOD 数据库的区域间投入产出表及部门碳排放数据，建立了多区域投入产出（MRIO）模型，构建了消费碳排放核算目录，分析了全球消费碳排放及国际贸易中的转移碳排放量。研究结果表明：2009 年国际贸易中隐含碳排放占到全球消费碳排放的 20%，而这些贸易隐含碳主要是中国和 BRIIAT 生产和出口的，由北美和欧元区消费引起的。分析表明，中国碳排放的 29% 是由其他国家消费引起的。因此，《报告》认为，消费碳排放核算体系的建立对于国际气候谈判日益重要，应在生产者和消费者之间分配碳排放责任，从而改变全球消费模式，真正促进全球性的减排。

Abstract

Annual Report on China's Low-Carbon Economic Development (*2014*) (Hereafter referred as Report) is the 4th annual research report on low-carbon economy edited by the Global Low-carbon Economy Institute which is a joint venture between the University of International Business and Economics and Nagoya University.

The report of this year still pays more attention to The air pollution represented by smog and discusses the environmental pollution control and energy-saving emission reduction together from the perspective of the sources of environmental pollution and carbon emissions.

The report contains five parts: the first part is the general report. The second part is the theme of the report which proposes that a China's low carbon economy should transform from the government-oriented to market-oriented. The third part focuses on the market-oriented low carbon industry development and points out the achievement and problems. The forth part is the policy analysis of the development of low carbon economy. The report proposes to combine the carbon emission reduction and environmental governance and to reduce emissions by environmental management regulations and policies. The fifth part analyzes the sources of carbon emissions and carbon leakage of China and the world based on the global value chain and international trade, and put forward the reasonable allocation of carbon emission reduction and the necessity of establishing the international cooperation mechanism.

The general report point that one fifth of the country's territory suffers from smog in recent years, which is the biggest environmental disaster in the world and makes China the focus of international attention. The emergence of these environmental problems makes Chinese people turn to pay more and more attention to health and pollution control. The general report point out that the new government has declared the strongest voice that the successive governments did not have: "war on pollution". However, "war on pollution" is not only in slogans, but also translate into action. The general report puts forward the following suggestions for energy conservation and smog governance: 1) Change the concept of priority of economic development fundamentally and establish the concept of priority of environmental protection; 2) Establish *Environmental and Ecological Development Planning*; 3) Increase environmental investment; 4) Collect resource tax, environmental tax (including a carbon tax), real estate tax and so on, control smog by economic means; 5) Conduct the research on environmental pollution and diseases; 6) Support legitimate environmental movement and the formation of the atmosphere of national environmental protection; 7) Control carbon emissions of as control environmental pollution; 8) Put the government commitment of environmental protection into the legal system. 9) Capacity compression and trarsfer to fight about leakage.

The second part of the report is "Develop market-oriented green and low carbon economic". China has achieved progress in its development of green and low carbon economic, but China's development of low carbon economy is top-down type which mainly relies on the government promotion. This will bring great development in the short term, but at the same time will also bring the "government failure". The excessive development of photovoltaic industry leads to the overcapacity is an example for "government failure". Therefore, the first Chapter of the report proposes that we must further the reform to stimulate more market vitality, promote the development of green low carbon economy mainly by market forces, to cope with the increasingly urgent pressure on resources and the environment. The report think that the development of market-oriented green low carbon economy must take into account creating market, guiding market and servicing market together, namely: to create a market of green and low carbon development through government regulation of pollutant and the definition of resources property; The provide sufficient competition and trade opportunities for enterprises through the maintenance of fair competition and establishment of carbon emission trading platform. The second chapter proposes that to effectively promote green governance need the support and transformation of "idea", "system" and "objects". The main obstacles of promoting green governance is the development mode of GDP priority, excessive reliance on administrative means and the lack of market function, "price distortions of resource factor, lack of fair competition environment, lax supervision of environment protection". These factors restrict the in-depth development of green governance. Chapter 2 puts forward the policies and measures for China's green governance base on the analysis.

The third part of the report introduces current situation and problems of low-carbon industrial development. The sixth chapter introduces the third stage reform of the EU carbon emissions trading system, and puts forward four enlightenments on the construction of Chinese carbon market. The seventh chapter introduces Germany's industrial transformation and impact of "Energy conversion" in sustainable energy development on Germany's economy structure, especially industrial structure. The eighth chapter analyzes the experience of Germany's power development, points out that the German price zoning pattern outlines a new market design for electric power market, and summarizes the experience and lessons. The Chapter 9 and Chapter 10 discuss the achievements and problems of China's photovoltaic and wind power industry development. The Chapter 11 and the Chapter 12 introduce the measures and effectiveness of energy saving, carbon reduction and renewable energy development in Taiwan, discuss the problem of the present policies, and propose the policy principles that should be followed in the future development of energy-saving and carbon reduction. This report continues to pay attention to the construction of China's carbon emissions trading system. The Chapter 13 introduces the construction of Beijing's carbon emissions trading system, and the key technical problems of its coverage, trading products, emissions accounting and reporting method, quota allocation etc.. The Chapter 14 analyses the differences of carbon dioxide emission reduction in the key industries of Hubei Province. Hubei carbon emissions trading pilot has certain significance on improving the fairness and efficiency of carbon emissions trading and promoting the development of low carbon in Hubei province with lower economic cost.

The forth part of the report discusses the comprehensive control of carbon emission reduction and environmental protection. The chapter 15 analyzes the relationship between the whole process management mode of the environmental governance and energy-saving and emission reduction based on the situation of China's energy-saving and emission reduction, expounds the effects of different links of the whole process management mode of the environmental governance on energy-saving and emission reduction, and puts forward the comprehensive governance proposals. The Chapter 16 summarizes the main environmental policies of constructing low carbon society in Japan including a carbon tax, FIT, and emissions trading system. The Chapter 17 introduces the environmental education of Japan and the action and effects of realizing a low carbon society. Japan's experience shows that low carbon economy, energy-saving and emissions reduction and environmental protection have become the basic concept of Japan's society and the principle by which the citizen consciously abide.

The fifth part of the report is the international trade and energy saving and emission reduction. The latest research shows that 1/5 to 1/4 carbon emissions are caused by trade. Chapter 18 measures the embodied carbon in export of different industries using the non-competition input-output table (1997 – 2009) of China announced by World Input-output Database (WIOD), and decomposes the change of embodied carbon in export into three factors based on the Fisher index decomposition method: quantity, efficiency and structure. The results showed that the adjustment of export structure reduces CO2 emissions, the effect of the enhancement of efficiency is not obvious, and the growth of export is the main factor of the increase in embodied carbon in trade. Chapter 19 establishes a multi-regional input-output (MRIO) model and constructs the accounting directory of carbon emissions in consumption based on the inter-regional input-output table and carbon emissions data announced by WIOD database, and analyzes of the carbon emissions in global consumption and the transfer of carbon emissions in international trade. The results show that: in 2009, the carbon emissions embodied in international trade accounted for 20% of carbon emissions in global consumption. These carbon emissions embodied in trade is mainly from the production and export of China and BRIIAT, caused by the consumption of North American and euro area. The analysis shows that 29% of China's carbon emissions are caused by the consumption of other countries. Therefore, the report deems that the establishment of accounting directory of carbon emissions has become increasingly important for international climate negotiations and the distribution of carbon emissions responsibility between producers and consumers, thus changing the global consumption patterns and promoting global emission reduction.

目 录

𝔹 Ⅰ 总报告

𝔹 Ⅱ 低碳经济发展模式转型

𝔹 Ⅲ 发展市场导向型低碳产业

CONTENTS

Ⅰ General Report

Ⅱ Low-carbon Economy Development Mode Transition

B III Develop Market-oriented Low-carbon Industry

B IV Energy-saving and Emission Reduction & Environment Control Method

B V International Trade and Carbon Emissions

B VI Appendix

总　报　告

General Report

B.1

中国向污染宣战

薛进军　赵忠秀*

摘　要：

近年来，笼罩中国1/5国土的雾霾，形成全球最大规模的环境灾害，使中国成为国际社会高度关注的焦点。这些环境问题的集中大规模出现，使得中国民众最关注的社会问题已经越来越转向健康安全、污染防治，环境问题已成为中国社会新的不稳定因素，而过多的碳排放、急速的能源消费增长和能源进口，也使中国成为国际社会评价的中心。

中国已经出台了严格的环境保护法，采取了严厉措施，制订了世界上最大规模的节能减排计划，中共十八大又提出要发展绿色低碳经济、实现发展模式根本转变，《"十二五"规划》

* 薛进军，湖北省碳排放权交易协同创新中心首席科学家、湖北经济学院"楚天学者"，日本名古屋大学经济学院附属国际经济政策研究中心教授，国际低碳经济研究所联席所长；赵忠秀，对外经济贸易大学副校长，国际低碳经济研究所所长。

确定了更高的节能减排和环境保护指标，新一届政府发出了最强音：“坚决向污染宣战。”刚刚颁布的《中华人民共和国环境保护法》，将保护环境作为“国家的基本国策”，提出各级政府必须将环境保护纳入国民经济和社会发展规划。

关键词：

雾霾　环境污染　环境安全　“向污染宣战”

引　言

中国在2010年超过日本成为世界第二大经济体、2013年超过美国成为世界第一大货物贸易国的同时，也成为全球温室气体排放大国和环境污染大国，根据国际能源机构的最新数据，截至2011年，中国二氧化碳排放量已经占到世界排放总量的25.5%（IEA，2013），也就是说，世界上1/4的碳排放来自中国。

与此同时，中国频发的大气污染问题也被国际社会高度关注，雾霾笼罩中国1/5国土，形成当今全球最大规模的环境灾害。环境问题的集中大规模出现，使得中国民众最关注的社会问题已经越来越转向健康安全、污染防治。可以说，环境问题已成为中国社会新的不稳定因素，而过多的碳排放、急速的能源消费增长和巨量的能源进口，也使中国成为国际社会关注的焦点。

节能减排、发展低碳经济和进行环境治理，一方面，受国际社会的压力驱动，它关乎中国能否持续发展、能否保持国际环境安定、能否和平崛起，从这个意义上讲，节能减排和保护环境是国际政治经济学；另一方面，则由国内经济发展对能源与资源的消耗，以及公众对发展质量提高的诉求所决定。目前，环境突发事件频发，降低了企业的诚信度，影响了政府的威信，从而直接威胁到中国经济社会的稳定，从这个意义上讲，节能减排、发展低碳经济和进行环境治理是国民政治经济学。

中国已经出台了严格的环境保护法，采取了严厉措施，制订了世界上最大规模的节能减排计划，但取得的效果未能抵消问题的扩大，因而环境问题愈演愈烈。相应的，生态文明建设被提到了前所未有的战略高度，中共十八大提出了发展绿色低碳经济、实现发展模式的根本转变，《“十二五”规划纲要》确定了具体的节能减排和环境保护指标，在十二届全国人大会议上，新一届政府把保护环境提到空前的高度，李克强总理在十二届全国人大二次会议上代表国务院向大会所做政府工作报告提出：“生态文明建设关系人民生活，关乎民族未来。雾霾天气范围扩大，环境污染矛盾突出，是大自然向粗放发展方式亮起的红灯。必须加强生态环境保护，下决心用硬措施完成硬任务。”新一届政府宣誓：“要像对贫困宣战一样，坚决向污染宣战。”2014 年 4 月 24 日颁布的新修订的《中华人民共和国环境保护法》，将保护环境作为“国家的基本国策”，第一次提出各级政府必须将环境保护纳入国民经济和社会发展规划，为节能减排和环境保护提供了法律保障。期待这一次的决心和法律制度建设会转变为有成果的坚决行动，从根本上解决环境危机，实现可持续、有质量的发展。

一　中国是世界上最大的碳排放国之一

中国在为成为经济总量大国、贸易大国而感到自豪的同时也应看到，中国的碳排放与其人口规模、经济规模、制造业产值、能源使用量在占世界总量中的比重是不相称的。如图 1、图 2 所示，以 2011 年为例，中国的人口占世界人口的 19%，国内生产总值按购买力平价计算只占到 14.5%，制造业产值只占世界制造业总额的 13%，即使是出口大国出口额也只占到世界总出口额的 10%，但却排放了世界碳排放总量的 25.5%（尽管人均排放量低于发达国家）。由此可见，中国的高速增长的动力主要来自依靠资源投入和能源消耗推动的高碳经济。

中国的温室气体排放剧增与以煤为主的能源结构有关。2011 年，中国的碳排放量达到 80 亿吨，占全球总排放量的四分之一强，超过美国排放量的 50% 左右。2005～2011 年，全球新增二氧化碳排放量中，中国所占的比重达 60% 以上。即使按人均水平来看，中国人均二氧化碳排放量已达到 6 吨，超过世界平均水平，预计 2020 年前人均排放量将超过欧盟（数据引自本报告附录

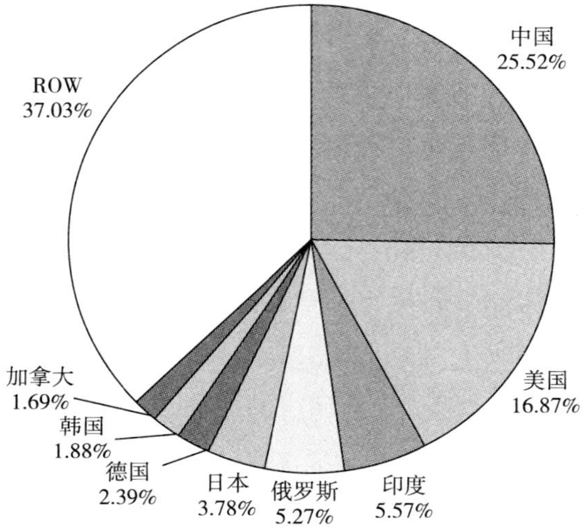

图 1　各国二氧化碳排放总量的占比（2011 年）

资料来源：IEA（2013）。

中国与世界之比（2011 年）

人口：19%（13.3 亿人）

GDP：14.5%（PPP）

制造业：13%

出口：10.4%

进口：9.7%

一次能源消费：21.9%

二氧化碳排放：25.5%

环境成本：17.7%

图 2　中国对世界之比

资料来源：IEA（2013）；World Economic Outlook Database 2013；环境成本的估算值引自 Tsinghua-IDE-USITC-Nagoya 研究项目。

二）。从长远看，如果中国的温室气体排放没有达到峰值，全球几乎不可能达到峰值。在国际谈判中，如果中国只承诺强度减排目标，全球几乎很难将中长期温度上升控制在 2 摄氏度以内。因此，一些发达国家和部分小岛国提出中国要尽早做出绝对量减排的承诺，承担更多的温室气体减排义务。

中国政府向国际社会承诺了自主减排40%~45%的目标（到2020年，单位GDP二氧化碳排放量将比2005年下降40%~45%），为了实现这一承诺，《“十二五”规划纲要》中制定了节能16%和减排17%的目标，国家发改委也将指标按各地区的经济发展水平分解到各个行业和地区。中国在向各行业和地区分摊减排指标时，也根据各行业的增加值和各地区的GDP及排放强度，确定了不同的减排指标，初步显示了“共同但有区别的责任”原则在国内的应用。

一个颇具讽刺意义的现象是：作为世界的工厂，中国在为世界提供美味的中国菜、让越来越多的人品尝“舌尖上的中国”的同时，也在承受着对这些美味佳肴各式各样的品头论足，世界对中国碳排放增加、减排力度不够、能源使用过度、环境污染等的批评，就是其例。但是，国际社会也应当看到，中国的碳排放一部分是自己生产、自己消费的，还有一部分是在中国生产、在国外消费的，也有从国外引进的碳排放，这就是常说的碳泄漏问题。因此，在实施节能减排、环境保护的过程中，还需要从生产和消费两方面，精细地测算中国在全球价值链和国际贸易中到底制造了多少、又消费了多少二氧化碳和环境污染物，建立国际碳排放账户，合理地分配碳减排指标。换言之，中国的碳排放问题不只是中国的问题，而是一个国际问题，需要国际合作才能解决。

综上所述，中国不仅面临着日益趋强的环境约束，同时也在承受国际社会的批评和减排压力。中国是排放大国，国际社会要求中国减排也在情理之中。在强调“共同但有区别的责任”，区分碳排放的历史责任和现实责任的同时，厘清在国际经济交往和投资贸易中谁生产了多少二氧化碳和消费了多少二氧化碳的同时，还应当认识到：中国已经是一个经济和贸易大国，既然是大国，就应当在享受世界工厂和出口贸易利益的同时，承担起大国的责任，更大幅度地实施自主减排，在治理好自己环境的同时，积极帮助那些不具备资金和技术条件的发展中国家节能减排、治理环境，这不仅是对世界做出大国承诺的必要，也是履行大国责任、呈现大国风范、提高大国威信、实现大国权威和引领作用的必要。

中国是世界第一人口大国、第一货物贸易大国和第二经济大国、世界第一大温室气体排放国，中国的国际影响力日益增大，因此，中国的事情就是世界的事情，中国碳减排的一小步就是世界碳减排的一大步。从这个意义上讲，中国可以引领世界减排，在气候谈判中有更大的发言权。

二　中国已成为污染大国

中国在成为世界工厂的同时，也成为环境污染大国，污染物排放位居世界前列。2013 年，大气污染成为受到高度关注的国际问题，雾霾笼罩中国 1/5 国土，形成全球规模较大的环境灾害。近些年，中国民众最关注的社会问题已经越来越转向健康安全、污染防治等。可以说，环境问题已成为中国社会新的不稳定因素，而过多的碳排放、急速的能源消费增长和进口，也是国际社会批评中国的重要口实，以及引发国际摩擦的重要因素。

环境统计数据和最近频发的环境突发事件表明，中国已成为污染大国。《中国低碳经济发展报告（2013）》指出：中国各类污染物排放量均居世界首位，并远远超过自身的环境容量极限。目前，中国消费了世界约 21% 的能源，11% 的石油，49% 的煤炭，排放了占世界 26% 的 SO_2，28% 的 NO_x，25% 的 CO_2。在大气污染物排放方面，2011 年，中国 SO_2 排放量达到 2218 万吨，与 1981 年美国的排放量相当，而同期美国排放量为 1036 万吨，欧盟 27 国为 598 万吨，日本为 78 万吨。据环保部门测算，中国空气中 SO_2 浓度达到国家二级标准时的环境容量为 1200 万吨/年，2011 年实际排放量超过环境容量的 84.8%。2011 年，中国 NO_x 排放量达到 2404 万吨，而同期美国为 1394 万吨，欧盟 27 国为 1041 万吨，日本为 187 万吨。

1. 土壤污染

中国的土壤污染严重已是不争的事实，但长期以来，土壤污染状况及其数据一直处于秘而不宣的状态，缺乏透明度，且话题敏感。环境退化特别是土壤污染危及食品安全和身体健康，也是引起民众不满和产生突发事件的重要因素之一。2014 年 4 月 17 日，国家环境保护部和国土资源部第一次发布《全国土壤污染状况调查公报》，公报显示的调查结果可谓触目惊心——中国近 1/5 的耕地、约 1/6 的土壤受到污染，其中毒性很强、对人体健康损害巨大的是镉、镍、砷三种主要污染物。公报指出，全国耕地的污染超标率为 19.4%，而土壤总的超标率为 16.1%，其中 1.1% 为“重度污染”，而南部与西南部的土壤污染更为严重。

土壤污染调查数据还没有完全公布，目前所获得的数据还只是粗线条的。但我们知道，土壤是粮食之本，土壤污染殃及我们摄入的食物及与土壤接触的空气和水，直接威胁人体健康，食品安全问题令人关注。

2. 水污染

水污染不仅会造成巨大的经济损失，更直接危害百姓的饮用水安全。据世界卫生组织的调查，在发展中国家，各类疾病的 80% 是由水污染造成的，每年水污染至少造成全球 2000 万人死亡（WHO，2012）。

中国一直高度关注水污染防治问题，并实施了非常严厉的政策措施，2012 年，国家批复了《重点流域水污染防治规划（2011～2015 年）》，发布了《华北平原地下水污染防治工作方案》等。然而，这些政策的效果并不明显，当前中国水污染的整体形势仍未扭转，多起水污染事件接连上演，一幕幕依然触目惊心。除了 2005 年的松花江污染事件，近年来又发生了山西长治苯胺泄漏污染河流（2012 年 12 月 31 日）事件，造成山西沿途 80 公里河道人畜饮用自然水暂停，而河北邯郸由于上游水源污染也发生饮用水污染，致使出现大面积停水。2014 年 4 月，又发生了兰州“4·11”水污染事件、汉江武汉段水质氨氮超标等事件，均向城市用水安全敲响了警钟。

3. 空气污染

世界卫生组织的报告显示，2012 年，全球有 700 万人死于室内及室外空气污染，其中超过 1/3 的死亡病例出现在包括中国和印度在内的快速发展的亚洲国家（WHO，2013）。《科学美国人》的研究论文也揭示，在中国和印度，全部人口都会接触空气中的细微颗粒物 PM2.5，而这种颗粒能侵入人的肺部，进入血液循环系统，成为癌症等疾病的病原。

在中国，环保部的报告显示，2013 年底，在中央政府监测的 74 个城市中，只有 3 个城市达到了官方制定的最低空气质量标准，其中空气质量最差的城市集中于发电和炼钢在内的燃煤工业聚集的北方城市。环保部网站的报告称，在京津冀地区，2012 年空气质量达标天数比例仅有 37%，而拥有 2000 万人口的首都北京城市空气质量达标天数比例仅为48%。雾霾不仅使得天气雾蒙蒙，还给民众心理带来压力，影响人们的情绪和健康，影响工作效率（这一观点源于同对外经济贸易大学校长施建军教授的对话），进而影响社会稳定。

三　再次聚焦雾霾问题

《中国低碳经济发展报告（2013）》收入了5篇文章，介绍了以雾霾为代表的大气污染，分析了雾霾生成的机理和原因，并介绍了日本等国治理环境污染的经验。在2014年的报告中，我们仍然需要再提雾霾问题，这是因为，2013年以来，“PM2.5”、“雾霾”、“北京咳”、“爆表”、“机场关闭”、“高速封闭”、“汽车限行”及“摇号”等，继续成为中国媒体的高频词语，可以将雾霾概括为2013年发生的重大事件。而2013年全年雾霾发生的特点是：发生面积大（大范围，不分东部西部、城市农村）、持续时间长（正如国家发改委副主任解振华所说是“常态化”了）、污染程度更高、危害程度加大。

（一）雾霾问题的严重性

雾霾问题的严重性主要表现在以下几个方面。

第一，严重影响当前和今后的经济活动。比如，经济增长率下降，一些地方工厂停产、搬迁，汽车限制行驶，学校停课等。雾霾甚至影响外资引进，一些外资人员望中却步。[①] 随着对应措施的不断出台，中国的经济增长无疑会受到影响。[②] 甚至有一些技术性人才在考虑向外移民。

---

① 一些外资企业开出了以雾霾为名的污染或健康津贴。

② 据新华社转引香港《南华早报》3月28日的报道，环保部环境规划院进行的一项研究发现，中国正因普遍存在的污染问题付出越来越大的代价，2004～2010年，污染导致的直接经济损失翻了一番以上，污染导致的环境退化成本占2010年国内生产总值的2.5%，如果将生态系统（森林、湿地和草地）受到的破坏计算在内，损失更高达1.54万亿元，相当于当年GDP的3.5%。更令人担忧的是，2010年环境退化成本增速超过了GDP增速，前者为13.7%，后者则为10.4%。而世界银行2007年的估计则认为，仅空气和水污染对中国经济造成的健康和非健康损失就相当于中国GDP的5.8%。

第二，严重危害健康特别是妇女和儿童的健康。有报道说每年几十万人死于污染，京津冀、上海等地肺癌患者激增，儿童医院呼吸病患者爆满等[①]，甚至有报道说雾霾影响妇女生育[②]（这些报道需要医学的进一步论证，但在某种程度上反映了社会的焦虑）。2012 年 12 月英国著名医学杂志《柳叶刀》发表研究报告指出，“环境颗粒物污染”是排在饮食、高血压和吸烟之后的中国第四大致命因素，并用数字说明在 2010 年，中国有 120 万人因户外空气污染而过早死亡，几乎占全球总数的 40%。中外学者联合在《美国国家科学院院刊》（PNAS）2013 年 5 月发表的一篇研究论文，通过研究 1981 ~2000 年的污染数据和 1991 ~2000 年的健康数据，发现 1 立方米空气每增加 100 微克的颗粒物，就会让人均寿命相应减少 3 年，而与淮河以南相比，淮河以北的北方人在冬季由于用煤取暖，每立方米空气含有的颗粒物要多约 185 微克。基于这些数据分析，淮河以北的居民的人均寿命约比淮河以南居民少 5.5 年。虽然各界对这项研究成果均有质疑，但作为一项基于抽样调查的结果，多少反映了大量使用煤炭作为能源所引起的大气污染对人体的危害性。

第三，影响国际声誉。国外的报刊几乎每天都有有关中国雾霾的报道，甚至一些国家还把自己的污染和雾霾同中国相联系。美欧日一些企业开始给来华员工发放“健康补贴”及“污染对策补贴”等，可见雾霾的严重程度。而雾霾问题已让中国人蒙羞。

第四，严重威胁社会安全。环境污染事件引起民众的关注，一些突发事件不断见诸媒体。这都不利于构建和谐社会，如果同其他因素加在一起，已经和正在形成重大的威胁社会稳定的因素。中国的环境保护先驱者曲格平在 2013 年 6 月 13 日接受《南方周末》记者采访时尖锐地指出：“世界范围内还没有哪个国家面临着这么严重的环境污染……不惩治腐败要亡党亡国，不消除环境污染，不保护好生态环境，也要亡党亡国。”

（二）雾霾的成因

中国的雾霾成分很多，主要成因有：

---

① 《外界关注中国政府治理污染措施希望与阻力并存》，《环球时报》2014 年 2 月 25 日。

② 中国社会科学院、中国气象局：《应对气候变化报告（2013）》，社会科学文献出版社，2013。

第一，工厂的烟尘、粉尘等污染物。作为世界的工厂，中国的制造业附加价值已占到世界的20%以上，因此工业烟尘粉尘排放是世界第一也在情理之中。中国还要进一步发展，这还将持续很久。对京津冀地区排放源的分析发现烟尘、粉尘等约占30%，虽然北京搬迁了一些污染排放大户到周边省份等地区，但这仅仅改变了污染物的“产地”，并反过来形成了“四面雾‘埋’围京城”的新态势。

第二，使用化石能源的汽车尾气排放。中国的汽车保有量随着人均收入的增加而不断增加，此外中国的道路宽广、里程长，喜欢大排量、多功能车的人越来越多，加上汽油杂质较高，汽车排放对雾霾的影响还会加重。

第三，大规模的“圈地运动”和全国性的“造城运动”如火如荼。很多城市变成了“满城挖”，“全城工地”，而房屋在建造时大多没有加装护栏和防尘设施，形成满城尘土。

第四，能源结构。在中国的能源结构中，煤炭占到约7成，而由于脱硫技术尚未完全普及，来源于煤炭利用的二氧化硫随着工业化、城市化的加快和人口的不断流动不断增加。

第五，农村的秸秆燃烧排放的二氧化碳等，没有环保措施的乡村工业排放等。

第六，自然地理，特别是内陆性的地理环境及缺乏海洋性季风等气候条件，也限制着雾霾的排散。

但是，中国的碳排放、环境污染的根本原因在于追求脱贫、经济发展优先的低层次发展理念，以高耗能、高排放为特征和以制造业为主的产业结构、在全球价值链中的低端地位、以煤炭为主的污染型能源结构。因此说，治理污染，目前制定节能减排政策和采用大投资式的治理方式，只治点，不治面，没有击中要害，并没有找到碳排放源、环境污染源。

（三）雾霾会持续多长时间

在2013年的报告中，我们根据英国、日本、德国、美国治理大气污染的经历，提出了中国从根本上而不是一时治理好大气污染，需要20～30年。这一观点被许多媒体引用，引起不同反响，也在国家决策机关和政策制定者之间引起不同争论。国家发改委副主任解振华在《应对气候变化（2013）》发布会上表示：雾霾天气几乎常态化，通过5～10年的治理，大气污染状况有望改善（人民网，2013年11月6日）。在2014年的两会记者招待会上，也有记者以"有专家认为治理雾霾需要20～30年"为题向人大代表提问，雾霾到底需要多少年才能得到根本治理，得到了不同的回答。原国家气象局局长秦大河表示："如果我说我们也要30年，老百姓感到很失望；如果我们说只有三五年，那是不符合实际的……30年太久，三五年也不现实，我们需要一定的历史时期"（2014年3月9日，新华网）。这可能是既考虑政治因素又照顾老百姓情绪的两全其美的回答了。可见，与土地污染一样，雾霾问题已经超出了科学研究的范围，成为敏感的政治话题和社会问题。

关于何时才能治理好雾霾，我们在这里再次阐述自己的观点。目前，中央已经下定决心、花费巨资，要在3～5年内从根本上改善环境污染特别是雾霾问题，这使得人民群众看到了缩短这一进程的希望。为此有人乐观地认为，雾霾问题只要3～5年就可以解决，我们不同意这一观点，因为政治表态、社会期望与实际的治理不同。诚然，3～5年雾霾可以在一定程度上得到改善，但是很快会有反弹，比如2008年北京奥运会后的短期效果。要从根本上治理好雾霾、重现蓝天白云，我们依然坚持我们的基本判断：按照目前的经济发展模式和技术水平，需要20～30年时间，即使采取最严厉的措施，采用最先进的技术，最快地实现经济结构转型，奇迹性地改善环境，也需要15～20年时间。

做出这样的判断所依据的是国外的经验和中国的条件。在治理大气污染方面，英国、德国和日本用了30～50年。中国是一个发展中大国，有13多亿人口，城市化率刚刚超过50%，第二产业比重接近50%，采用出口带动的增长模式，同时又是世界的工厂等，这使得中国的环境问题比其他国家更严重，范围更大，牵扯面更广，原因更复杂，治理起来更困难。因此，中国的经济社会结构达到发达国家现在的水平，还需要20～30年。

其一，中国环境危机的根源之一是大量使用煤炭而产生大量二氧化硫，如果不彻底改变这种能源结构，雾霾不可能从根本上解除。据国家发改委能源所的一项研究，中国能源结构转变和能源消费下降的转折点在2050年左右才能出现，即使是采用最严格条件的情景分析方法，也要在2030年才能出现拐点

(Xue Jinjun, Zhongxiu Zhao, Yande Daily, Bo Wang, 2013)。因此，我们坚持认为：在没有根本改变以煤炭为主的能源结构、没有达到能源消费从递增到递减的拐点之前，短期内“改善”环境状况是可能的，但要从根本上“改变”环境状况是不可能的。

其二，中国在全球价值链上尚处于低端，这就决定了中国主要是靠劳动和资源密集型的产业发展方式来推动经济发展。这一产业价值链定位造就了中国的经济只能是拼能源与资源型的高污染、高碳经济，采用以制造业为主的出口结构。而大量低端产业的存在容易带来环境污染和超高碳排放，这是造成中国环境问题的最根本原因。因此，产业结构的改变、发展模式的转型，是治理雾霾的根本。

其三，环境治理的关键是环境技术进步和环境产品开发，美、日等国的研究估计，中国在这方面与先进国家的差距在 20~30 年。

《中国低碳经济发展报告（2013）》显示，中国的二氧化硫等污染物的排放虽然有所减少①，但还不能说已经经过了库兹涅兹曲线的拐点，而二氧化碳的排放还在持续升高，因此，中国的环境可能继续恶化。对此，我们既要有耐心，也要有诚心对应。

（四）借鉴国外的经验治理中国的雾霾等环境问题

国外有很多经验可以用于中国的环境治理。其中日本的经验很值得我们研究和借鉴，因为中国现在正在亦步亦趋地走日本高度发展和先污染、后治理的老路。

在 20 世纪 50~70 年代的高速增长期，日本政府也制定过类似于中国开发区的“全国综合开发计划”，指定了集中于沿海地区的十三个新产业城市、六个工业整备特别地区集中发展重化工业。60 年代，日本的 GDP 年增长率达到 9%，60 年代后半期更高达 12.4%，这使得日本在 70 年代后期成为“世界工厂”和“制造业大国”，“日本制造”成为其代名词，索尼、日立、东芝、松下等成为世界知名品牌。与此同时，日本的能源消费增加了 7 倍。其结果，70

① 中国的环境统计数据在国际上受到质疑，曲格平先生也非常“担心环境统计数据的准确性”。曲格平：《四十年环保“锥心之痛”》，《南方周末》2013 年 12 月 26 日。

年代后期日本成为第二经济大国，再其后，与欧美贸易摩擦不断，知识版权纷争激增，日本将超过美国成为世界第一的“日本威胁论”甚嚣尘上。

日本取得这些成就的代价是“四大公害病”和极大的社会混乱。日本在1955～1965年发生了严重的大气污染，也有过能见度只有30～50米的恶性记录，其中最严重的是四日市的哮喘病。1970年7月18日，东京都发生“光化学雾霾”现象，仅这一天受污染危害的人数就达5200人，407人呈现眼睛受强烈刺激和呼吸困难等病症。这些事件，引发了由环境污染而形成的市民运动、“反发展”游行，民事与刑事诉讼事件激增（资料引自《日本大气污染治理的历史》）。

日本治理这些环境问题的做法和经验可以归纳为以下几点。

（1）发展理念的根本转变。1970年以后，由于环境事件频发，市民运动蔓延全国，环境诉讼激增，环境病的赔偿剧增，日本认识到“经济发展优先”的代价太高，因而开始转变为“环境保护优先”，形成了“没有福祉就没有发展”的新理念。这从根本上改变了政府、企业、民众对经济发展目的的看法，达成了“没有美好环境就没有发展”的社会共识。

（2）经济决策的民主化和环境问题治理的法制化。从70年代起，日本逐渐形成了循环、共生、参与、国际合作的“环境治理四原则”，其中的“共生”就是经济与生态和谐发展，“参与”就是民众参与经济发展计划的制定，与政府和企业协商共建企业和携手治理污染问题，使得企业的发展在遵守国家法律、国家政策和地方政府条例的基础上，得到市民的理解和支持。一些地方还形成了新建企业、增加设施必须同当地政府签订“公害防止协定”，同市民团体建立共同发展会议（如北九州市的企业市民协商会）等惯例。

日本重视环境治理的转折点是1970年的国会，这一年的国会共通过了14项环境保护法律，被称为“防公害国会”。这些法律从法制上为环境保护提供合法性和法律依据，从制度上保证了环境保护的执行，形成了对企业、政府、个人经济行为的环境约束。值得指出的一点是，这些法律不是摆设，而是实实在在地被执行，大家都自觉遵守。

（3）市民运动蓬勃兴起。在日本，环境问题的解决不是单单依靠政府，而是先从民众运动开始，矛头直接指向污染肇事企业。这种植根于民众的环境保护意识、民主化的经济决策过程，是日本从一个污染大国变成环境保护大国的基础。

（4）环境诉讼和公害健康补偿。四日市哮喘病的诉讼是一个典型的例子。“四日市哮喘病”起因于石油冶炼企业群排污造成空气污染，引发了哮喘、扁桃腺炎、慢性支气管炎、结膜炎、肺气肿、心脏病等多种疾病。60年代，四日市成为日本重要的能源加工基地，该市只有20万人，但石化工业产值占到全国的25%，工业产值在全国556个城市中排在第12位。这些石化冶炼企业的烟尘排放引发了严重的呼吸道疾病。1972年，市民状告石化冶炼企业造成市民呼吸道疾病，三重大学的研究人员用医学案例证明呼吸道疾病增加与企业排放污染物造成的空气污染有关，从而第一次打赢了环境污染的官司。与此同时，又发生一起一名学生因哮喘病死亡的事件，引发了全国性的市民抗议游行运动，各地也借鉴四日市的经验，运用法律手段起诉污染企业。这些运动普及了环境知识，提高了民众的环境意识，迫使企业自觉地采取环保措施。

（5）企业自主应对环境问题。市民运动、法律和政策规制，开始是迫使企业被动地改善环境，但随着环境意识的增强，企业开始自觉地增加环境投资，研发环境技术，开发环境友好型产品。数据显示，1966～1971年，企业的公害防治设备投资占企业设备投资从34%增长到69%，公害防治设备投资占企业设备投资总额的比例从1966年的5%增长到1971年的17%（Satoshi Watanabe，2013）。从日本的经验来看，只有企业自身关注环境问题，自觉地保护环境，环境问题才能真正得到解决。

（6）环境技术和环境友好型产品的开发。研究证明，日本主要从产业结构调整、能源结构转变、环境技术革新等方面治理雾霾。日本用了30多年，把第二产业的比重从70年代的50%降到现在的27%，能源结构从燃煤型转换成燃气和液态石油型，而这些转变的重要方法和保证是节能和环境技术的开发和利用。资料显示，1955年，日本一次能源使用中煤炭、石油的比例是49%、19%，到了1965年，这组比例翻转成27%、58%，煤炭的比重10年减少了22个百分点，实属奇迹。

日本能源结构转变的转折点是石油危机。日本是一个资源和能源匮乏的国家，其化石燃料基本依靠进口。1973年和1978年两次石油危机严重影响了向经济大国行进中的日本经济，特别是第一次石油危机造成1974年物价上涨24%，直接导致日本高度成长期的终结（Satoshi Watanabe，2013）。但这也形成了倒逼机制，刺激了节能和环境治理技术的迅猛开发，促成了日本经济向环境友好型过渡。数据表明，70年代以后日本与环境有关的专利数量急剧增加，这就为日本的能效提高、环境治理提供了科学技术保障。这些技术使产业部门能耗降低成效显著。与此同时，日本已有17位诺贝尔奖获得者，其中自然科学奖多与节能减排和环境有关。这些使得日本成为环境技术创新和出口大国。

四 “向污染宣战”

中国已经制定了严格的环境保护法，采取了严厉措施，确定了世界上最大规模的节能减排计划，中共十八大又提出要发展绿色低碳经济、实现发展模式根本转变，“十二五”规划确定了更高的节能减排和环境保护指标，新一届政府发出了最强音：“坚决向污染宣战。”刚刚颁布修订的《中华人民共和国环境保护法》，将保护环境作为“国家的基本国策”，提出各级政府必须将环境保护纳入国民经济和社会发展规划。

一个国家的政府提出“向污染宣战”，这在世界上也是很特别的事例，它表明中国的环境污染不仅达到了生态负载的极限，也已超越了社会民众的可容忍程度，触动了政府的公共治理底线，是形势所迫，到了非立即解决不可的地步。

但是，“向污染宣战”不能只停留在口号上，还应当落在实处，变为行动。在此，我们仅就与节能减排、治理雾霾相关的问题，提出以下建议。

（1）从根本上改变经济发展优先的观念，树立环境保护优先的理念。为此，应当设置硬性的环境保护指标作为指令性指标，将经济增长率作为指导性指标。各部门领导、地方干部、企业负责人任职时签订环境保护协议，并切实监督执行。建立群众参与地方发展规划、大型投资方案制定、企业环境监督等机制，逐步实现决策透明化、民主化。在这方面，目前已有了积极的改进，比如，中央政府不再把经济增长率作为考核干部的唯一硬指标，并且调低了经济增长预期，也就是说宁可降低增长率也要保护好环境。

（2）制定《国家环境与生态发展规划》，形成五年规划和中长期规划联动机制，像制定国民经济与社会发展规划一样，确定更严格具体的环境指标，作为国家基本政策实施。为此，如同 80 年代政府向贫困宣战一样，制定相应的政策，拿出具体措施，提出具体时间表。

（3）极大地增加环境投资，大力支持环境技术的研发，普及环境友好产品的生产和使用，为经济转型、能源结构转变提供根本技术保障。

（4）征收资源税、环境税（包括碳税）、房地产税等，用经济手段治理雾霾。

（5）开展环境污染与疾病的病例研究，从医学科学上为环境事件也为政府决策提供科学依据。这一方面中国还特别欠缺，缺乏系统有力的医学证据，应当花大力气加强。与此同时，也要制定大气污染的应急对策，科学地引导人民群众预防并治疗由此引发的疾病。

（6）支持合法的群众环保运动，形成全民保护环境的氛围。人民群众也要学会用法律手段解决环境事件。必要时，可以像美国、日本打击环境污染那样，打一场具有全国影响力的环境官司，借此普及环境法，警示各界，形成大家自觉守法遵纪、爱护环境的良好风气。

（7）像治理环境污染那样治理二氧化碳排放。地球变暖、气候变化、二氧化碳排放增加，这些实际上都是环境问题，而减少二氧化碳排放，与环境保护紧密相关，是一个问题的两个视角。从温室气体对气候变化、人类生存和经济活动的影响，以及对大气污染的作用和对人体健康的危害等的直接与间接影响来看，我们认为：二氧化碳应当列为污染物（关于这个问题的讨论，详见本文附录）。

我们需要从国际、国内两方面来考察这个问题。从中国目前环境污染和温室气体排放的源头看，环境污染和温室气体排放主要来自煤炭的大量使用。只要处理好煤炭这一核心问题，治理环境污染和减少温室气体排放就有统筹兼顾的可能性。因此，在政策制定的过程中，应该把环境污染治理政策和温室气体减排政策连接起来，实行环境污染治理与应对气候变化的“协同”，在具有兼顾作用的地方投入更多的资金，发挥“一石二鸟”的作用。例如，京津冀地区、珠三角和长三角地区燃煤电厂、燃煤锅炉的治理，就兼具环境污染治理和温室气体减排的双重功效，需要加大力度。

世界各国在应对气候变化时，基本使用的是治理环境的法律、政策和措施。为此，中国也可以借鉴国外的做法，用治理大气污染的手段实施减排。其具体方法可以简单概括如下。

第一，实行碳排放总量控制。总量控制是各国环境保护政策中最简单而有效的政策，在国际上，各国政府承诺的减排指标也是以总量削减为主，虽然一些国家承诺的是单位或强度减排，但最终还是要落实到总量削减上。中国的环境污染物总量控制方法实施已久，很有成效，“十二五”规划第一次把二氧化碳列入“减排”范围（以前减排只有污染物），将减排指标明确化并分解到各个省和各个部门，但这还是单位量控制。今后，应当更加明确污染物减排与碳减排的关系，实施总量控制并把总量目标进一步细化到节能减排中去。

第二，实行碳排放许可证制度。比如，我国台湾地区的“环保署”还在“大气污染控制细则”中把二氧化碳列为检测对象，规定温室气体排放必须实行许可证制度，并自 2013 年起实行公私场所温室气体排放申报制度。

第三，征收碳税。这方面已经有一些经验可以借鉴，比如，2012 年，台湾地区“立法院”已经推出以“空气污染预防”为名目的“温室气体税”，即碳税，计划近期征收。2013 年 10 月起，日本政府第一次以“环境税”的名义征收“碳税”，将原来的资源税、汽油税等统合为环境税，对每吨碳排放加征 25 日元碳税，开始实施分三阶段逐步推行的碳税改革。

第四，推行碳排放权交易制度，利用市场机制控制碳排放量，调节生产和需求量，推动环保和低碳技术进步。这一方法在环境保护中已经实施多年，比较成熟、有成效，目前正在一些省市试点，将来可以在全国推广。

（8）把环境保护的政府承诺纳入法律体系。“向污染宣战”只靠政府承诺还不够，还必须有法律和政策的保障。新颁布的从 2015 年 1 月 1 日起实施的《中华人民共和国环境保护法》，明确将环境治理定为国策，凸显出打造“绿色中国”的特色，为政府“向污染宣战”提供了法律法规上的保障，是把环境保护的政府承诺纳入法制轨道的良好开端。

与“向污染宣战”有关，新环境法的亮点可以概括为以下几点。

第一，首次提出了“保护环境是国家的基本国策”。这是从以往的经济发展优先指导思想的重大转变。如同计划生育是中国的基本国策一样，新环境法将为环境保护政策的实施提供法律依据，为环境保护行动提供法律保障。

第二，明确了保护环境政府机构、企业法人、团体和公民个人的环境保护责任。

第三，规定各级政府要制定“环境发展规划”，并将治理污染的成绩作为评估地方官员的指标之一，强化政府对环境的监管。

第四，第一次提出国家在重点生态功能区、生态环境敏感区和脆弱区等区域划定生态保护红线，实行严格保护。

第五，提出要促进清洁生产和资源循环利用。清洁生产也是应对气候变化的主要措施，这样一来，就可能实现环境保护与节能减排结合的综合治理。

第六，对环境污染罚款不设上限，也就是说可以重罚并罚到彻底治理好（包括破产倒闭）为止。这将增强环保部门的权威性，大大提高执法力度。

第七，首次提出了环境案件举报制度，并写入举报人保护条款，从法律上为监督和执法提供了法律保障，以此强化政府问责制和社会监督作用。

（9）产能压缩和转移严防碳泄漏。鉴于京津冀地区的城市发展问题、大气污染问题、碳排放问题等，中央下大决心实施“京津冀一体化”发展规划，建设首都经济圈，调整北京、天津和河北省的功能定位，推动人口、产业的疏解和合理转移。不仅如此，东部其他城市群也在一定程度上存在着压缩产能、产业转移升级的问题。这种疏解和转移朝着其他欠发达地区甚至国外两个方向推进，将不可避免地遇到在国际上曾经出现过的产业转移与碳泄漏相伴生的现象。以钢铁工业为例，卢森堡的炼钢高炉在80年代被当作先进设备被北京的首钢引进，也就将二氧化碳排在了北京，20年后则转移到了河北省的曹妃甸，今后还会继续转移，也许又会转移到某个处于工业化早期阶段的发展中国家。这个转移的过程有可能就是碳泄漏的过程，防止碳泄漏，是监管者应尽的责任。中国是工业化过程中碳排放和大气污染的受害者，绝不能在产业转型升级进程中无意中又成为施害者。

五　结束语

最后，我们还要重复2013年报告的一段话：历史证明，没有哪个国家能够脱离“先污染、后治理”的老路，遗憾的是，中国不仅没有例外，甚至走得更远，因而治理起来更难、更费时间。但是，只要下决心，还是可以缩短污染治理进程的。现在的时代不同于过去，人类对环境与发展已有了相当的认识，环境技术水平也太大高于以前，特别是已经有了惨痛的教训，也积累了一定的治理经验，中国虽然不能避免“先污染、后治理”的老路，但可以避免从头到尾彻底走完发达国家所走的路的老路，较快地治理好环境。当然，最重要的是，环境问题、雾霾问题不光是政府的事情和企业的责任，这件事人人有责，人人都要采取行动，大家都把治理雾霾当成自己的事，自觉地行动起来，才能从根本上解决。

中国政府曾经向贫困宣战，用了30年时间，使得贫困人口从1980年的8亿多人降低到2012年的1.28亿人，同期贫困率从85%下降到10%（以世界银行人均每日生活费低于1.25美元国际标准计算）①。本届政府提出要像向贫困宣战那样“向污染宣战”，表明了与往届政府不同的发展理念，显示了要从根本上解决环境问题的决心，以及要做一届“绿色发展政府”的目标。

这次提出“向污染宣战”，虽然政治决心很大，但也要看到，治理污染比脱贫致富更为艰难，所以，要从根本上而不是一时解决环境问题，慢的话需要20~30年，快的话也需要10~15年，我们在期待与坚持的同时，也要有恒心，更要有耐心。

附录　二氧化碳是不是污染物问题讨论

污染物（pollutant）通常是指进入环境后能够直接或者间接危害人类的物质。污染物通常被定义为：进入环境后使环境的正常组成结构发生变化，直接或者间接有害于生物生长、发育和繁殖的物质。污染物的种类主要有：一氧化碳（CO）、氮氧化物（NO_x）、碳氢化合物（HC）、硫氧化物和颗粒物（PM）等。

从传统的定义来看，二氧化碳是温室气体，会造成温室效应，但温室效应

① 2012年，按提高后的贫困标准（农村居民家庭人均纯收入2300元/年），中国还有1.28亿人贫困人口，占农村总人口的13.4%，占全国总人口的近1/10（中国科学院：《2012中国可持续发展战略报告》，科学出版社，2012）。贫困线和贫困人口数据参见世界银行数据库，http://iresearch.worldbank.org/PovcalNet/index.htm。

不是空气污染。从这个意义上讲，只有把温室效应也列入“空气污染”，二氧化碳才可能被列入“污染物”。美国最高法院2007年裁定，如果美国环保署（EPA）认为二氧化碳和其他温室气体威胁公众健康，则环保署就根据该法律来监管二氧化碳。美国环保署于2009年12月7日宣布，二氧化碳和其他温室气体（GHG）威胁公众健康，必须由环保署加以监管。但是，美国的商业界主张，美国环保署缺乏足够的科学依据来界定二氧化碳是《清洁空气法》定义的污染物。然而，12月7日的裁决，已使美国环保局发布的限制新车和轻型卡车温室气体排放的最终标准生效，环保署最终还将扩大其监管范围，以控制和限制炼油商、化工产品制造商和众多的美国制造业的二氧化碳排放。从实际效应来看，美国已经将温室气体列为污染物。

台湾“环保署”2012年5月9日发布公告，将CO_2、CH_4、N_{2O}、HCFs、PFCs、SF_6共6种温室气体列为“空气污染物”，理由是这些气体导致地球温暖化、造成大气污染。

日本虽然没有明确将二氧化碳列为污染物，但温室气体效应的监测、指标制定、政策规划由环境省管理，也就是用环境管理的办法治理碳排放。

我们认为，碳排放与化石能源有关，特别是煤炭大量使用排放的二氧化碳等是碳排放的主要来源，而煤炭的使用又会排放大量的二氧化硫等，这些物质是主要的环境污染源。因此，二氧化碳排放与能源的使用相关，而能源的使用又与环境问题相关，而减少二氧化碳排放，从手段和目的来看，都能起到环境保护的作用。从这个角度来看，二氧化碳应当作为污染物，减少二氧化碳排放应当成为环境保护工作的重要内容，与环保相辅相成。这也就是国外都把应对气候变化和减少二氧化碳排放放在环境管理部门的原意。

参考文献

［1］都留重人：《公害的政治经济学》，岩3波书店，1972。
［2］国际能源机构（IEA）：《各国碳排放数据集2013》。
［3］国家统计局：《中国统计年鉴》各年版。
［4］国家环境保护部、国土资源部：《全国土壤污染状况调查公报》，2014年4月

17 日。
[5] 国家发改委：《中国应对气候变化 2013 年度报告》，2013 年 11 月。
[6] 经济产业省（日本）：《能源白皮书 2013》。
[7] 经济产业省（日本）：《通商白皮书 2013》。
[8] 宫本宪一：《日本的环境问题》，有斐阁，1975 年。
[9] 全国人民代表大会：《中华人民共和国环境保护法》，2014 年 4 月 25 日。
[10] 四日市公害资料馆：《公害问题资料》。
[11] 日本环境保全机构：《日本大气污染的历史》，http：//www. erca. go. jp/yobou/taiki/index. html。
[12] Jinjun Xue，Zhongxiu Zhao，Yande Dai ，Bo Wang（ed. ，2013），*Green，Low-carbon Development in China*，Springer.
[13] WHO，Global Health Report 2013，http：//www. who. int/whr/en/.
[14] Yuyu Chen，Avraham Ebenstein，Michael Greenstone and Hongbin Li，*Evidence on the Impact of Sustained Exposure to Air Pollution on Life Expectancy from China's Huai River Policy*，*PNAS*，2013 110（32）：12936 – 12941.
[15] 世界银行：《世界发展指标 2013》。
[16] 薛进军、赵忠秀主编《中国低碳经济发展报告（2013）》，社会科学文献出版社，2013。
[17] 中国科学院可持续发展战略研究小组：《2012 中国可持续发展战略报告》，科学出版社，2012。
[18] 中国社会科学院、中国气象局：《应对气候变化报告（2013）》，社会科学文献出版社，2013。
[19] 总务省统计局（日本网页）：http：//www. stat. go. jp/。
[20] Health Effect Institute，The 2010 Global Burden of Disease，Dec. 13，2013，http：//www. healtheffects. org/International/GBD – Press – Release. pdf.

低碳经济发展模式转型

Low-carbon Economy Development Mode Transition

B.2

加快发展市场导向型绿色低碳经济

戴彦德　白泉　冯超*

摘　要：

2012 年底召开的中国共产党第十八次全国代表大会上，党中央提出了生态文明建设的号召，提出生态文明建设要融入经济建设、政治建设、文化建设、社会建设各方面和全过程，通过推动绿色、循环、低碳发展，建设美丽中国。2013 年底召开的中国共产党第十八届三中全会做出了《中共中央关于全面深化改革若干重大问题的决定》，强调要使市场在资源配置中发挥决定性作用。

我国绿色低碳经济的发展正处于市场形成和发育的初期，绿色低碳经济发展虽然取得了一定成绩，但面对日趋紧迫的资

* 戴彦德，国家发展和改革委员会能源研究所副所长，国际低碳经济研究所学术委员会委员；白泉，国家发展和改革委员会能源研究所能效中心副主任；冯超，中国矿业大学（北京）化学与环境工程学院博士生。感谢名古屋大学国际经济政策研究中心提供访问副教授的机会和对本课题的支持。

源环境压力，必须要进一步通过改革激发更大的市场活力，以市场力量为主推动绿色低碳经济加快发展。

关键词：

市场导向　绿色低碳经济　节能减排

一　绿色低碳发展是生态文明建设的紧迫要求

跨入21世纪以来，随着我国城镇化和工业化进程的加速，资源环境约束日趋紧迫。

（一）能源消费总量大、增速快

我国一次能源消费总量由2000年的14.6亿吨标准煤迅速增长到2013年的37.6亿吨标准煤，年均增速达到5%，平均每年新增能源消耗1.8亿吨标准煤。目前，我国已经是全球第一大能源消费国，能源供应压力巨大。同时，我国也是全球第一大煤炭进口国、第二大原油进口国和第九大天然气进口国，石油对外依存度已经超过58%，能源安全问题日趋突出。

（二）环境污染日益严重

庞大的能源消费带来的污染物排放已使国内生态环境不堪重负。目前我国相当一部分地区生态环境承载能力已近极限。据统计，2012年全国二氧化硫排放量依然高达2117万吨，氮氧化物排放量高达2337万吨，化学需氧量排放量为2423万吨，氨氮排放量为253万吨，固体废物、汽车尾气、持久性有机物、重金属等污染持续增加。按照新颁布的《环境空气质量标准》，我国地级以上城市中有60%左右的城市空气质量不合格。特别是进入2013年以来，雾霾天气先后在京津冀地区、长三角、珠三角地区多次爆发，北京等多个城市的PM2.5严重超标，一度甚至达到700微克/立方米以上。2013年3月发生的大面积发生雾霾天气，受影响面积约占国土面积的1/4，受影响人口约6亿人，雾霾天气影响范围广，持续时间长，污染物浓度高，对广大人民的生产生活和身体健康带来严重影响。天蓝、地绿、水净，已经成为广大群众的最强烈愿望。

（三）经济发展任务仍然艰巨

从国内需求看，我国未来发展的任务还很艰巨。我国 2012 年人均 GDP 不足 6100 美元，不到发达国家的 1/4；每千人汽车保有量 81 辆，不到发达国家的 15%，世界平均水平的一半；城镇化率只有 52.6%，比发达国家低近 30 个百分点。此外，我国经济发展的地域差距也很突出，中、西部地区的人均 GDP 不足东南沿海地区的 60%，农村人均可支配收入只有城镇居民的 40%，全国尚有 1.28 亿人口处在贫困线以下。党的十八大做出了我国社会经济发展所处“三个不变”[①] 的论断，明确提出了“以经济建设为中心是兴国之要，发展仍是解决我国所有问题的关键”的论述。这意味着未来十几年，发展仍是我国的主要任务。

西方发达国家的发展历程表明，当其人均生活水平和质量进入发达国家行列后，其人均能源消费量不低于 4 吨标准油，人均有效装机容量不低于 1.5 千瓦。要实现党的十八大报告提出的 2020 年“国内生产总值和城乡居民人均收入倍增”目标，即使能源经济效率在 2010 年的基础上提高 25%，届时的能源需求总量将达到 53 亿吨标准煤。如果 2050 年实现中华民族伟大复兴、社会经济发展达到当时中等发达国家水平的目标，既使人均能效达到目前能效水平最高的日本的水平，届时能源需求也将接近 77 亿吨标准煤。显然，如此之高的能源需求，再沿用当前的能源生产和消费方式，不仅国内环境不能承载，对全球气候也将带来灾难性影响。

我国必须走上一条绿色低碳发展之路，有效破解资源环境瓶颈，才能实现永续发展。

二 发展市场导向型绿色低碳经济的难度与挑战

随着近年全社会对绿色低碳发展的重视程度越来越高，我国的绿色低碳发

① 我国仍处于并将长期处于社会主义初级阶段的基本国情没有变，人民日益增长的物质文化需要同落后的社会生产之间的矛盾这一社会主要矛盾没有变，我国是世界上最大的发展中国家的国际地位没有变。

展也取得了初步成效。“十一五”规划以来，我国单位 GDP 能耗强度已从 2005 年的 1.28 万吨标准煤/万元下降到 2013 年的 0.94 万吨标准煤/万元，累计下降约 26.26%，相当于少用能源 10 亿吨标准煤；可再生能源占一次能源消费的比重从 2005 年的 6.8% 提高到 2012 年的 9.4%，提高 2.6 个百分点，相当于多替代了 2 亿吨标准煤的化石能源；2013 年的单位 GDP 二氧化碳排放量比 2005 年下降了 27% 左右。“十一五”以来，我国在推动可再生能源发展、加强节能管理等方面制定了一系列政策，绿色低碳发展的政策框架得以初步构建。

但是与绿色低碳发展的紧迫要求相比，我国的绿色低碳市场仍处于发展初期，在利用市场手段推动绿色低碳发展的总体思路、调整市场信号、明确市场规则、完善市场服务、搭建市场平台等方面还比较薄弱，有待进一步完善。

（一）节能减排的长效机制亟待建立

目前我国推动绿色低碳发展的压力和驱动力，主要来自各级政府，从各种调控手段看，行政命令的色彩比较浓厚，企业节能减排内生动力不足的问题比较突出。例如，中央政府把节能目标分解到各省，各省再把目标分解到各地级市等，上级政府对下级政府采取“一级抓一级、一级考核一级”的管理方式。这种按地区分解、年度检查考核为主的推动方式虽然在初期启动比较快，且在政府系统内部比较有效，但企业的节能减排积极性并未能全面调动起来，工作的主动性明显不强。

（二）市场信号的引导作用不强

目前我国资源环境的价格、税收体系尚未起到节能减排“信号灯”和“指挥棒”的作用，是众多企业节能减排积极性不高的主要原因。长期以来，我国资源性产品的价格中仅包含了开采和运输成本，并未反映开采过程中的环境破坏、加工过程中的污染物和温室气体排放及使用过程中的环境影响。环境治理的成本往往忽略不计，或者把负担交给地方政府，违反了“谁污染、谁付费、谁治理的原则”。这种不健全的资源性产品价格和税收机制，难以划清企业、政府和消费者的责任，不利于节能减排责任的界定和分担，最终导致空气、河流、水等公共福利受损。我国尚未出台碳排放相关的税收政策，可再生能源零碳排放的特征难以通过价格的方式反映出来从而公平参与能源市场竞争，其竞争优势也难以发挥。

（三）法律法规标准及其执行有待完善

近年来，虽然我国出台了《节约能源法》、《清洁生产促进法》、《可再生能源法》及《循环经济促进法》等一系列保障绿色低碳发展的法律法规，但保障绿色低碳发展的法律法规框架仍不够健全，缺少一部在总体上能统领全局的应对气候变化法。一些能源领域的相关法律，如《煤炭法》及《电力法》等，均发布于20世纪90年代前后，已不能满足当前向绿色低碳发展转型的现实要求。此外，相当多的法律法规还缺乏细化的规定、缺少必要的强制性标准，可操作性比较差。在执法方面，由于机制体制等原因，节能减排法律的执行效果不尽如人意。

（四）低碳发展的市场服务体系不够健全

目前，国内与绿色低碳经济相关的服务体系还比较缺乏。这些服务机构包括金融、技术支持、信息咨询、第三方的审核与认证、碳排放市场等。例如，绿色低碳发展的金融服务尚处于萌芽期，绿色金融虽然初步得到了金融界的关注，但金融信贷如何与节能减排、低碳发展融合，如何创新并孕育出有利于节能减排的商业模式和信贷业务，同时将金融风险控制到最低、使金融企业的收益达到最优，仍需要一段时间的摸索。

（五）排放权交易等新制度有待深入探索

从发达国家经验看，碳排放权交易是市场经济条件下提高全社会碳减排资金使用效率的有效措施之一。欧盟自2005年开始启动碳排放交易，经过近10年的实践以后，目前已进入第三阶段。我国碳排放权交易刚刚处于试水阶段。截至目前，只是在北京市、天津市、上海市、重庆市、湖北省、广东省及深圳市七个省市开展碳排放权交易试点。虽然目前已有30家左右各类环境权益类交易所，但由于交易机制、交易规则和核算体系等制度还不完善，参与方暂时看不到其中的潜在利益，企业参与交易的积极性不高，实际产生交易的碳交易项目非常有限。

三　加快发展市场导向型绿色低碳经济

由于绿色低碳经济具有比较突出的市场外部性特征，因此绿色低碳经济的发展离不开政府对黑色、高碳经济的规定和限制。发达国家的发展历史已经证明，缺乏政府的严格约束，就会发生“公地悲剧”的现象，企业对绿色低碳技术和产品的市场需求就不够旺盛，绿色低碳经济也会成为无源之水、无本之木。

发展市场导向型绿色低碳经济，必须要兼顾创造市场、引导市场、服务市场，做到三管齐下，即通过政府规制污染物排放、界定资源产权等创造绿色低碳发展的市场；通过价格、财政税收和金融保险等政策引导市场发展；通过维护公平竞争、搭建碳排放交易平台等为企业提供充分竞争和交易的机会，达到推动企业主动调节能源浪费和进行污染物治理、借助市场力量发展绿色低碳经济、建立节能减排长效机制的最终目的。

（一）通过建章立制，创造市场

绿色低碳发展具有典型的经济外部性特征，政府必须要采取一定的干预措施，才能够使资源环境这类“公共物品”合理地由当代人和后代人可持续地使用。政府的规制措施包括明确市场规则、建立产权制度、搭建市场平台、维护公平竞争等。

1. 通过强化法律明确市场边界

法律是政府行政的依据，也是全体公民和市场主体共同遵守的行为准则。建立有利于绿色低碳发展的市场规则，首先要对各种黑色、高碳的行为做出界定，并制定惩罚措施，强化企业绿色低碳发展的意识。要加快制定应对气候变化法，按照绿色低碳发展的新要求和节能减排最新形势组织修订环境保护法、大气污染防治法、节约能源法等法律，为深入推进节能减排提供法理依据。要对耕地、水资源、生态、能源实行“红线”管理机制，建立能源消耗强度与总量、碳排放强度和总量双控制度。要结合行业技术进步，适时修订高耗能产品能耗限额标准、终端用能产品能效标准、建筑节能标准和汽车燃油经济性标准等各种环保标准，对不达标的企业设定明确的整改期限和严格的惩罚措施。通过明确市场规则，倒逼市场主体远离黑色、高碳经济，逐步向绿色低碳发展的方向前进。要强化法律的惩罚力度，使严格的执法和严厉的罚款成为市场的“刚性边界”。

2. 完善产权制度

针对能够引入竞争的排他性的自然资源，要建立和完善资源产权制度。例如，通过明确水资源、森林资源等资源的产权，明确资源的所有者。同时，按照资源所有者和管理者分开、资源开发者与保护者分离的原则，充分利用市场交易实现资源的高效开发和有效保护。要逐步完善现行法律有关国有和集体所有资源的产权制度的规定，按不同的资源类型，建立多样化的资源所有权体系。推进资源所有权统一登记制度体系建设，建立系统、完整的自然资源资产的调查、评价和核算制度。完善国有和集体自然资源资产代理或者托管及经营管理的制度体系。

3. 搭建市场交易平台

节能减排交易市场是运用市场力量高效配置资源的重要平台。要建立碳排放及排污权交易机制，深化碳排放交易试点，全面启动各试点地区的碳排放交易，进一步完善试点地区基础体系和配套制度建设，逐步建立全国碳排放交易。总结排污权交易试点经验，完善排污权交易制度，逐步在全国范围内推广。在能源消费总量控制先行地区，研究建立能源消费权交易制度。建立统一、规范的自然资源资产产权和排污许可证交易制度。

4. 营造公平竞争的市场环境

政府要保障公平竞争，加强市场监管，维护市场秩序。只有建立统一开放、竞争有序的绿色低碳经济的市场体系，要破除各种地方性贸易保护、行业性贸易保护，加强对不正当竞争的监督处罚力度，使企业能够在绿色低碳经济的发展中实现自主经营、公平竞争，消费者实现自由选择、自主消费，商品和要素实现自由流动、平等交换。要保护各种所有制企业的产权和合法利益，保证各种所有制企业依法平等使用生产要素、公开公平公正参与市场竞争、同等受到法律保护。要使参与绿色低碳市场竞争的企业权利平等、机会平等、规则平等，废除对非公有制经济的各种形式的不合理规定，消除各种隐性壁垒，允许非公有制企业进入特许经营领域。放宽绿色低碳经济的投资准入标准，特别是对外资进入的限制。推动绿色低碳经济的资源配置，按照市场规则、市场价格、市场竞争实现效益最大化和效率最优化。

（二）通过深化改革，引导市场

在市场经济条件下，价格是指导市场主体开展经济活动最重要的“红绿灯”和“指挥棒”，对市场主体的决策和未来市场发展预期具有决定性作用。绿色低碳发展在一定程度上具有经济外部性的属性，所以政府有必要在放开市场价格管制的基础上，合理利用财政税收等手段对市场信号进行适当干预，形成有利于绿色低碳发展的市场信号体系。

1. 深化资源型产品价格改革

我国资源型产品价格管制导致价格不完全，市场发现并形成价格的机制失灵。石油、电力、天然气、水资源等领域的价格改革是未来价格改革的重点。节能减排、发展新能源，定价机制也是关键。要深入实施资源性产品的市场化改革、征收资源税，使能源资源的价格能够反映资源稀缺性，反映市场供需平衡，反映能源生产加工使用等环节对环境的损害程度，把外部成本和所有者权益体现在价格之中。未来资源税的改革要包括以下几个方面：第一，要把目前只针对原油和天然气实施的从价计征办法扩大到煤炭等其他资源产品上。第二，要适度提高资源税的税率。特别是要提高铝土、焦炭、萤石、镁、黄磷、稀土等矿产的资源税税率，限制资源的过度开发和无序开发，同时达到节能降耗和保护环境的目的。第三，要深化资源税费制度改革。在统一征收矿区使用费和资源税的基础上，进一步把资源补偿费、水资源费等其他资源收费一并纳入资源税。第四，要扩大征税范围。在未来条件成熟时，可以考虑将森林资源、草场资源、耕地资源等纳入征收范围。

2. 适时开征环境税（碳税）

要把水污染、大气污染、固体废物等污染物排放纳入环境税的征收范围，同时要考虑将二氧化碳纳入环境税的征收范围。要合理确定环境税的税率水平，一方面最大限度地反映污染物减排的边际成本，使排放污染物的代价高于企业为减排二氧化碳采取技术措施的预期边际成本；另一方面也要考虑税率水平对宏观经济和产业竞争力的影响，保护要害部门的国际竞争力；还要使税率水平循序渐进，减少对经济的冲击力和对社会的潜在阻力。在税收政策的设计上，要充分考虑税收优惠制度，在不同时期有选择地对受环境税影响较大的行业建立相关税收减免与返还机制，规定企业享受税收优惠必须有一定的条件，如要达到节能减排标准等。

3. 完善流转税政策

在增值税方面，取消不符合节能减排要求的增值税优惠政策，如取消对易于造成土壤污染的农药、化肥产品的增值税优惠；同时，对资源综合利用、节能减排效益比较好的行业制定新的增值税优惠政策，如对因价格等因素制约了推广的重大节能设备和产品在一定期限和相应条件下实行增值税一定比例的即征即退政策等。在营业税改增值税的大背景下，要对从事节能环保服务的企业继续实施税收优惠。

在消费税方面，要把不符合节能环保等技术标准的高能耗、高污染和严重消耗资源的产品纳入消费税征税范围，如将含磷洗涤剂、汞镉电池、臭氧损耗物等最终消费品和一部分中间消费品纳入消费税征收范围；进一步提高不利于节能减排的消费品的消费税税率，如提高汽油、柴油、一次性筷子、实木地板等的消费税税率；对部分产品给予消费税税收优惠，如对节能和新能源汽车给予消费税的税收优惠等。

在出口税方面，继续维持限制高污染、高耗能产品出口的政策，适度扩大“两高一资”产品取消出口退税范围，降低退税率。适度调整出口关税政策，鼓励高耗能产品进口。

4. 发挥财政投入对节能减排市场的激励作用

政府资金对鼓励企业节能减排资金投入能够发挥“四两拨千斤”的杠杆作用。要建立财政支持节能减排的资金稳定增长机制，逐年加大财政投入力度。整合中央政府现有专项资金，形成统一的、具有一定资金规模的节能减排发展专项资金，避免撒胡椒面，提高资金使用效益。要建立专门的预算科目，在环境保护科目大类中增设节能、污染物减排、温室气体减排等款项，以便准确、及时地全面掌握和统筹国家在相关领域的资金投入。要建立中央政府和地方政府多级共同投入机制，力争各级政府形成合力。在投入方向上，要加大对节能减排科技研发、示范和推广的支持力度，以及对节能环保服务产业的支持力度，继续支持重点部门节能减排和清洁能源发展，中央财政加大对中西部重点生态功能区的转移支付力度。

（三）通过多方协作，服务市场

除了市场的基本要素以外，绿色低碳市场的培育还离不开政府、金融机构、中介服务机构等提供的相关服务。无论是政府提供的公共服务，还是金融机构、法律咨询机构等提供的具有盈利性质的服务，都能有效降低交易成本、减少市场风险，为市场经济健康发展提供保障。

1. 强化政府的公共服务职能

中央和地方各级政府要进一步简政放权，深化行政审批制度改革，使致力于开展绿色低碳业务的企业在工商部门的注册更加方便，按照法律无禁止则允许进入的原则，鼓励从事绿色低碳业务的企业开展新技术、新产品的研究开发，发展新型服务业态。探索政府购买服务的方式，促进绿色发展和环境治理。强化政府的公共服务职能，为企业和广大人民提供更多的资源环境信息服务、生态环境健康预警服务和节能减排技术信息服务等。

2. 完善节能减排金融和保险服务

建立节能减排“黑白绿名单”制度，将企业节能减排情况纳入企业信用体系，将未完成节能减排约束性指标的企业、环境违法企业纳入“黑名单”，将废物达标排放、环境守法企业列入“白名单”，将废物零排放、节能环保装备研发制造生产服务企业列入“绿名单”，在项目审批、信贷支持等方面实行区别对待，优先支持“绿名单”企业建设项目，限制或禁止“黑名单”企业信贷，进一步提高高能耗、高水耗、高物耗、高排放项目的信贷门槛。推动节能减排、循环经济等项目通过资本市场进行融资。支持符合条件的环保、资源循环利用企业申请境内外上市和再融资。研究推出环境污染责任保险。

3. 提高第三方机构的服务水平

认证机构、咨询服务机构、技术服务公司、会展服务机构、法律服务机构等中介服务机构是市场经济顺利运行的润滑剂。这些机构的成立能够加快市场信息的传播，减少市场供需双方交易的成本，缩短市场供需双方达成一致的时间，对市场发育具有不可或缺的重要作用。要加快绿色低碳市场第三方中介机构的能力建设，通过宣传节能减排技术服务案例、支持节能减排和低碳认证、组建专业化的绿色低碳法律咨询队伍等方式，帮助第三方中介机构深入了解绿色低碳市场动向，提高开展相关服务的积极性，提高专业化服务水平。

参考文献

[1] 中科院可持续发展战略研究组：《中国可持续发展战略报告 2014——创建生态文明的制度体系》，科学出版社，2014。

[2] 苏明、傅志华等：《中国“十一五”节能减排财税政策回顾与展望》，经济科学出版社，2012。

[3] 戴彦德、白泉：《中国“十一五”节能进展报告》，中国经济出版社，2012。

[4] 国家统计局：《中国统计年鉴（2013）》，中国统计出版社，2013。

[5] 国家统计局：《中国统计年鉴（2012）》，中国统计出版社，2013。

[6] 国家统计局：《2013 年国民经济发展稳中向好》，http：//www. stats. gov. cn/tjsj/zxfb/201401/t20140120_ 502082. html。

[7] 中国共产党第十八届中央委员会第三次全体会议：《中共中央关于全面深化改革若干重大问题的决定》，http：//news. xinhuanet. com/mrdx/2013 - 11/16/c _ 132892941. htm。

[8] 张高丽：《大力推进生态文明　努力建设美丽中国》，《求是》，http：//www. qstheory. cn/st/201312/t20131216_ 303011. htm。

[9] 王玮：《自然资源资产产权制度十问?》，《中国环境报》2013 年 11 月 29 日。

[10] 张健、张再生、陈宏毅：《低碳经济与政府作用分析》，《东北大学学报》2011 年第 1 期。

[11] 赵泽洪、尤强林：《低碳经济发展困境：市场失灵、政府失灵与对策》，《重庆大学学报》（社会科学版）2011 年第 4 期。

B.3

十八届三中全会精神解读：绿色治理

宣晓伟*

摘　要：

党的十八届三中全会《中共中央关于全面深化改革若干重大问题的决定》明确提出，“全面深化改革的总目标是完善和发展中国特色社会主义制度，推进国家治理体系和治理能力现代化”，其中“国家治理体系和治理能力现代化”是一个全新的说法，引起了社会各界的关注和热议。与此同时，鉴于中国日益严峻的生态环境趋势，也有不少研究者提出了“绿色治理”的概念，本报告试图对上述说法进行理论上的讨论，并对中国推进“绿色治理”所面临的困难展开分析，最后提出相关的政策建议。

关键词：

绿色治理　观念　制度　器物

一　“治理”的含义

目前在中文语境中所使用的“治理”一词，事实上是对应于英文中“governance”的一个翻译词。而英文中的“governance”一词，来源于古希腊语中的“kybernan”和古拉丁语中的“gubernare”，它的本意是操舵（steer），后来又引申出引导、控制和操纵（direct、control、pilot）等含义。长期以来，西方语境中的 governance 一词多与 government 的含义交叉，用于与“国家公

---

* 宣晓伟，国务院发展研究中心研究员。

务”相关的宪法或法律的执行问题，或指管理利害关系不同的多种特定机构或行业[①]。

在社会科学领域，直到20世纪80年代之前，使用治理（governance）作为主题词来开展的相关研究少之又少，而随着威廉姆森的《交易成本经济学：契约关系的治理》（*Transaction Costs Economics*:*Governance of Contractual Relations*,1979）一文的发表，治理一词开始在“公司治理（corporate governance）等经济领域得到越来越多的运用，随后渐渐扩展到政治、社会等其他领域[②]。八九十年代以来，伴随着“新制度主义（Neo-institutionalism）经济学”和“新制度主义政治学”等相关学派的兴起，“治理”一词的运用日渐广泛，逐渐成为一个可以指涉任何事物的“时髦词语”。

除了理论研究领域外，“治理”一词应用的拓展也离不开现实的需要。20世纪90年代以来，世界银行、联合国开发署等国际机构在开展援助项目时，日益认识到援助项目的成功与否不仅与项目本身有关，也取决于受援国的具体实施环境，因此也越来越多地使用“治理”来描述和评估受援的发展中国家的政治社会发展状况，更多地将其援助目标和手段与受援国家的治理状态改善相联系[③]。

根据上述的梳理，我们可以对治理进行如下的定义：治理就是共同体为达到某种目标所采取的集体行动。它具有三个重要的特征：一是“共同性”，治理不是单个主体的行为，单个人的决策和行动是无所谓“治理”的，只有群体的行为才谈得上治理；而且这个群体不是人数上的简单相加，而是要依靠某种规则或目的将人们凝聚起来形成共同体（例如依靠血缘、亲缘的家族共同体，依靠种族地理文化等因素形成的国家共同体，或者根据某个特定目标而形成的一般共同体等），根据共同体范围、性质和目标的不同，可以区分为“企业治理”、“社区治理”、“国家治理”和“国际治理”等类型。二是“目的

① 参见鲍勃·杰索普《治理的兴起及其失败的风险：以经济发展为例的论述》，引自俞可平《治理与善治》，社会科学文献出版社，2000，第61页。

② 参见Levi-Faur，D.（2012）“From Big Government to Big Governance”，引自*Oxford Handbook of Governance*，Oxford University Press，p. 5。

③ 参见俞可平《治理和善治》，社会科学文献出版社，2000，第7页。

性”，治理不是单个人的个人行动而是一种共同体的集体决策和行动（collective decisions and actions），而且这种集体行动通常是有“目标指向性”的，也就是说，共同体开展集体行动（即治理）一般是为了解决某个问题或达到某种目标。当然这些目标有些是明确和直接的、有些是隐含和间接的；有些是单一的、有些是多元的；有些是在共同体间的共识程度很高的、有些则是一致程度较低的。三是“多样性”，既然治理是共同体为达到某种目标所采取的集体行动，那么目标的选择、行动的确定、方式的采取都是多种多样的，既可以采用单中心、一元化、强制性、自上而下的方式，也可以用多中心、多元化、协商性、自下而上的方式。“治理”与传统上所谓“管理”的根本区别就在于“管理”更多是采用前一种类型的方式，而“治理”则可根据实际的需要而采取多种方式。换言之，治理的手段、形式和效果伴随着治理类型的不同呈现出极大的多样性。

二 “绿色治理”的理论框架

按照上面的定义加以推衍，“绿色治理”是某个区域范围的共同体为达到山清水秀的生态环境目标而采取的集体行动。具体到中国的“绿色治理”，就是要围绕“建设美丽中国”的目标而开展的一系列的体制机制创新及相应的政策举措。

（一）观念、制度和技术是推进绿色治理的三大根本要素

推进绿色治理，是一件“知易行难”的工作。正因为“绿色治理”的艰巨性和复杂性，所以在国内的不少地区，“绿色治理”很容易变成了口号或表面文章，或者成为以新瓶装旧酒的方式推动 GDP 增长的一种策略。一个国家和地区真正想要切实有效推进绿色治理，就需要“观念”、“制度”和“器物”三个层面的支撑和转变（见图 1），以带动发展方式的转型，实现将“绿色治理”贯穿于经济社会的各个方面。

“观念”影响着人们的思想和行为方式，且间接影响社会的运行方式和经济增长模式。推进绿色治理的“观念”，就是要真正认识到生态环境保护在经

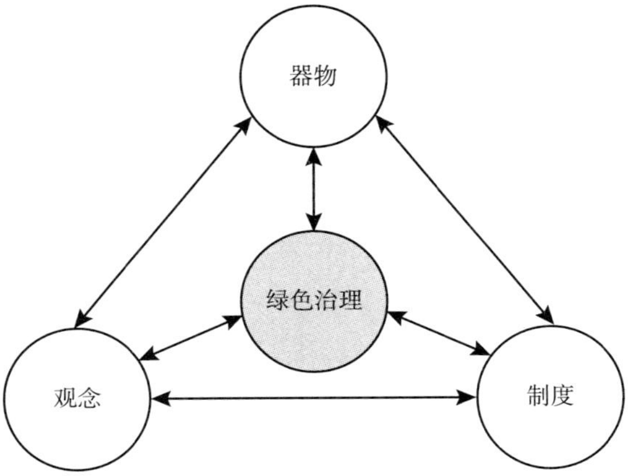

图1　推进绿色治理的理论框架："观念、制度和器物"

济社会发展中的必要性和重要性，并有相应的决心、勇气和智慧将其落实到具体实践中。那种浮在表面上对绿色治理的强调和重视，并不能真正算是具有了"绿色治理"的观念。"制度"是指一整套的正规或非正规的规则安排，制度决定了各个参与主体的行动和激励机制。有了"绿色治理"的观念，必须要有相应的制度来配合和体现，否则"绿色治理"就会成为空中楼阁（典型的例子是如果没有合理的能源价格和污染监控体系，就无法将企业生产的外部成本内部化，企业就很难有足够的动力来进行节能减排，就会给社会带来过度的污染排放）。有了观念和制度，还需要有相应的器物来使"绿色治理"具体实现。器物是一个国家和地区观念和制度实现的物质基础，是与"绿色治理"相关的资源禀赋、产业结构、企业能力和技术水平。一个国家或地区能否真正开展并有效推动绿色治理，最终取决于器物层面的落实。"观念"、"制度"和"器物"在推进绿色治理的过程中互相影响、互相支撑，三者缺一不可，共同决定了一个国家或地区绿色治理的状况。

（二）加快体制机制的改革和创新，是推进当前中国绿色治理的关键举措

目前，"观念"层面似乎已经不是国内推进绿色治理的主要障碍。对应该坚持生态环境保护的理念，上自领导干部、下到普通群众，都已经是耳熟能详

了。在科学发展观的指引下，加强生态环境保护也已经成为当前国内各地区发展战略中的核心内容。党的十八大报告对生态文明的强调，近来各种雾霾天气、环境污染、交通拥挤等各种现实问题的不断加剧，更是进一步明确了“绿色治理”在发展战略中的重要地位。应当说，“美丽中国”的理念已经是人心所向、大势所趋，充分确立了在中国绿色治理的合理性和正当性。

从器物或技术角度来看，尽管不少绿色治理技术目前还存在着各种各样的缺陷和不足，许多重要技术的关键环节仍有待突破，其大规模的推广和使用尚需时日。然而，当前也已经存在着一些可以进行大规模商业应用的成熟技术，例如各种提高能源效率使用的技术。可以说，要推进绿色治理，现在已经有许多技术可供选择和推广，而且这些技术的采用事实上未必一定带来成本的增加，相当多的时候反而可以带来能源使用的节约和成本的下降（例如绿色建筑技术）。但是，目前阻碍国内绿色治理的根本约束在于制度。

“制度”在推进绿色治理中起着至关重要的作用，它通过具体的组织机构、法律法规、政策措施、风俗习惯等决定了各个参与主体的行动环境和激励机制，一方面通过制度的建构和实施将绿色治理的理念转化为现实，另一方面只有在合理制度的安排下，各个参与主体的绿色治理行为（包括绿色技术的研发推广）才能在恰当的激励环境下得以开展。从根本来看，重大的技术创新可以深刻改变制度；与此同时，一定的制度安排也可以使相关的技术创新得以实现或者根本无法推进。制约当前国内绿色治理的最重要障碍，正是在于缺乏一套有效的激励约束机制，难以营造一个有利的大环境，使得绿色治理成为一个可以自我持续、自我实现的过程。

三 “GDP 至上的发展模式、过度依赖行政手段和市场作用发挥不足”是中国推进绿色治理所面临的主要障碍

（一）GDP 至上的发展模式根本上有碍于绿色治理的开展

改革开放以来，原有计划体制下中央管得过多过死的局面被打破，中央逐渐向地方放权，更多赋予地方自身发展以主动性。1993 年的分税制改革进一

步明确了地方的财税权利，实现了中央与地方的“分灶吃饭”。在财政税收、政绩考核、公共服务等一系列制度安排下，地方发展的积极性被充分地调动起来，促成了各地争先恐后、大干快上发展经济的局面。已有中央与地方关系安排下所形成的“地区竞争”发展模式，被认为是过去30多年来我国经济高速增长的重要动力之一。

然而，在已有中央与地方关系安排下，各地都把发展本地经济作为第一要务，由此也产生了一系列的问题，其中突出的矛盾之一就是各地过于热衷经济高速增长，造成资源过度开发、生态环境保护严重不足，形成“经济社会发展和生态环境保护的不平衡，生态环境的不可持续”。目前各地发展过程中在一些新能源产业发展上的重复建设和恶性竞争的现象，在很大程度上都源于现有各种体制安排下的这套“GDP至上的发展模式”。

（二）“过多依赖行政手段”难以真正有效推动绿色治理

传统发展方式的不可持续已经日益为人们所充分认识。在生态环境保护、资源能源安全、气候变化等因素的压力下，中央政府试图能够在资源环境和气候变化领域寻求突破口，以此来引导各级地方政府加快发展方式的转变。所以，“十一五”（2001～2005年）规划首次提出了国内生产总值的能耗强度指标和污染排放总量指标，将它们定为约束性指标层层分解到各个地方和各级政府，并加以定期考核，希望以此来引导和约束各级地方政府的行为。“十二五”规划，又明确将碳强度纳入了考核指标。

应当说，相关指标的层层分解和考核，有效地改变了各级地方官员的意识、影响了他们的行为，这种主要依靠行政措施来推动国内各个绿色治理的策略，从短期来看是必要和有效的。然而，要推进地区的绿色治理，根本途径是营造一个影响每个参与主体成本和收益的合理环境，形成有效的激励制度，使绿色治理行动成为社会中千千万万个参与主体的主动选择。主要依赖指标分解和考核的行政手段，虽然必要，但却远远不够。首先指标分解的科学性和有效性颇受质疑，这种带有浓厚计划经济色彩的指标分配方式，很难完全符合各个地区经济社会发展的实际需要，有可能造成事倍功半甚至适得其反的作用。其次，由于相关的统计监测体系的滞后，更因为各级政府之间在相应指标统计考核上存在着严重的激励不相容和信息不对称，所以指标的分解和考核，更多成为不同层级政府间讨价还价的一个博弈过程，充满了模糊性和不确定性，其长期效果实际如何，是很难预测的。

（三）“资源要素价格扭曲、缺乏公平竞争环境、环保监管不严”制约着绿色治理的深入开展

土地、劳动和资本等主要要素市场扭曲和僵化，客观上鼓励着资本密集、土地密集、污染密集的发展方式。结果，对环境健康产生的损失未能充分计入成本，资源性产品的市场供求也未能反映其真实的稀缺性。这部分地源于定价机制的低效，部分地源于体制问题。如果取消对化石能源进行的变相补贴，则太阳能、风能的竞争力会大大提高。

目前，新兴绿色产业还未能充分形成公平竞争的市场环境。以风电和光伏发电为例，民营企业更多地集中在设备制造环节，而国有企业则主要集中在垄断性的发电领域。国有企业缺乏足够的技术创新激励，而且政府对其的双重定位也存在矛盾。政府不仅要其实现“保值增值”的短期盈利目标，同时又要其在高风险的前沿领域进行技术创新。结果，国有企业领导人往往不愿意冒自我研发失败的风险，而是更愿意购买新技术。

政府严格的环保监管是提升环境质量的重要保障。但是，我国目前的环境标准相对较低，且标准执行较难。在污染监管与执行以及自然资源管理上，缺乏环保激励产生的问题比较明显。由于很多地方政府缺乏财政资源，很难对促进环境可持续性的技术等进行长期的投入。一些地方政府招商引资，招来的企业又往往是对环境破坏大的项目，造成自然资源的破坏。最后，环保激励缺乏同过于依靠行政手段及市场化环保机制缺乏有关。

四　推进中国绿色治理的制度创新和政策措施

（一）充分发挥政府与市场的作用，加快政府职能转变，建立和完善市场环境，推进资源能源领域的改革

有效推进绿色治理不仅要发挥政府的作用，更要发挥市场的作用。从当前

绿色治理的实践来看，政府大包大揽，过分依赖行政手段的问题还很突出，市场还难以在配置绿色治理的资源中发挥出决定性的作用。

因此，进一步调整政府和市场在绿色治理中的关系，建立和完善相应的市场机制，创造良好的发展环境，也是推进绿色治理工作的核心内容。推进绿色治理，最为根本的是要充分依靠市场力量，用合理的价格信号来调动市场每个参与主体节约使用资源要素的积极性，与此同时政府部门通过制定规划、财税、标准、标志等各种措施，来引导各类使用者和消费者，造就绿色治理的大环境。在各种激励机制中，最为关键的是价格机制。合理的、正确反映资源稀缺性的要素价格体系是推动企业走绿色治理道路的关键因素和必要前提。而要形成合理的能源资源价格体系，一方面需要政府将企业活动的外部性和能源资源的稀缺性有效地纳入企业的成本中，另一方面需要打破相关领域的垄断，放宽准入，形成竞争性的价格形成机制。

（二）调整和完善中央地方关系，合理划分中央和地方的权责关系，从根本上改变“GDP 至上”的发展模式

合理的中央地方关系是有效推进绿色治理另一必要前提。要从根本上改变 GDP 至上的地方发展模式，真正使绿色治理成为各地落实科学发展观、转变发展方式的新举措，就需要进一步调整和完善现有的中央地方关系，其中最为重要的是中央地方各级政府间权责的合理划分。一直以来，各级政府间职责划分不清、权责不对等是中央地方关系中存在的突出问题，在绿色治理的过程中，也存在类似的矛盾。一项具体的绿色治理措施，到底应该如何在不同政府间划分权责关系，谁来决策、谁来执行、谁来出钱、谁承担责任，都存在许多含混之处。目前在处理大多数具体的发展事务上，都采取了各级政府“事权共担”的方式，事无巨细，很多事项都要由相关的中央主管部门点头，而具体执行又是靠各地区的具体部门；此外，具体事项上的支出责任常常采用各级政府共担的方式，中央视地方的财力状况加以区别对待。

未来在推进绿色治理的过程中，需要进一步厘清各项行动中不同层级政府间的权责关系，并将其纳入规范化和法制化的轨道。中央政府需要加

强在跨地区性、全局性事务中的责任，上收相应的事权，全面负责相应的事宜，既要管事，又要出钱，还要派人。而地区性的事务，该地方负责的，应交由地方全权负责，地方既然承担相应的责任，就应给予其相应的明确权利，中央部门不能随意干涉，从而扩大绿色治理的自主权。中央应积极鼓励各个地方在绿色治理方面的体制机制创新，对地方的各种尝试进行有效指导和支持。

（三）采取“绿色财税、绿色金融、倡导绿色消费、加快新技术推广、淘汰落后产能、完善政绩考核”等多种绿色治理的措施手段

充分发挥绿色财税政策体系的杠杆作用，重点解决中央地方责权不清、财政投入不足、政策激励不够、税收政策不完善和生态补偿机制不健全等问题。发挥金融市场配置资金的决定性作用，强化金融机构节能环保的社会责任，建立协调一致、运转高效的“绿色金融”体系，通过金融杠杆引导、调控资金流向节能环保的企业和项目。

有效界定和规范资源环境领域的各种关系和行为，需要重点解决长期存在的无法可依、有法不依和执法不严等问题。健全标准体系，发挥标准体系在促进优胜劣汰、加快结构调整中的积极作用。重视并抓住新一轮技术进步机遇，积极推动技术创新，培育新经济增长点，用新技术改造已有产业，发展战略性新兴产业。以市场机制为基础，以相关法律法规和标准为尺度，完善配套政策，合理而有效地约束和淘汰未达标产能。在推动绿色治理的过程中，通过完善政府业绩评价考核机制，合理发挥其“指挥棒”的作用。加强宣传教育，重视发挥媒体的引导和监督作用，普及绿色环保知识，积极倡导绿色的消费和生活方式。

参考文献

[1] Levi-Faur, D., “From Big Government to Big Governance”, *Oxford Handbook of Governance*, Oxford University Press, 2012.

[2] 习近平：《切实把思想统一到党的十八届三中全会精神上来》，《求是》2014 年第 1 期。
[3] 俞可平：《治理与善治》，社会科学文献出版社，2000。
[4] 刘世锦等：《以破解资源环境难题为重要突破口推动结构调整和发展方式转变的实质性进展》，国务院发展中心研究报告，2010。
[5] 世界银行、国务院发展研究中心联合课题组：《2030 年的中国——建设现代、和谐、有创造力的社会》，中国财政经济出版社，2013。

B.4

以健全的制度体系为美丽中国提供保障

李宏伟*

摘　要：

发达国家上百年工业化过程中分阶段出现的环境问题，在我国30多年里集中出现，呈现结构型、复合型、压缩型的“时空压缩”的特点。如果任由目前的生态危机继续下去，不但我国经济建设的成果会大打折扣，而且将增加不稳定因素，激化社会矛盾；不但会殃及子孙后代，而且将直接威胁当代人的生存，只有实行最严格的制度，才能为生态文明建设提供可靠保证。未来我国加强生态文明制度建设，需着力从完善行政体制建设，完善生态环境产权制度，完善监督和参与机制三个方面出发，形成经济发展与资源环境保护的良性互动关系，真正走向绿色低碳可持续发展。

关键词：

生态文明　行政体制　生态环境产权　监督参与

建设美丽中国，实现中华民族永续发展是党的十八大提出的生态文明建设的目标。建设美丽中国，必须以健全的生态文明制度作保障。党的十八届三中全会通过的《中共中央关于全面深化改革若干重大问题的决定》阐述了生态文明制度体系的构成及其改革方向、重点任务。我们必须加快建立生态文明制度，健全国土空间开发、资源节约利用、生态环境保护的体制机制，推动形成人与自然和谐发展的现代化建设新格局。

---

* 李宏伟，中共中央党校马克思主义理论教研部。

一　生态恶化危及美丽中国之梦

改革开放30多年来，我国年均经济增长率达到9.8%，但由于我们实行的是粗放式的增长方式，靠的是高消耗、高投入，是以付出巨大环境资源代价换取的高增长。因此，发达国家上百年工业化过程中分阶段出现的环境问题，在我国30多年里集中出现，呈现结构型、复合型、压缩型的“时空压缩”的特点。

在这个阶段，我国面临严峻的资源瓶颈和环境污染。从资源瓶颈的情况来看，我国资源总量小，人均耕地、林地、草地面积和淡水资源分别仅相当于世界平均水平的43%、14%、33%和25%，主要矿产资源人均占有量占世界平均水平的比例分别是煤67%、石油6%、铁矿石50%、铜25%。2010年，我国石油、铁矿石、铜等资源的对外依存度均超过50%，潜在风险日益加大。据美国能源信息署预测，中国煤炭可供开采量已不足60年，而石油可供开采量仅有14年。受利益驱使，全国部分省市稀土的无序开采有加剧的趋势，尤其是我国特有的南方风化壳淋积型稀土矿，无证开采的现象比较严重，导致产量偏大，恶性竞争。这就导致整体资源利用率不高，资源浪费的现象突出。由于我国仍处于高速发展过程中，对耕地、石油、天然气、淡水、铁矿石、有色金属等矿产资源的需求量日益增加，加上经济增长方式尚未实现根本性的转变，投入产出的效率不高，我国经济社会发展与资源紧缺之间的矛盾也越来越严重。《2011中国环境状况公报》的数据显示，2011年，我国废水排放中化学需氧量（COD）排放总量为2499.9万吨，氨氮排放总量为260.4万吨，均位居世界前列。全国大江大河有近1/4的监测断面超过劣V类水体水质，90%的城市河段受到不同程度的污染。七大水系总体为轻度污染，湖泊（水库）富营养化问题仍突出。2011年，我国城市大气环境质量有11%的城市超标，城市大气环境以可吸入颗粒物（PM2.5）污染为主的混合型污染问题日益突出。截至2011年底，现有水土流失面积356.92万平方千米，占国土总面积的37.2%。全国工业固体废物产生量为325140.6万吨，综合利用量仅有199757.4万吨，其中还包含很大一部分是利用往年的贮存量。需要指出的是，生态恶化开始危及社会稳定。最近几年因环境问题引发的群体性事件在快速增加。特别是四川省什邡市的百亿元钼铜项目、江苏省南通启东的王子制纸排海工程项目和浙江省宁波市镇海的PX项目因公众环境诉求表达不畅，纷纷遭到群众抗议。这些事件最后皆以政府宣布放弃项目的建设告终，这对政府的公信力造成了很大的损害。

从上述情况可以看出，如果任由目前的生态危机继续下去，不但我国经济建设的成果会大打折扣，而且将增加不稳定因素，激化社会矛盾；不但会殃及子孙后代，而且将直接威胁当代人的生存。生态文明建设已经成为我国现代化进程中不得不解决的一个重大课题。

制度具有引导、规制、激励和服务等功能，只有实行最严格的制度，才能为生态文明建设提供可靠保证。党的十八届三中全会做出了《全面深化改革若干重大问题的决定》，在生态文明制度建设上也提出了具体的措施：健全自然资源资产产权制度和用途管制制度；划定生态保护红线；实行资源有偿使用制度和生态补偿制度；改革生态环境保护管理体制。这就从全局性和根本性上为我国生态文明制度建设描绘了宏伟蓝图，未来我国加强生态文明制度建设，需着力从完善行政体制建设，完善生态环境产权制度，完善监督和参与机制三个方面出发，形成经济发展与资源环境保护的良性互动关系，真正走向绿色低碳可持续发展。

二　完善生态文明行政体制建设

我国的生态文明建设是政府主导推动的，如果不整合行政制度，很难保证生态文明建设的成效。完善生态文明行政体制建设，应从以下几个方面着手。

建立综合性的决策机制。一是多方参与的政策制定机制。各级政府在制定宏观经济政策时，要有资源、环保、生态部门和其他有关部门共同参与，确保各个层次的经济发展总体战略、规划和政策充分考虑生态环境因素。二是让环境影响评价进入综合决策。规范环境影响评价的内容和程序，完善环境影响评价制度，增强环境影响评估的权威性。保证环境评价单位在环境影响评价中的独立性，确保环境影响评价机构不受非技术因素的干扰。三是建立生态优先的权衡机制。当经济发展与生态环境建设相冲突的时候，要坚持生态环保的优先地位，让经济发展服从于生态环境建设。

建立科学的考评制度。建立科学的生态文明考评制度要确立科学的干部政绩考核指标体系。在不同的行业、不同的区域建立各有侧重和各具特色的考核评价标准，从而逐步建立绿色 GDP 为导向的领导干部政绩考核制度。对领导干部政绩考核要将生态文明建设纳入其中，加强对领导干部在节约资源、生态环保方面的工作绩效评价，并将这个指标体系与干部任免和奖惩结合起来，将生态文明建设情况与财政支持结合起来，使各个地方政府逐步重视和执行生态文明建设方针。对不重视生态文明建设的地区和领导干部，要实行问责制度，可以考虑实行一票否决制度，只有在强大的制度约束下，生态文明建设才会更受重视。目前，国家已经开始在政绩考核方面做出调整部署，中组部发出《关于改进地方党政领导班子和领导干部政绩考核工作的通知》，强调要根据不同地区、不同层级领导班子和领导干部的职责要求，设置各有侧重、各有特色的考核指标，把有质量、有效益、可持续的经济发展和民生改善、社会和谐进步、文化建设、生态文明建设、党的建设等作为考核评价的重要内容。强化约束性指标考核，加大资源消耗、环境保护、消化过剩产能、安全生产等指标的权重。这将极大促进科学考评机制的建立。

健全生态环境保护责任追究制度。健全生态环境保护责任追究制度是克服政府决策只重眼前利益而忽视长远利益的重要手段。习近平总书记在中共中央政治局第六次集体学习时指出，要牢固树立生态红线的观念，“要建立责任追究制度，对那些不顾生态环境盲目决策、造成严重后果的人，必须追究其责任，而且应该终身追究”。总书记的这段话只是为我们描绘了责任追究制度的轮廓，但仍留有一些具体问题值得我们研究。比如生态红线如何划分，怎么追究责任。后者还包括如下问题：环境责任追究制度的对象范围是什么，最主要的对象是谁；“不顾生态环境盲目决策”包括哪些具体情形；“造成严重后果”的判断标准是什么；“终身追究”包括哪些情形；责任追究的程序怎么设计等。为更好地解决这些问题，未来我们应当明确生态环境保护的责任主体。按照生态环境保护权责相统一原则，将生态环境保护责任落实到承担领导和管理责任的政府部门及其官员，承担保护责任的企事业单位和公民个人等。明确承担生态环境保护的责任形式，构建包括政治责任、民事责任、行政责任和刑事责任在内的严密责任体系，让对生态环境造成损害的责任主体承担不利的后果。十八届三中全会强调要建立严格的生态环境保护责任追究机制。今后应逐步建立完备的责任台账制度、重大生态环境保护事故责任追踪溯源制度和危险废物污染责任终身追究制度。建立健全包括行政监察部门、司法机关和社会舆论等多点发力的生态环境保护责任追究启动机制，切实将生态环境保护责任追究制度落到实处。

健全环境损害赔偿制度。党的十八大报告明确提出，要加强环境监管，健全生态环境保护责任追究制度和环境损害赔偿制度。十八届三中全会也提出，坚持使用资源付费和谁污染环境、谁破坏生态谁付费原则。以往由于我国环境损害赔偿制度不健全，受害人往往得不到及时、应有的经济赔偿，环境权益得不到保障。健全环境损害赔偿制度，将公众的环境诉求纳入制度化、法制化渠道予以保障，有利于维护环境公平正义，保护公众环境权益，维护社会和谐稳定，保护自然生态环境。健全环境损害赔偿制度，急需解决包括环境赔偿的根本目的、环境损害的界定、赔偿原则、赔偿范围、免赔条件、追溯时限等一些基本理论问题。此外要建立因果关系的确认、举证责任、赔偿程序、赔偿数额的计算等基本的政策、标准、规范；对无法确定环境侵权人的环境损害如何赔偿、损害后果超过环境侵权人赔偿能力时如何赔偿等无法回避的现实问题制定出能引起共识的操作依据。现在我国环境公共利益损失的索赔尚缺乏明确法律支撑，生态环境服务功能损失及应急和修复等相关费用尚未纳入赔偿范围。这使得近年来我国发生了一系列重大环境污染事故，如松花江污染事故、大连海岸油污染事故、福建汀江污染事件、广西龙江镉污染事件等，至今均未被追究环境公共利益的损失赔偿。美国的《超级基金法》可以为我们解决这一问题提供借鉴。该法一是严格明确了污染者必须承担污染治理全部费用的责任；二是规定企业经营者及产权拥有者的环境责任将是一种终身责任；三是要求在污染企业发展中的所有曾经获益者，都必须承担共同的连带责任。该法实施后，不仅有一批污染企业倒闭破产，而且还有一批银行、保险公司因环境损害赔偿而倒闭破产，从而大大强化了法律制度的权威，提高了人们的环境责任意识。

三　建立和完善生态环境产权制度

建立适应生态文明要求的产权制度，是生态文明建设的关键。党的十八届三中全会提出要对水流、森林、山岭、草原、荒地、滩涂等自然生态空间进行统一确权登记，形成归属清晰、权责明确、监管有效的自然资源资产产权制度。未来我国要完善环境产权制度需着力做好以下几个方面的工作。

要建立和完善排污权、碳排放权、节能量交易市场，明晰产权。充分发挥市场在生态文明建设中的作用。市场是商品经济的运行载体和现实表现，也是价值规律发生作用的实现形式，价值规律通过价格、供求、竞争等作用形式转化为经济活动的内在机制。市场机制以价格调节、供求调节、竞争调节等方式，对社会生产、分配、交换、消费的全过程进行自动调节。政府应当将生态文明的理念利用市场机制融入社会生产、分配、交换、消费的全过程。在污染物排放方面，国家应当尽快建立完善排污权交易制度。排污权交易（pollution rights trading）是指在一定区域内，在污染物排放总量不超过允许排放量的前提下，内部各污染源之间通过货币交换的方式相互调剂排污量，从而达到减少排污量、保护环境的目的。它的主要思想就是建立合法的污染物排放权即排污权，并允许这种权利像商品那样被买入和卖出，以此来进行污染物的排放控制。排污权交易作为以市场为基础的经济制度安排，它对企业的经济激励在于排污权的卖出方由于超量减排而使排污权剩余，之后通过出售剩余排污权获得经济回报，这实质是市场对企业环保行为的补偿。排污权交易制度不失为实行总量控制的有效手段。各地区、各主体要因地制宜、量体裁衣，依据其自然资源、产业结构和经济发展状况合理地分配排污指标。各地方政府要自觉转变自身职能，注重排污权交易监管。在节能减排方面，实现经济可持续发展的关键是节能减排，而不断完善制度建设则是节能减排的首要任务。通过借鉴国外成熟的做法，建立完善的碳排放交易市场；加快国内碳排放市场与国际接轨步伐，建立国际化碳交易所；积极发展和改善碳金融市场。

适时开征环境税，建立绿色税制体系。逐步认识环保费与环境税的关系，适时开征环境税试点。对一些重点污染的源头，如废气、废水、废渣、工业垃圾等污染物和温室气体实行征税，随着环保认识的逐步深化，在条件成熟时，扩大征税范围并向全国推广。同时，以开征环境税为契机，建立绿色税制体系。

完善生态补偿机制。加快生态补偿立法进程，逐步完善相关利益主体间的权利、义务和保障措施；加大中央财政的转移支付，对生态保护做得好和较好地完成了国家生态环境保护目标的地区要通过财政转移支付进行奖励制度，同时，经济发展要求各地区实现资源互补，这就要求建立起能源输入地对输出地的横向财政转移支付制度；多渠道争取生态补偿资金，一方面开征环境税，另一方面鼓励社会资本参与生态环境建设和修复。

四　完善生态文明建设监督和参与机制

建设生态文明社会，完善的监督机制必不可少。应结合我国国情，在现有的制度框架内不断完善各种监督机构的功能，疏通监督渠道，建立具有中国特色生态文明建设监督机制。首先，要加强人大监督，人大能够给政府以建议和意见，要求政府根据地方实际修改和完善地方生态建设的政策性法规，这有助于在生态文明建设过程中更好地发现和解决问题，在生态文明制度建设中起到一定的监督作用，在落实的过程中具有法律强制性。其次，要加强司法监督，通过现代化的传媒手段，着力宣传环境法治文化，让企业和社会公众有明确的环保意识，对破坏环境的违法行为，根据相关法律规定和“环境影响评价制度”，实行问责。此外，要完善我国的环境公益诉讼制度，真正发挥司法在生态文明建设中的效用。最后，要强化社会监督，积极吸引公众广泛参与到生态文明建设中，让他们明确自身的责任感和使命感，通过新媒体合理有效地监督政府有关部门在环境生态保护中依法行政。

在完善参与机制方面，首先政府应当扩大环境信息公开范围，保障公众的环境知情权、表达权、参与权和监督权。其次要建立公众表达环境利益诉求的平台和渠道，让公众监督、舆论监督成为规范政府、企业和个人环境行为的重要手段。最后政府应引导社会组织包括登记或未登记的社团、民办非企业单位、基金会、社区社会组织等在生态文明建设中发挥作用。要增强对环保社会组织的政治信任，促进社会组织提升自身的管理能力和参与能力，最大限度、最广泛地调动人民参与生态文明建设的积极性。

结束语

生态文明制度纳入中国特色社会主义制度是时代的选择，是历史的必然。未来我国应更加强调完善已有领域的制度建设，展开新领域尤其是生态文明制度的行动，我们必须以更大的政治勇气和智慧，坚决破除一切妨碍科学发展的思想观念和体制机制弊端，构建更加完备、更加规范、运行有效的制度体系，以健全的制度体系为美丽中国提供保障。

参考文献

[1]《2011 中国环境公报》，中华人民共和国环境保护部编。

[2] 杨朝飞：《我国环境法律制度和环境保护若干问题》，《中国环境报》2012 年 11 月 5 日，第三版。

[3]《中共中央关于全面深化改革若干重大问题的决定》，人民出版社，2013。

B.5

"基础四国"在气候谈判中的立场

高 翔*

摘 要：

"基础四国"是近年来出现的气候谈判集团协商机制，在2009年以来的国际气候谈判中发挥了重要作用。"基础四国"在气候谈判中的共同立场是在《联合国气候变化框架公约》体制内，坚持公平和"共同但有区别的责任"原则，团结发展中国家，维护《京都议定书》，平衡推进减缓、适应、资金、技术谈判进展；其共同的核心利益是作为发展中国家，在近中期内不承担量化的绝对量减排义务。这主要是由于"基础四国"仍处于快速发展期，排放增长趋势较快，同时面临发展和排放空间约束的挑战。然而由于国情不同，"基础四国"也存在利益分歧。中国在气候谈判中维护核心利益，既要巩固和发展"基础四国"机制，也要对可能出现的分歧做好研判。

关键词：

基础四国　发展中国家　气候变化　国际谈判　立场

引 言

气候变化及其相应的温室气体减排影响到各国国计民生的方方面面，因而成为当今国际关系中最为热点的问题之一。各国对国际气候话语权的争夺日趋

---

* 高翔，国家发展和改革委员会能源研究所副研究员。

激烈，反映了以经济利益和发展权为主轴的国家利益之争[①]，尤其是发达国家和发展中国家两大阵营的根本矛盾冲突。然而随着国际政治经济形势的变化，在气候谈判中作为发展中国家集体代表的“七十七国集团加中国”，内部利益分歧日渐显现。为确保核心利益，中国在致力于维护发展中国家整体团结的基础上，特别加强了与主要新兴发展中国家的合作，建立了“基础四国气候变化部长级会议”机制（以下简称“基础四国”）。

一　“基础四国”机制的发展

中国、印度、巴西和南非在气候变化领域建立“基础四国”机制是这些国家在国际政治经济整体格局中地位上升和在气候变化领域利益诉求的结果。面对国际发展的新格局，传统的八国集团（G8）已经难以主宰国际政治经济秩序。从2005年起，八国集团在召开年度首脑峰会的同时，邀请主要发展中国家首脑开展对话。这一形式在2007年德国海利根达姆峰会时定型为“G8+5”，即八国集团与中国、印度、巴西、南非和墨西哥五个主要发展中国家的首脑对话，共商国际政治经济核心议题。由于墨西哥是经济合作与发展组织成员国，与其余四国所处的发展阶段不同，其对减缓、适应、支持等的利益诉求与其他国家也有较大分歧，因此在气候变化领域，墨西哥加入了“环境整体性集团”(EIG)，而具有共同利益的其余四个主要发展中国家建立了“基础四国”机制。

“基础四国”机制正式建立于哥本哈根气候大会前[②]。2009年11月26~27日，四国负责气候变化的部长在北京共商参加哥本哈根气候大会的基本立场。哥本哈根会议中，四国开展了密切的立场和谈判策略磋商，对维护“双轨制”[③]谈判格局起到了中流砥柱作用。会后不久，2010年1月24日“基础四国”部长在印度新德里正式建立起定期会晤机制，此后每个季度举行一次部长级协调会。

① 王伟男：《国际气候话语权之争初探》，《国际问题研究》2010年第4期，第19~24页。

② 即《联合国气候变化框架公约》第15次缔约方会议（COP15）暨《京都议定书》第五次缔约方会议（CMP5）。

③ 根据“巴厘行动计划”（1/CP.13号决议）建立了“公约长期合作行动特设工作组”（AWG-LCA），根据第1/CMP.1号决议建立了“附件一缔约方在《京都议定书》下进一步承诺特设工作组”（AWG-KP），这两个工作组也就是俗称的“双轨制”。

在2010年和2011年两年的气候谈判中，"基础四国"在多数问题上达成共识，还在2011年11月28日的公约第17次缔约方大会和议定书第7次缔约方大会（德班气候大会）开幕式上，首次以"基础四国"整体名义表达立场，受到各方关注。

二 "基础四国"应对气候变化的共同立场及其原因

"基础四国"在气候变化谈判中的基本共同立场可以理解为：在《联合国气候变化框架公约》的体制内，坚持公平和"共同但有区别的责任"原则，严格按照联合国议事规则和谈判授权，团结广大发展中国家，维护《京都议定书》，促进实现以适应气候变化，发达国家在国际条约下承担大幅量化减排义务，发展中国家在获得资金、技术、能力建设支持的前提下开展符合本国可持续发展需求的减缓行动为主要特征的全球应对气候变化合作。共同的核心利益是作为发展中国家，在近中期内不承担量化的绝对量减排义务。

四国持有上述共同立场，一是由于四国发展水平相对较低，面临发展的挑战；二是四国排放增长趋势较快，面临排放空间约束的挑战。

（一）四国发展水平相对较低，面临发展的挑战

1992年以来，四国经济总量已从占全球的5.29%上升到2013年的18.44%，国际货币基金组织预测2019年更将上升至21.16%[①]。与此同时，美国和欧盟28国占全球经济总量的份额，分别由1992年的26.57%和33.36%，下降至2013年的22.71%和23.48%，并将继续下降至2019年的21.90%和23.24%，与"基础四国"整体的经济实力相当。四国经济总量与主要发达国家的差距正在并将持续拉近。

然而，四国人口基数大，因此经济总量体现在人均经济量上就与发达国家拉开了距离。而作为发展中国家，尽管近年来四国在教育、卫生、基础设施建

① IMF. World Economic Outlook Database, April 2014 Edition [DB/OL]. 2014 [2014 - 5 - 22]. http://www.imf.org/external/pubs/ft/weo/2014/01/weodata/index.aspx.

设等方面取得了显著进步，但是与发达国家相比仍有较大差距，甚至不及其他一些发展中国家的水平，如表 1 所示。

表 1 “基础四国”发展指标及其与主要发达国家及部分发展中国家的比较

国　家	2013 年人均 GDP（美元/人，当年价）	本国贫困线以下人口数（百万人）	使用改良饮水系统人口比例（%）	使用改良卫生系统人口比例（%）	使用固体燃料人口比例（%）	每百人拥有移动电话数	每百人使用互联网人数
巴　西	11311	40.98[e]	97[d]	80[d]	7[c]	104.1[f]	40.7[f]
中　国	6747	39.40[a]	89[d]	55[d]	48[c]	64.04[f]	34.3[f]
印　度	1505	305.25[b]	88[d]	31[d]	60[c]	61.42[f]	7.5[f]
南　非	6621	10.78[b]	91[d]	77[d]	17[c]	100.48[f]	12.3[f]
美　国	53101	—	99[d]	100[d]	5[c]	89.86[f]	79.0[f]
日　本	38491	—	100[d]	100[d]	5[c]	95.39[f]	80.0[f]
德　国	44999	—	100[d]	100[d]	5[c]	127.04[f]	81.9[f]
新加坡	54778	—	100[d]	100[d]	5[c]	143.66[f]	70.0[f]
卡塔尔	100278	—	100[d]	100[d]	5[c]	132.43[f]	69.0[f]

注：表中各数据的统计年份不尽相同，按上标标注表示为：a. 2004；b. 2005；c. 2007；d. 2008；e. 2009；f. 2010。

资料来源：IMF. World Economic Outlook Database, April 2014 Edition ［DB/OL］. 2014［2014 -5 -22］. http：//www.imf.org/external/pubs/ft/weo/2014/01/weodata/index.aspx. 联合国统计司：千年发展目标指标数据库［DB/OL］. 2012［2012 -8 -22］. http：//unstats.un.org/unsd/mdg/Home.aspx。

四国中人均 GDP 最高的巴西，2013 年其水平也仅相当于发达国家的 1/4 左右，而印度人均 GDP 仅相当于发达国家的 3%，与卡塔尔、新加坡等发展中国家也还具有相当大的差距。从发展水平看，四国还有数千万的人口处于本国划定的贫困线以下，其中印度的贫困人口更是高达 3 亿人。中国、印度、南非三国还有近 10% 的人口不能获得安全卫生的饮用水。中国和印度还有一半甚至一半以上的人口使用固体燃料，印度还有近七成的人口不能获得改良的卫生系统服务，在通信方面，中国和印度每百人拥有移动电话数也远低于发达国家和其他一些发展中国家，印度和南非每百人使用互联网人数与其他国家差距巨大。这些都表明，尽管四国的经济总量增长迅速，但是经济增长给人民生活带来的改善尚有很大的空间，四国仍然面临快速发展以改善民生的挑战。

（二）四国排放增长趋势较快，面临排放空间约束的挑战

在经济快速增长的同时，四国的能源消费和温室气体排放水平也显著上

升。BP 公司统计[①]，四国排放水平及其在全球排放量中所占的份额，已经从公约诞生之时的 16% 左右上升至 2012 年的超过 34%，与美国、欧盟、日本的总和相当。尽管四国的能源消费规模、结构不同，近年来也在节能和提高能效，并在发展非化石能源方面制定和实施了一系列的政策措施，排放快速增长的形势得到了抑制，但是排放量的快速增加仍将是四国未来一段时期内难以完全扭转的趋势。温室气体排放的增长和总量的不断增加，成为四国在气候谈判中面临的最大压力：不仅发达国家，小岛屿发展中国家和一些最不发达国家也要求以中国等为代表的发展中大国尽早在同一国际法律框架下，展开与发达国家对等的总量减排行动。

三　印度、巴西和南非应对气候变化的不同国情和利益诉求

尽管“基础四国”目前在气候变化谈判中的根本利益具有相似性，也形成了利益共同体，但是由于四国的国情和所处的发展阶段不尽相同，因此在共同立场之外，印度、巴西和南非也有着与中国不同的利益诉求。

（一）印度倾向于通过某种模式分配全球碳排放空间，保障本国发展所需的排放权

印度是四国中发展阶段相对落后的国家，发展和对相应的排放空间的需求是印度的核心利益。气候变化对印度的经济、社会发展和环境产生了显著影响，极端气候现象逐渐增多，冰川快速消融威胁着印度的淡水储备资源，使农业减产，并对公众健康产生不利影响，因此，积极应对气候变化成为印度自身发展的必然要求[②]。尽管印度的经济总量远高于南非，1992 年以来的经济增速也远高于南非和巴西，但是印度的人均经济量远低于中国、南非和巴西，分别约是中国、南非和巴西的 1/4、1/6 和 1/8，主要发展指标也都低于其他三国，

① BP. BP Statistical Review of World Energy, June 2013 [DB/OL]. 2013 [2013 - 8 - 22]. http://www.bp.com/statisticalreview.

② 黄云松、黄敏：《浅析印度应对气候变化的政策》，《南亚研究》2010 年第 1 期，第 65 ~ 77 页。

这使得消除贫困、改善人民生活成为印度社会面临的最大挑战，也导致印度的发展压力远高于其他三国。但同时，以煤为主的能源结构也使得印度经济发展消耗大量能源从而使排放量较高。印度是世界上温室气体排放量第二的发展中国家，2007 年印度温室气体排放量达到 19.47 亿吨二氧化碳当量（CO_2eq.）[①]。如果欧盟不作为一个整体进行排序，印度的排放量则是世界第三位[②]。印度深信约束性减排目标将会危害其经济增长，削弱国家消除贫困的能力，因此坚决抵制其他国家对其提出的量化减限排要求。

印度在国际谈判中顶住压力的同时，制定了向低碳转型的政策措施[③]，有可能减少对碳排放空间的需求，对环境和社会产生积极影响[④]。印度经济具有低碳增长的显著特征，其整体的能源和二氧化碳排放强度低于中国，与美国水平相当。目前的情况表明印度的低碳经济趋势将继续发展，有望不重复中国今天的发展路径。研究认为，如果印度不出现由服务业向制造业的重大转变，其到 2030 年达到中国当前的人均收入水平时，单位 GDP 能耗和排放将仅为中国目前水平的一半左右，工业化和城市化所需的能耗和导致的排放，将部分由能效提高和显著提高的可再生能源比例所抵消[⑤]。印度国家计委专家组预测，在严格执行既定政策和已规划政策的情况下，对应于年均 8% 和 9% 的经济增速，印度 2020 年单位 GDP 碳排放强度[⑥]将比 2005 年分别下降 24.44% 和 23.88%，均能实现 2020 年强度下降 20% ~25% 的减排目标；如果再制定更强有力的政

---

① *Ministry of Environment and Forests, Government of India. Second National Communication to the United Nations Framework Convention on Climate Change* (New Delhi, 2012).

② 孙振清、刘滨、何建坤：《印度应对气候变化国家方案简析》，《气候变化研究进展》2009 年第 5 期，第 298 ~303 页。张海滨、李滨兵：《印度在国际气候变化谈判中的立场》，《绿叶》2008 年第 8 期，第 64 ~74 页。

③ *Prime Minister's Council on Climate Change, Government of India. National Action Plan on Climate Change* (New Delhi, 2008). Narasimha Rao, GirishSant, SudhirChellaRajan，黄莹、张建辉：《印度能源趋势概述：低碳增长与发展的挑战》，《经济社会体制比较》2010 年第 1 期，第 69 ~75 页。

④ Kirit Parikh, "Sustainable Development and Low-carbon Growth Strategy for India", *Energy* 40 (2012): 31 –38. P. Balachandra, Darshini Ravindranath, N. H. Ravindranath, "Energy Efficiency in India: Assessing the Policy Regimes and Their Impacts", *Energy Policy* 38 (2010): 6428 –6438.

⑤ BP. *BP Energy Outlook 2030* (London, 2012). TERI (The Energy and Resources Institute), *National Energy Map for India: Technology Vision 2030*, New Delhi: TERI Press, 2006.

⑥ 印度规划目标中的“碳”指所有温室气体。

策措施，则有望分别实现34.40%和33.27%的强度下降①。但研究也认为，直至2100年，印度的排放量仍不能出现峰值②。

在国内积极应对气候变化的情况下，印度到2050年前的历年累积排放量大约仅为根据公平获取碳排放空间原则计算的累积应得排放量的一半左右，而与此同时中国的累积应得排放量将仅能满足中国实际排放空间需求的65%左右③。因此，印度对于全球分担减排责任的立场是先联合发展中国家以确保公平发展为由进行抵制，如果量化分配减排或限排责任是大势所趋，则倾向于按照人均历史累积等模式，保障本国发展所需的排放权。

（二）巴西依托资源条件，将发展非化石能源作为能源战略的重中之重，可从全球"自上而下"的量化减排模式中获利

巴西是四国中相对发达的国家。人均GDP始终位居四国第一。经过多年的发展，巴西的基础设施建设和人民生活水平也相对较高，相关表征指标也在四国中处于最高水平。但是巴西国内贫富悬殊，贫困线以下人口的绝对数量达到4000万人以上，超过中国和南非，其比例更是高达全国人口总数的21.4%，是中国贫困人口比例的8倍左右。因此，巴西仍然面临着快速发展，尤其是均衡发展的巨大压力，仍需要保障一定的排放空间，尤其是近期的排放空间。巴西在气候问题上的战略有三个目标：一是高举联合国大旗，提高巴西在环境问题上的国际话语权，巩固大国地位；二是通过推动全球气候谈判，促进巴西极具国际竞争力的可再生能源产业的发展；三是避免承担过度的减排责任而影响本国的经济发展，同时通过减少亚马孙森林的砍伐取得国际援助，实现该地区的可持续发展④。

---

① Kirit Parikh, "Sustainable Development and Low-carbon Growth Strategy for India", *Energy* 40 (2012): 31–38.

② Ullash K. Rout, "Prospects of India's Energy and Emissions for along Time Frame", *Energy Policy* 39 (2011): 5647–5663.

③ BASIC Experts (Harald Winkler, T. Jayaraman, Jiahua Pan, Adriano Santhiago de Oliveira, Yongsheng Zhang, Girish Sant, Jose Domingos Gonzalez Miguez, Thapelo Letete, Andrew Marquard, and Stefan Raubenheimer). *Equitable Access to Sustainable Development: Contribution to the Body of Scientific Knowledge* (BASIC Expert Group: Beijing, Brasilia, Cape Town and Mumbai, 2011).

④ 贺双荣：《哥本哈根世界气候大会：巴西的谈判地位、利益诉求及谈判策略》，《拉丁美洲研究》2009年第6期，第3~7页。

然而巴西在温室气体排放方面与其余三国有两点显著不同，使得巴西在应对气候变化，尤其是减缓政策的选择和应对限制排放空间的挑战方面具有比较优势。

一是巴西的土地利用、土地利用变化和林业部门（LULUCF）排放在全部温室气体排放中居主导地位，近年来排放控制政策取得了巨大成效。巴西第二次国家信息通报①，1990～2005年，巴西LULUCF部门排放的温室气体占到全国排放量的60%以上，远高于能源等其他部门，与其他三国具有显著差异——在中国、印度和南非，LULUCF部门均是温室气体的净吸收汇。因此，控制LULUCF部门的温室气体排放在巴西的减缓政策中具有举足轻重的地位。在实施了亚马孙地区防止毁林计划（PPCDAM）等国家重点林业保护项目后，巴西2009年全国毁林面积已经从2004年高峰时期的27772km^2下降到7464km^2，降幅高达73%；相应地大幅减少了LULUCF部门温室气体排放。

二是巴西的能源结构在四国，乃至全球各个国家和地区中都处于最优水平。2011年巴西非化石能源占全国能源消费比重超过40%，不仅高于“基础四国”中其他三国，也高出近年来大力发展可再生能源的欧盟约20个百分点，高出全球平均水平27个百分点②。这一方面得益于巴西丰富的水能和生物质资源，另一方面也与巴西将发展非化石能源作为能源战略的重中之重密不可分。根据巴西能源部制定的《国家能源规划2030》③，到2020年，非化石能源占全国能源生产量的比重将提高至48.3%，占能源消费量的比重提高至47.3%，到2030年，分别提高至49.6%和49.4%。大力发展非化石能源，是巴西在满足经济社会发展所需的能源保障的同时，能源部门排放量和经济总体的单位产出排放量始终保持在相对低水平的原因。而且，由于能源产业供应的增加，尤其是可再生能源供应的增加，到2030年，巴西在满足本国能源消费需求的同时，还将形成15亿吨标油左右的能源净出口的潜能，其中零排放的生物质能源净出口潜能约为6亿吨标油，如果全球形成“自上而下”的量化

① *Ministry of Science and Technology, Federative Republic of Brazil. Second National Communication of Brazil to the United Nations Framework Convention on Climate Change* (Brasília, 2010).

② BP. *BP Energy Outlook 2030* (London, 2012).

③ Ministério de Minas e Energia, *Plano Nacional de Energia 2030* (Brasília, 2007).

减排模式，主要国家都将承担减排义务，则低碳和零排放能源需求将大幅扩张，巴西经济将从中显著获益。

正是基于上述两个显著特征，巴西在确保本国发展利益前提下，制定和颁布了国家应对气候变化法——《应对气候变化国家计划》①，明确规定巴西的减缓行动目标是2020年在BAU情景下偏离36.1%～38.9%，并且在相应的法令和国家信息通报中提出了各部门的行动方案和相应的减排量。如果实现这一目标，意味着巴西2020年的排放量将比2005年减少5.7%～9.8%。

因此，巴西在气候变化谈判中，一方面通过维护发展中国家整体利益，避免为本国发展过早设定排放约束，增强本国在发展中国家和全球中的话语权，另一方面与未来合适的时期实施“自上而下”的减排模式并不抵触，反而有可能树立积极履行减排承诺的形象，并从国际能源贸易中盈利。

（三）南非减排压力不大，对远期“自上而下”设定国别减排目标立场灵活，以期换取发达国家对其引领非洲复兴和提升国际地位的支持

南非在四国和发展中国家中是相对发达的。南非的能源结构以煤为主，能源部门对全国排放总量的贡献高达83%②，发展所需的能源和能源结构给减排带来的一定压力。但由于人口规模和经济规模相对小，南非的能耗、排放总量也相对小。不计LULUCF部门排放，南非的排放量约为巴西的1/2，印度的1/4，中国的不到1/10。南非早在2004年就发布了“国家气候变化响应战略”③积极应对气候变化，使其近年来温室气体排放增速放缓。南非在第二次国家信息通报中明确提出，在获得发达国家资金、技术和能力建设支持的情况下，南非国家排放总量将在2020～2025年出现峰值，在持续约10年的平台期后，排放量开始绝对下降。这是“基础四国”中唯一明确提出未来峰值和排

① Presidência da República, Institui a Política Nacional sobre Mudança do Clima-PNMC e dá outras providências［Z］. LEI No 12. 187. 2009.

② Department of Environmental Affairs, Republic of South Africa. *South Africa's Second National Communication under the United Nations Framework Convention on Climate Chang*（Pretoria, 2011）。

③ Department of Environmental Affairs and Tourism. *A National Climate Change Response Strategy for South Africa*（Pretoria, 2004）。

放量下降目标的国家，与中国和印度差异巨大。因此，在国际层面，从各国排放量对全球气候变化的影响，以及国际社会因之要求承担减排责任的呼声来看，南非的压力不大。

“非洲复兴”是南非外交战略的指导思想，南非谋求在国际事务中的话语权和大国地位，既立足于非洲这个大后方，也特别积极地寻求发达国家的支持，这一思想也指导了南非在气候变化谈判中的立场。南非提出并努力实施的“非洲发展新伙伴计划”离不开国际社会的支持和帮助，因此南非重视发展与发达国家的关系。这一总体外交战略使得南非在气候变化问题上，首要立场是保持与非洲集团的合作，对非洲关注的资金、技术和能力建设支持问题持积极推进的立场；同时，为换取发达国家对发展中国家，尤其是非洲的支持，在发达国家关注的发展中大国碳排放减缓及其透明度问题上，持相对灵活的态度；对在气候变化国际治理机制中发挥大国作用也十分重视。南非在 2012 年的波恩会议上力推尽快就“德班平台”谈判启动实质性进程，一方面可以充分体现其作为主席国的作用，彰显大国地位，另一方面也满足了欧盟和非洲集团内部许多最不发达国家的要求，为寻求发达国家和非洲集团的支持营造了氛围。对我国有利的一面在于，南非也十分看重“金砖国家”的地位，希望搭上“金砖国家”快速发展的便车，并且作为“金砖国家”在非洲的代表，与其余四国一道，谋求构建国际政治经济新秩序①。

四　“基础四国”机制对中国的意义及协调对策

确保实现工业化、现代化所需的排放空间是中国应对气候变化的核心利益。“基础四国”机制自 2009 年建立以来，已经成为中国在气候变化谈判中有力的战略依托。尽管四国在数量上并不占优，但由于四国在国际政治经济事务中的地位显著，并且坚持为发展中国家整体争取利益，因此在气候变化谈判中形成了一股坚实的力量，减缓了发达国家分裂发展中国家阵营，转移应对气

① 徐国庆：《南非加入金砖国家合作机制的背景、影响与前景》，《亚非纵横》2012 年第 3 期，第 7～13 页。

候变化双方阵营根本矛盾，孤立中国、迫使中国过早承担总量减限排义务的进程。在后续的应对气候变化谈判与合作中，中国应发挥“基础四国”机制的作用，做好四国立场的协调。

一是强调四国共同的发展阶段，维护应对气候变化的共同核心利益。中国、印度和南非在2020年前均无法实现排放峰值，而巴西在不计LULUCF的情况下也无法实现排放峰值，因此四国在设定2020年前的减排目标方面有达成共识的利益基础，维持“哥本哈根协议”提出的“自下而上”自主开展减缓行动的格局，确保发展空间。

二是发挥各国的纽带作用，维护和扩大应对气候变化的战略依托。发展中国家阵营的整体团结是中国在气候变化谈判中的战略依托。中国应当进一步巩固“基础四国”的战略同盟基础，并发挥其余三国在更广泛外交同盟中的影响力，扩大同盟的基础。首先应当坚持“基础四国”是发展中国家阵营中的一员。其次应当充分利用巴西在拉美国家、南非在非洲国家和印度在整个发展中国家的影响力，通过三国向其他发展中国家传递“基础四国”的主张，同时也要加强与其他发展中国家的直接交流，减少部分拉美、小岛屿国家及最不发达国家等在谈判场合对中国的公开挑战。再次积极利用“利益相近发展中国家群体”拓展在“基础四国”之外的盟友，加强“基础四国”与“利益相近发展中国家群体”的互动。最后利用三国在更广泛外交同盟中的影响，加强“基础四国”与发达国家的沟通，减少误会，共同寻求彼此可接受的气候变化国际制度安排。

三是求同存异，适当照顾印度、巴西、南非的利益诉求。为用好“基础四国”机制，中国应当与其他三国求同存异，在不损害自身利益的情况下，照顾并帮助其他三国实现其利益诉求。从四国在国际政治格局中的地位看，与中国奉行的韬光养晦政策不同，印度、巴西和南非都有获得国际社会认可其大国地位的利益诉求。中国应当支持其在气候变化及其他领域发挥更大的作用，例如在资金、技术、能力建设支持方面，可支持相应国际机构设立在印度、巴西和南非，对有利于维护发展中国家整体利益又能彰显大国领导形象的一些主张，可以支持三国充当牵头国，只要有利于维护核心利益，应多支持印度、巴西和南非的提议。

参考文献

[1] 王伟男：《国际气候话语权之争初探》，《国际问题研究》2010 年第 4 期，第 19 ~ 24 页。

[2] 严双伍、肖兰兰：《中国与 G77 在国际气候谈判中的分歧》，《现代国际关系》2010 年第 4 期，第 21 ~ 26 页。

[3] 张莉：《发展中国家在气候变化问题上的立场及其影响》，《现代国际关系》2010 年第 10 期，第 26 ~ 30 页。

[4] 郭宪纲：《中国外交新亮点：与新兴国家合作的探索与实践》，《国际问题研究》2010 年第 1 期，第 5 ~ 9 页。

[5] 陈东晓：《国际安全格局的演变及中国与大国关系的机遇和挑战》，《国际问题研究》2010 年第 6 期，第 34 ~ 40 页。

[6] IMF. World Economic Outlook Database, April 2014 Edition [DB/OL]. 2014 [2014 - 5 - 22]. http://www.imf.org/external/pubs/ft/weo/2014/01/weodata/index.aspx.

[7] 联合国统计司：千年发展目标指标数据库 [DB/OL]. 2012 [2012 - 8 - 22]. http://unstats.un.org/unsd/mdg/Home.aspx。

[8] BP. BP Statistical Review of World Energy June 2013 [DB/OL]. 2013 [2013 - 8 - 22]. http://www.bp.com/statisticalreview.

[9] 黄云松、黄敏：《浅析印度应对气候变化的政策》，《南亚研究》2010 年第 1 期，第 65 ~ 77 页。

[10] *Ministry of Environment and Forests, Government of India. Second national communication to the United Nations Framework Convention on Climate Change* (New Delhi, 2012).

[11] 孙振清、刘滨、何建坤：《印度应对气候变化国家方案简析》，《气候变化研究进展》2009 年第 5 期，第 298 ~ 303 页。

[12] 张海滨、李滨兵：《印度在国际气候变化谈判中的立场》，《绿叶》2008 年第 8 期，第 64 ~ 74 页。

[13] *Prime Minister's Council on Climate Change, Government of India. National Action Plan on Climate Change* (New Delhi, 2008).

[14] Narasimha Rao, GirishSant, SudhirChellaRajan, 黄莹、张建辉：《印度能源趋势概述：低碳增长与发展的挑战》，《经济社会体制比较》2010 年第 1 期，第 69 ~ 75 页。

[15] Kirit Parikh, "Sustainable Development and Low-carbon Growth Strategy for India", *Energy* 40 (2012): 31 - 38.

[16] P. Balachandra, Darshini Ravindranath, N. H. Ravindranath, “Energy Efficiency in India: Assessing the Policy Regimes and Their Impacts”, *Energy Policy* 38 (2010): 6428 – 6438.

[17] BP. *BP Energy Outlook 2030* (London, 2012).

[18] TERI (The Energy and Resources Institute), *National Energy Map for India: Technology Vision 2030*, TERI Press, 2006.

[19] Ullash K. Rout, “Prospects of India's Energy and Emissions for along Time Frame”, *Energy Policy* 39 (2011): 5647 – 5663.

[20] BASIC experts (Harald Winkler, T. Jayaraman, Jiahua Pan, Adriano Santhiago de Oliveira, Yongsheng Zhang, Girish Sant, Jose Domingos Gonzalez Miguez, ThapeloLetete, Andrew Marquard, and Stefan Raubenheimer). *Equitable Access to Sustainable Development: Contribution to the Body of Scientific Knowledge* (BASIC expert group: Beijing, Brasilia, Cape Town and Mumbai, 2011).

[21] 贺双荣：《哥本哈根世界气候大会：巴西的谈判地位、利益诉求及谈判策略》，《拉丁美洲研究》2009 年第 6 期，第 3 ~ 7 页。

[22] *Ministry of Science and Technology, Federative Republic of Brazil. Second National Communication of Brazil to the United Nations Framework Convention on Climate Change* (Brasília, 2010).

[23] Ministério de Minas e Energia, *Plano Nacional de Energia 2030* (Brasília, 2007).

[24] Presidência da República, Institui a Política Nacional sobre Mudança do Clima-PNMC e dá outras providências [Z]. LEI No 12. 187. 2009.

[25] Department of Environmental Affairs, Republic of South Africa. *South Africa's Second National Communication under the United Nations Framework Convention on Climate Chang* (Pretoria, 2011).

[26] Department of Environmental Affairs and Tourism. *A National Climate Change Response Strategy for South Africa* (Pretoria, 2004).

[27] 张忠祥：《新兴大国南非外交战略评析》，《西亚非洲》2009 年第 6 期，第 48 ~ 53 页。

发展市场导向型低碳产业

Develop Market-oriented Low-carbon Industry

B.6

欧盟碳排放权交易体系第三期的改革及其启示

周茂荣 王 丹 薛进军*

摘 要：

2013年，全球最大的碳市场——欧盟碳排放权交易体系（EU ETS）在做出一系列重大改革后，如期进入第三期，与此同时，中国的7个碳交易试点省市中有5个在2013年内先后正式开始交易。这7个试点省市的年总量规模将达到7亿~8亿吨，成为仅次于EU ETS的全球第二大碳市场，2015~2016年，预期中国

* 周茂荣，武汉大学经济与管理学院教授，兼任湖北经济学院“碳排放权交易湖北省协同创新中心（培育）”学术委员会主任。本研究是作者2013年10月至2014年3月应邀在日本名古屋大学经济学部国际经济政策研究中心作访问教授期间的合作研究成果之一；王丹，湖北经济学院环境资源与国际贸易学院院长，副教授，湖北经济学院“碳排放权交易湖北省协同创新中心（培育）”副主任；薛进军，湖北经济学院“楚天学者”，“碳排放权交易湖北省协同创新中心（培育）”首席科学家、日本名古屋大学经济学部教授。

致谢：作者衷心感谢日本名古屋大学经济学部“国际经济政策研究中心”对本文研究所提供的资助，同时感谢武汉大学国际问题研究院博士后研究人员谭秀杰对本文的贡献。

将构建起全国性的碳交易体系，形成全球最大的碳市场。

但是，中国的碳交易试点采用的都是 EU ETS 的“总量 - 交易”（Cap and Trade）模式，在诸多制度设计上都参考甚至沿用了 EU ETS 早期的一些做法。因此，如何从 EU ETS 及其第三期改革中吸取经验教训以更好地构建中国的碳排放交易体系，成为极具现实意义的研究课题。本文通过回顾 EU ETS 前两期所取得的成效和缺陷，介绍 EU ETS 第三期改革的背景与原因、主要内容及改革前景，并探讨 EU ETS 第三期改革对中国构建碳交易体系的借鉴与启示。

关键词：

欧洲碳排放权交易体系　温室气体排放　“总量 - 交易”

一　EU ETS 第三期改革的背景与原因

EU ETS 是欧盟气候政策的基石和核心组成部分。按照欧盟 2003 年 10 月通过的《2003 碳交易指令》（Directive，2003/87/EC）第一条的规定，其目的在于“以成本有效和经济有效率的方式”减少温室气体排放。自 2005 年正式运行以来，在相继经历的 2005 ~ 2007 年的“干中学”的试点阶段和 2008 ~ 2012 年履行《京都议定书》第一承诺期相应义务的前两个阶段，至少取得了以下令人瞩目的成绩。

其一，作为当今世界第一个由欧盟所有成员国按照“总量 - 交易”模式组建的碳排放交易体系，EU ETS 本身就是一种制度创新。经过发展和扩充，现已覆盖了 31 个成员[①]的电力行业及制造业共约 5000 家企业的 11500 台设施[②]，所覆盖领域排放的温室气体（GHG）占欧盟总体排放量的 45%。从其

① EU ETS 成员除包括欧盟的 28 个成员之外，还包括冰岛、挪威和列支敦士登三个欧洲经济区成员。

② 此处数据不包括从 2012 年开始被纳入其中的民用航空业经营者。因其较为特殊，以下内容除专门指明外，均不包括该领域。

成立到现在，EU ETS 一直是全球最大的碳市场，无论就其交易总量还是交易额衡量，在全球碳市场都始终占有 90% 以上的绝大多数份额。其二，通过赋予碳排放权以价格，使 GHG 排放所造成的社会成本内部化，使减排成为企业日常经营与投资战略的一项考量因素。尽管难以准确测度 EU ETS 对欧盟实现减排目标的贡献，但它所覆盖的每一设施的平均排放额已有所下降，说明 EU ETS 对欧盟《京都议定书》第一承诺期减排目标的实现发挥了一定的作用。其三，EU ETS 催生了一个活跃的碳金融市场，各种与 EUAs 交易相关的期货、期权、对冲与掉期等碳金融衍生产品和相关金融服务，既为所覆盖企业减排和规避风险提供了多种选择，也为金融机构投资提供了新的渠道和产品，使碳市场更具流动性。其四，通过抵消机制允许经核证的清洁发展机制（CDM）和联合履约（JI）项目产生的减排额进入欧盟碳市场，从而促进了世界其他地区特别是发展中国家的低碳技术开发与低碳投资。此外，EU ETS 的制度设计与运行实践还为世界其他国家和地区构建碳交易体系提供了丰富的经验与教训。

虽然取得了以上所述的诸多成就，在 EU ETS 前两期以高度分权为特征的制度安排的缺陷也充分暴露。欧盟是一个由众多主权国家组成的超国家集团，任何减排行动都必然会直接涉及各国减排责任分担和经济利益，其间的博弈在所难免。在《京都议定书》达成后不久，欧盟曾一度试图通过设立统一的碳排放税以实现减排目标，但因成员的强烈反对而流产，转而在 2000 年提出构建碳排放交易体系方案。为了赢得各成员的政治支持，在较短时间内建立碳排放交易体系，为履行《京都议定书》承诺做准备，欧盟只能按照“辅助性原则”① 采取分权模式，将更多的自由裁量权赋予各成员。在这种高度分权的体制下，配额总量的设定与配额的分配均由成员国通过国家分配计划（NAPs）来完成，欧盟层面在第一和第二期并不设立统一的配额总量，而只负责对各国 NAP 提出指导性意见和批准各国的 NAP。虽然欧盟委员会对各国 NAP 的审批具有一定纠错功能，但实际上往往显得“笨拙”和力不从心，而且屡屡因此引发与成员国的官司。这种高度分权的制度安排至少给 EU ETS 前两期的运行

① 欧盟决策中的“辅助性原则”是指在共享权领域，只有当成员没有充分能力完成行动目标，而出于规模和效果的考虑，共同体能更好地完成时，才由共同体采取行动，否则均应由成员行使权力。

带来了如下弊端。

其一，配额总量确定中的“囚徒困境”。虽然各成员都明白应该严格控制配额总量，但又都担心这样做会损害本国产业的竞争力，因而力图将本国配额总量最大化。在 EU ETS 建立之初，由于设施层面的排放数据的缺失，各国在制定总量管制与交易制度时主要是基于所覆盖企业根据估计甚至猜测得出的往往被夸大的排放数据，企业之所以会倾向于多报则主要是为减轻履约压力，节约减排成本，一旦有多余配额还可用于出售以获利。

其二，配额的免费分配影响减排效果和扭曲竞争。在第一和第二期，各成员在通过 NAPs 分配配额时，基本上都采取了根据“祖父法则”来免费发放配额的方式。这种根据“祖父法则”免费分配的发放方式，对企业减排有着明显的消极影响：对既有设施中的早期努力减排者会造成“鞭打快牛”的后果，会削弱其减排意愿，而高排放的落后设施会继续存在以获得免费配额，对新增设施也不能鼓励其采用减排新技术。此外，还存在因各国分配规则的差异而造成的行业、企业的不公平竞争，因收入分配效应而给某些行业带来“意外之财”，例如电力行业通过提高电价向消费者转嫁减排成本和出售免费获得的多余配额而获得的“意外之财”仅在第二期就高达 230 亿～700 亿欧元①。

其三，抵消信用数量限制过于宽松。早在 2004 年欧盟就通过“链接指令”允许成员国使用清洁发展机制和联合履约机制产生的核证减排单位 CERs 和 ERUs 来抵消排放。但该指令并未对京都信用的使用规定数量限制，而由成员在 NAP 中自行决定。事实上各国对抵消机制的数量限制都非常宽松，仅在第二期的头 4 年就达 549 MT。进入 EU ETS 碳市的信用过多显然成为第一、二期高度分权制度安排的一大缺陷。

慷慨的配额总量设定与分配及宽松的京都信用造成了碳市场配额供需的失衡，配额供应超过排放额的现象在第一期就始终存在，从表 1 可见整个第一期累计的剩余配额达 141MT。这促使欧委会在审批 NAPs 时将 2008 年各成员配额总量之和削减了 10.4%，从而使 2008 年配额超过排放额的状况稍有改变。但随着 2008 年全球金融危机的爆发，特别是随后欧洲主权债务危机的跌宕起

① http：//www. carbontradewatch. org/downloads/publications/ETS_ briefing_ april2011.

伏、久拖不决，欧盟工业生产及其对电力需求持续大幅下降，再加上欧盟在可再生能源应用和能源效率提高方面取得进展，大大减少了 GHG 排放与对配额的需求，从而使得剩余配额越积越多（见表 2）。EU ETS 碳市场配额的供给长期超过需求，使得前两期的碳价出现大幅波动（见图 1）。早在 2006 年 5 月，由于欧盟首次披露上一年的核证排放量低于发放配额，碳价在 4 个交易日内由每吨 30.45 欧元降为 9.3 欧元，跌幅近 70%；2007 年底，因多余配额不能储存到第二期使用，碳市场现货价格降为 0。第二期的碳价在 2008 年 5 月达到最高 28.95 欧元/吨的顶点后便开始下跌，从 2009 年到 2011 年秋始终在每吨 10～12 欧元的低价位徘徊，此后更下跌到不足 10 欧元/吨。碳价是引导企业实现减排和进行低碳投资的信号，第一、二期碳价的剧烈波动与长期低迷，造成碳价信号失真和扭曲，使 EU ETS 不仅不能有效约束所覆盖行业的当期排放，更不利于其进行低碳技术研发与低碳投资，降低了 EU ETS 的动态效率。正是在这种背景之下，欧盟决定在第三期对 EU ETS 进行重大改革。

表 1　2005～2007 年 EU ETS 配额过剩情况

单位：百万吨

	2005	2006	2007	总计
发放的配额总量	2096	2072	2079	6247
经核证排放额量	2014	2036	2056	6106
剩余配额	82	36	23	141

资料来源：EEA，CITL，Point carbon，转引自（意）Stefano Clo&EmanueleVendramin：Is the ETS still the Best Option?。

表 2　2008～2011 年 EU ETS 配额过剩情况

单位：百万吨

	2008	2009	2010	2011	总计
发放的配额与京都信用额	2076	2105	2204	2336	8721
其中：京都信用额	82	81	134	252	549
核证排放额	2100	1860	1919	1886	7765
剩余配额	－24	244	285	450	955

资料来源：根据 EC 独立交易记录（CITL），转引自欧委会《2012 年碳市场报告》。

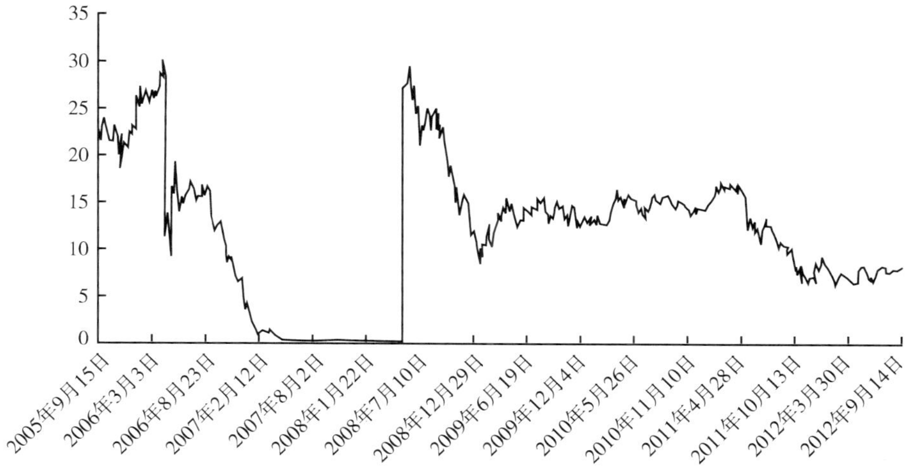

图 1　2005～2013 年 EU ETS 现货市场 EUAs 价格（欧元/吨）

资料来源：原图据“点碳公司”数据制作，转引自 Juha Siikanaki，Clayton Munninggsand Jeffrey Ferris：*The European Union Emission Trading System*，Resources for the Future，November 2012，p. 10。

二　第三期改革的主要内容与前景

为充分发挥 EU ETS 的减排潜力，促使欧盟经济向低碳转型，欧委会在对其运行情况进行充分评估后，于 2008 年 1 月提出了修改议案。2009 年 4 月，欧盟通过《改进和扩大欧盟温室气体排放配额交易机制的指令》（简称《2009 年修订指令》），为第三期的改革奠定了法律基础。根据该指令，EU ETS 第三期时限为 2013～2020 年，改革重点是将原来由成员享有的自由裁量权集中到欧盟层面，使其制度结构从分权走向协调统一，其主要内容如下。

（一）配额总量改由欧盟统一确定

EU ETS 第三期的配额总量不再由成员通过 NAPs 分散设定，而是由欧盟统一确定。在确定配额总量前，欧盟首先对覆盖行业和非覆盖行业的减排责任做了划分。在第一、二期的高度分权体制下，成员自行制定 NAPs 时，为照顾本国行业利益，往往划分给覆盖行业的减排责任反而比未覆盖行业的减排责任低，这种划分显失公平，而且在经济上缺乏效率，因为一般而言未覆盖行业减排成本相比覆盖行业要高。为了使减排成本最低，改革后按效率原则予以划分，使两者承担的减排责任刚好与各自的边际减排成本相等。按照欧盟单方面承诺的减排目标①，2020 年整体排放水平相比 2005 年下降 14%，其中覆盖行业需减排 21%，而未覆盖行业则需减排 10%。EU ETS 的减排总量确定之后，还需将这 21% 的减排目标在年度之间加以划分。第三期采取的方式是首先根据 2008～2012 年签发的配额总量的平均水平确定 2013 年的初始总量，此后每年按 1.74% 的比例线性递减。

（二）分配模式改为以拍卖为主

根据《2009 年修订指令》，第三期的配额分配权力也从成员集中到了欧盟，分配的模式则改为以拍卖为主。电力行业的配额将全部通过拍卖获得。由于担心立即采取完全拍卖方式可能会导致碳泄漏②和沉淀成本③问题，所以对那些面临碳泄漏的行业将继续在第三期免费发放 100% 的配额，但碳泄漏行业的具体名单需经欧委会按一定标准评估、认定和公布。对上述行业以外的既有设施则采取逐步过渡的办法。在过渡阶段将继续向其免费发放部分配额，配额数量将采用基准法计算得出，行业基准值为所在行业碳效率最高的 10% 设施排放的平均值，基准值与设施产出量的乘积即为该设施能获得的全部配额。2013 年将对此类设施免费发放全部配额的 80%，随后每年等量递减，到 2020 年将只有 30% 的配额免费发放，2027 年后将全部通过拍卖。《2009 年修订指令》还对新入和退出设施制定了统一规则。按新规则，预留给新入者的配额最高限为欧盟配额总量的 5%，分配办法将与同类既有设施的过渡措施保持一致；第三期停止运行的设施将不能获得免费配额。此外，《2009 年修订指令》

---

① 欧盟 2009 年单方面承诺的减排目标是 2020 年的温室气体排放比 1990 年下降 20%（在其他主要经济体积极减排情况下这一目标可提高至 30%），如将基础年从 1990 年改为 2005 年，其整体减排水平则为 14%。

② 碳泄漏（carbon leakage）是指承担减排义务的国家的减排行动导致不承担减排义务国家排放增加的现象。

③ 沉淀成本（sunk cost）指 EU ETS 建立前的投资和建立后碳价格导致的利润下降所引起的成本。

还就各成员拍卖配额的比例、拍卖收入的使用及拍卖的具体规则与程序做了统一规定。

（三）限制抵消信用的使用

EU ETS 第三期将延续抵消机制，允许第二期剩余的信用转换为第三期配额，其中包括 2012 年底前已产生的信用和 2013 年前完成项目注册而在 2013 年后产生的信用。而对 2013 年后的国际信用项目，第三期只认可东道国为最不发达国家的 CDM 项目及与欧盟签订了双边协议国家的项目。此外，第三期将允许成员向其境内未被 EU ETS 覆盖行业的减排项目签发信用配额。鉴于第一、二期抵消机制的数量限制过于宽松加剧了配额过剩，第三期力图进行严格控制。对既有设施，允许使用的抵消信用最高为 11%，对新入设施允许使用的信用则不高于排放量的 4.5%。在欧盟整体层面，允许使用的信用总量不能超过所有减排总量的 50%。

（四）强化欧盟层面的管理职能

随着第三期的制度结构趋于协调统一，《2009 年修订指令》从三方面强化了欧盟层面的管理职能：一是授权欧委会制定统一的 MRV 条例，以消除此前各国在监测与报告上的差异。同时，为规范核查和加强对核查者的管理，促进欧盟核查、认证服务统一市场的发展，要求欧委会专门制定核查与核查者资质条例。二是建立单一的欧盟注册处，改变此前注册登记系统由各成员国注册处和共同体独立交易日志共同组成的局面，避免配额被盗、重复使用和被黑客入侵等现象再次发生。三是设立应对碳价波动的机制，授权欧委会在认为碳市场表现不佳时，提出相应改进建议。

为增加减排机会和降低管理成本，第三期还对覆盖范围进行了扩大和优化，在新纳入一些行业与温室气体的同时，排除了大约 6300 个小型设施和小型技术单位。

上述各项改革无疑使第三期的制度安排比前两期显得更为完善，但长期存在的配额供需失衡问题并未解决，反而变得更为严重。究其原因，则有供给超量和需求萎缩两方面因素，其中最重要的因素是宏观经济形势改变打破了当初对配额供求关系的预期。如上所述，经过第三期改革之后由欧盟统一设定的配额总量是在2013年总量基础上每年递减1.74%。这一原本严格而又明确的配额总量，是在2009年做出的，当时预期欧盟2005~2020年经济年均增长率为2.4%，在此基础上通过对覆盖行业所应承担的减排责任而计算得出。但受2009年底开始的欧债危机的拖累，欧盟经济增长率已远不如当初的预期，覆盖行业的排放量也相应大幅下降，这使配额总量由于锁定而不再严格。再加上欧盟所设定的2020年可再生能源使用率和能效各提高20%目标的逐步实施对配额需求带来的冲击，都为第三期配额的过剩埋下了制度根源。

此外，向第三期过渡过程中的一些特殊因素又进一步加剧了配额的过剩：首先，在第一、二期积累的大量剩余配额将可跨期储存到第三期继续使用。正如表1所示，到2011年底剩余配额已高达9.55亿吨，2012年底这一数额更高达14亿吨；其次，各成员从自身利益出发，在向第三期过渡前抓紧拍卖了尚未发放的1亿吨配额，包括为新入者所保留的配额，同时还提前拍卖了第三期的部分配额以满足套期保值需要，仅在2012年第四季度提前拍卖的第三期配额即达1.2亿吨；此外欧洲投资银行还在2011年底到2013年先后出售了总共3亿吨配额来为碳捕捉与储存及可再生能源示范项目（NER300）筹资①；再次，规则改变使一部分抵消信用在第三期将不能再使用，也促使各国允许企业将破纪录数量的抵消信用投放入碳市场。

在上述因素的作用下，2013年初第三期开始时的过剩配额便由一年前的近10亿吨猛增一倍，达到近20亿吨。更为严重的是，如果不能采取强有力的举措，这种为数庞大的结构性的过剩配额将在整个第三期始终存在（见图2德意志银行等三家欧洲著名机构对第三期配额过剩情况的预测）。如此严重的配额过剩在短期内将逐渐损害欧盟碳市场的有序运行，从长期来看则有可能使欧盟无法实现既定的减排目标。进入第三期一年多以来，由于EU ETS碳价屡创2008年以来的新低，交易量也从2012年的107亿吨降为2013年的92亿

① 此处数据引自EUROPEAN COMMISSION：COMMISSION STAFF WORKING DOCUMENT，*Information provided on the functioning ofthe EU Emissions Trading System*，*the volumes of greenhouse gas emission allowances auctioned and freely allocated and the impact on the surplus of allowances in the period up to 2020*。

吨，这是其成立以来交易量的首次下降。这种量价齐跌的局面招致了欧盟内外对 EU ETS 减排作用的诸多质疑。

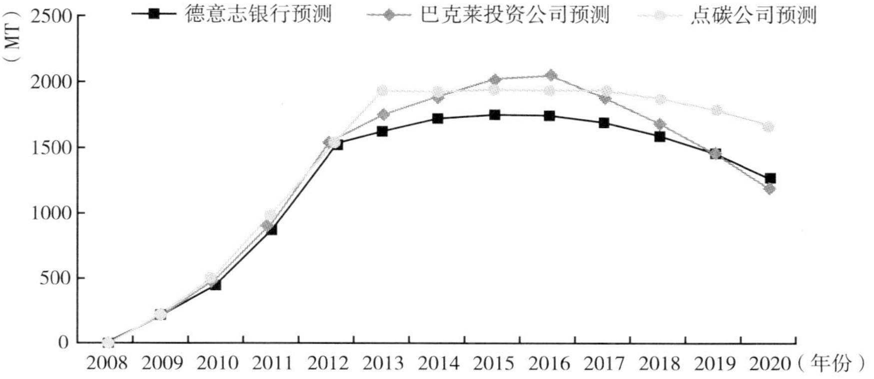

图 2　2008～2020 年 EU ETS 的配额过剩情况描述与预测

资料来源：IETA，转引自 Centre for European Policy Studies：Does the ETS Market Produce the "RIGHT" Price Signal（Report of the Ceps Task Orce），Brussels，2012，p. 4。

面对 EU ETS 的重重困境，欧委会早在 2012 年就试图从短期和中长期两方面来解决配额严重过剩问题。作为短期应对举措，欧委会建议将 2014～2015 年总共 900MT 配额推迟到第三期最后两年再拍卖（Back-loading）；建议的中长期措施则是对 EU ETS 进行结构改革，其中包括 6 个选项：提高 2020 年减排目标，取消第三期的部分配额，修订第三期的年度减排因子，将更多部门纳入交易体系，进一步限制抵消机制及对碳价加强调控。然而，由于涉及各方利益关系的调整，特别是工业部门担心增加成本而在欧洲议会开展院外游说，致使欧委会关于推迟拍卖的建议在提出一年多后几经反复才得以通过，但从长远看，这些被推迟到第三期最后两年才拍卖的配额会不会对此后配额的供求带来更为严重的失衡远未可知。至于对其进行结构性改革的建议，尚在争论之中，其间的博弈将更激烈，难度将更大，耗时会更长。

这里需要附带指出的是，由于 EU ETS 第三期对抵消机制进行严格限制，特别是规定 2013 年之后新批准的 CDM 项目的东道国只能是最不发达国家，这对 CDM 市场造成严重冲击。自 2002 年 CDM 市场问世以来，中、印等 5 个新兴经济体供应的份额一直占 90% 以上，而欧盟则是最主要的接受方，由于欧盟规则的改变，CDM 项目已难于吸引新的投资，2013 年 CDM 市场的价格已不足 50 美分/吨，5 年内价格下降了 98%，交易额下降了 96%，CDM 市场的迅速萎缩对全球碳市场的发展绝非福音。

三 EU ETS 第三期改革对中国构建碳市场的启示

中国政府在“十二五”规划中明确提出要“积极应对全球气候变化，逐步建立碳排放交易市场”。2011 年 11 月国家发改委决定在 7 省市开展碳排放交易试点，旨在为 2015～2016 年构建全国性的碳排放交易体系做准备。现在，各试点的设计方案均已公布，多数试点已开始交易，据测算，这 7 个试点省市的年总量规模将达到 7 亿～8 亿吨，将成为仅次于 EU ETS 的全球第二大碳市场。尽管各国经济发展水平及产业结构特点互有不同，但所有试点毫无例外地都采用了“总量－交易”模式，在配额总量的设定与分配及其他相关制度架构上更多地参考甚至直接沿用了 EU ETS 第一、二期的某些做法。这就很自然地使人担心其能否有序运行并发挥减排作用。为此，很有必要借鉴 EU ETS 近 10 年的运行特别是第三期改革的经验和教训，其中以下几点尤为重要。

第一，合理设定配额总量。稀缺性是碳排放权具有价值的基础，也是碳交易市场得以建立的前提条件。EU ETS 运行近 10 年的经验说明，如果设定的配额总量超过 GHG 排放量以致配额大量过剩，不仅使覆盖企业失去减排压力和动力，影响低碳投资，还会造成碳市场供求关系的失衡和碳价的下跌。目前中国 7 个交易试点虽不存在 EU ETS 第一、二期那样由于分权而造成配额过多的问题，但因企业普遍缺乏排放数据，只能根据能源使用量加以推算，一方面由于能源数据本身往往并不准确，另一方面也由于企业从自身利益出发往往倾向于多报，再加上中国所承诺的减排目标及分解到各省市的也是单位 GDP 排放量下降的相对指标而非 GHG 绝对量的减少，所有这些因素都增加了确定配额总量的难度。无论是在试点阶段还是在今后构建全国性碳交易体系时，如何根据国家总体减排目标和对经济增长的预期，合理设定配额总量将始终是中国碳市场建设中的首要挑战。

第二，科学合理分配配额。配额的分配直接关系减排成本的均等化和碳市场运行的效率。配额的分配可采用免费、拍卖及二者混合三种方式，通常认为拍卖分配的效率最高，所以 EU ETS 第三期改革后主要采取拍卖分配的方式。目前中国 7 个试点省市出于减少企业对参与炭交易体系的抵触情绪，避免因拍卖增加成本而削弱本地企业竞争力的原因，故在对企业分配配额时，尽管计算方法上稍有差别，但基本上是根据“祖父法则”即历史排放量免费分配的方式，只有少量配额采取拍卖发放。这种与 EU ETS 第一、二期相类似的分配方式将不可避免地造成竞争扭曲和低效率。为此，应在碳市场建立起来、具有经核证的企业排放数据之后，尽快逐步扩大通过拍卖发放配额的比例，待条件成熟时适时全部取消免费发放。

第三，在保证市场机制发挥作用的前提下，政府应对碳价过度波动加以调控。从本质上看，碳市场是一个由政府人为建立起来的市场，旨在弥补市场失灵造成的“公地悲剧”，即工业革命以来不受限制地排放 GHG 使得全球气候变暖。作为基于市场的环境政策工具之一，碳交易体系通过碳价格信号引导私人做出行为决策以达到减少 GHG 排放的目的。虽然碳市场和其他市场一样，价格最终取决于供求关系，但其赖以建立和发挥作用的前提——稀缺性、强制性、稳定性都取决于政府决策。除了碳市场的制度安排之外，碳价还容易受到经济活动、能源价格、天气条件等多种因素的影响，因此碳价的波动具有必然性。然而，碳价的过度波动，会使价格信号失真，不利于碳市场作用的发挥，因此需要政府对此加以调控。EU ETS 第一、二期未设置相应的价格调控机制，第三期改革虽然赋予欧委会以一定调控权，但决策依然缓慢而低效，以致碳价长期剧烈波动并一直处于低迷状态，使 EU ETS 的作用大受影响。中国在构建碳交易市场的过程中，既要吸取 EU ETS 的教训，建立必要的价格调控机制，又要防止政府过度干预甚至依靠政府“撮合”来完成交易的做法，只有在确保市场机制发挥作用的前提下，政府加以适度干预并把握好调节和干预的时机、力度与手段，才能更好地发挥碳交易市场的作用。

第四，制定正确的储存与信用政策，对维持碳市场的稳定运行至关重要。碳交易体系中的配额储存和信用机制的目的都在于降低企业的减排成本和激发其他投资者参与炭交易的积极性，EU ETS 第一期允许配额持有者跨年储存但不允许将第一期的配额储存到第二期使用，其意在于防止第一期试错阶段的失误“外溢”到第二期，结果使2007年底现货价格下跌为零。在向第三期过渡时，由于允许跨期储存又造成第三期配额大量过剩。与此同时，EU ETS在信用政策方面的改变也给其稳定运行及CDM市场带来了严重冲击。这些都成为中国碳交易试点及构建全国性碳交易体系的前车之鉴，目前中国的7个碳交易体系试点在覆盖范围、纳入标准与企业数目、配额总量设定与分配、交易规则及登记制度等方面都存在差别，在向全国性碳交易体系过渡过程中保持市场的稳定性，将是一个亟待深入研究的课题，否则将会面临两难困境：如果允许储存将使各试点省市不同“含金量”的配额在同一市场交易，显失公平；如果不允许储存则很可能使企业所获配额丧失价值，碳价跌为零。一旦出现碳价为零的情况，给中国碳市场建设带来的负面影响将远超EU ETS，原因是欧盟存在一个与碳交易相关的碳金融市场，大量碳金融市场投资者的投资需求，可使现货市场价格为零时其他交易仍在进行。相比之下，由于金融监管能力有限，中国的碳金融市场远未建立，7个碳交易试点的交易品种以现货交易为主，一旦碳价下跌为零，将很可能使其一蹶不振。为使中国碳交易体系的运行稳定而有序，除了使分期实施的政策连贯与具有衔接性之外，还要加强与碳市场建设相关的立法力度并建立和执行奖惩分明的激励与约束机制。

参考文献

[1] A. Denny Ellermanand Barbara K. Buchner, “The European Union Emissions Trading Scheme: Origins, Allocation, and EarlyResults”, *Review of Environmental Economics and Policy*, Volume 1, Issue 1 (2007), winter.

[2] Centre for European Policy Studies: *Does the ETS Market Producethe “Right” Price Signal*, Report of the Cepstask Force, Brussels, 2012.

[3] Christian de Perthuisand Raphaël Trotignon, *The European CO_2 Allowances Market: Issues in the Transition to Phase III*, Information and Debates Series of Paris-Dauphine University, March 2012.

[4] European Commission: *The State of the European Carbon Market in 2012*, Report Fromthe Commission tothe European Parliamentand the Council, Brussels, 14. 11. 2012.

[5] Joseph E. Aldy and Robert, N. "Stavins: The Promise and Problems of Pricing Carbon: Theory and Experience", *The Journal of Environment Development*, April 2012.

[6] International Emissions Trading Association (IETA): 2013 Greenhouse Gas Market Report, http://www.ieta.org/ghgmarket2013.

[7] Point CarbonAdvisory Services: *EU ETS Phase II-The Potential and Scale of Windfall Profits in the Power Sector* (A report for WWF, March 2008).

[8] Richard Scotney, Sarah Chapman, Cameron Hepburn, Cui Jie: *Carbon Markets and Climate Policy in China* (ClimateInstitute, October 2012).

B.7

德国的工业变革与可持续能源风险分析

Ulrich Blum *

摘　要：

能源转换看似是个技术问题，然而由于成本高昂，能源转换的中心问题就变为不断升高的能源价格及其对国际竞争中的企业、社会购买力及家庭收入分配造成的影响。能源转换对德国的经济结构，特别是工业结构有着深远的影响，进而推动了德国与别国的外贸往来，并最终导致了德国个人收入分配发生巨大变化。本报告分析了能源转换的资源风险、运输风险、设备风险、灵活性风险与存储风险、网络风险和排放合格证风险等技术性风险，以及其对企业的经济影响和产生的分配效应。最后以德国为例，提出了几点可供其他国家借鉴的政策建议，其中首要的就是建立市场经济的各种框架条件以解决由于政策的前后不一致带来的各种风险。

关键词：

能源转换　技术性风险　分配效应　《可再生能源法》

一　风险分析的研究对象：能源转换

（一）探讨这一主题的意义

能源转换一开始看起来似乎是技术人员该探讨的话题，然而越来越多的故

---

* Ulrich Blum，德国马丁路德大学教授。

译者：周冰，对外经济贸易大学，外语学院硕士研究生。

障事件则使这个问题成了经济学家关注的焦点。由于成本高昂，能源转换的中心问题就表现为不断升高的能源价格及其对国际竞争中的企业、社会购买力及家庭收入分配造成的影响；同时，电网输送能力及电力存储能力存在不足，而从发电结构来看，有些发电厂也并不会持续运转发电；最后，排放认证体系的前后矛盾也是一个重要问题。

探讨这一主题的特殊意义是基于这样一个事实：所谓的能源转换对德国的经济结构，特别是工业结构有着深远的影响，进而推动了德国与别国的外贸往来，并最终导致了德国个人收入分配情况发生巨大变化。

可再生能源现阶段在整个供电体系中所占的比例为25%，能源转换的目的在于使这个份额到2015年能上升到45%，并于2035年达到60%。到2022年德国应关闭所有的核电站，而实施的关键就在于《可再生能源法》。该法推出补贴政策鼓励消费者优先使用太阳能、风能及天然气等替代能源供电，并使供电方能毫无风险地获得比正常市场价格高10~20倍的投资回报。然而若无政策扶持，这些能源投入市场其实无利可图。

这两种矛盾的趋势决定了对能源转换进行风险分析的必要性，而在这其中，气候风险、资源风险与人口增长则是分析的基本框架条件。

（1）熊彼特创造性破坏范式（Schumpeter，2012）：要衡量先行者（First Mover）通过工业与技术进步获得的潜力，或者设定产品寿命周期及工业周期的长度，需要考量其丧失区位优势的可能性。很明显这是一个速度问题，因为创新使得新事物发展壮大总是要快过旧事物消亡。

（2）体制范式：能源转换是应该通过市场经济的手段，设立某种规范框架，还是应该以计划经济的方式来实现？利用市场可能产生的问题是，人们无法确定这种刺激能否按照期望的那样发挥作用；而如果使用计划手段，则可能会出现市场机制无法缓和的矛盾情况，同时也有可能导致寻租活动的产生（Bhagwati，1982）。

从能源消费对国民经济增长的贡献率来分析，能源价格的上涨幅度虽因为载能体的不同及其在工业中的应用领域不一样而各自有差异，却都是相应价格需求弹性的结果。比如，能源价格上涨对普通家庭的冲击要远远大于企业——企业可以通过技术进步，通过停止生产或是将生产转移到国外来降低甚至规避能源价格上涨带来的风险。因为从短期来看，劳动与资本在投入中不可相互替代，所以正如投入产出矩阵所描述的，劳动与资本在整个产业链中的流动不可避免。调整惯性使得产业链上的变化不会立即显现，但这种变化却经常以一种缓慢却影响巨大的形式发生作用。这既不能归结为是政策失灵的原因，也无法要求谁出来负责。

一些数据也许可以表明经济体系遭到破坏的程度。

（1）自 2010 年起，由于《可再生能源法》引入最低输送价格保障制度，市场上为满足用电需求而投入在可再生能源上的资金已经翻了一番，达到 200 亿欧元，分摊到每个德国人身上就是人均 266 欧元，这对低收入家庭来说无疑是个不小的负担。

（2）传统能源供应商的企业价值缩水 30% ~50%，首先受到冲击的是各个股东及各公社，他们陷入了财政困境，而数以千计的员工失去了工作。

（3）福岛事故的发生使德国的核反应堆接连被关闭，而要平衡太阳能及风能供应的不稳定性就要提升化石能源的使用份额，这无疑给环境带来了更大的负担。

（4）由于建设风能、太阳能设备及新的电力网络需要大面积的土地，土地资源可能会被过度使用。

（5）能源转换在各个新兴行业及设备装配领域已经创造了近 40 万个就业岗位。然而由于行业逐渐饱和及来自外国的竞争，失业人数又开始上升。比如，太阳能行业的员工人数已经缩水成原先的 1/3。

下文要说明的主要是经济的合理性——它不仅在分析能源转换方面十分重要，同时也可以解释能源转换的基本结果，这些结果不仅对德国来说意义重大，对想要推行类似措施的国家来说也有借鉴意义。因此能源转换风险，也就是那些产生于技术层面、归咎于经济社会协调压力、会导致国际分工最终由于被动的分配效应而产生的风险，逐渐引起人们的重视。笔者将以上这些风险都表述为“对德国的影响”。

（二）风险类型与风险管理

技术上的风险会演变出多种类型。一种类型与基础设施建设有关，包括从提炼能源到购置设备再到建设必要的供电网络等各个方面，其中，供应灵活性，即针对快速变化的需求灵活做出反应的能力，发挥着很大的作用，这也就是在技术上，人们将设备分为基本负荷设备、中等负荷设备和最高负荷设备的原因。一些发电站面临的则是另一种类型的风险：这些发电站与电力储备体系相联，他们必须密切关注需求变化来提供电力，以平衡电力网络中明显的需求波动。这里要分析的主要是自然意义与经济意义上的原料安全、电力储备体系及基础设施网络。

不安全性是基于未来的不可预测性，并表现为“风险”（Knight，1921），其中风险分配有主观与客观之分，又或者是并不确定到底是主观还是客观，这种不确定性有时也被称为“黑天鹅”（Taleb，2007）。由于每次“黑天鹅”的出现都是不可复制的，人们无法提前做好准备进行防范，因此关于风险处理的论述一直是现代经济文献的重要组成部分。在这种情况下就需要区分两种极端的可能性：人们无法从外部对风险施加影响，或是这风险根本就是由于人们自身的行为产生的。事实上，风险通常是极客观与极主观的综合情况。在能源转换这个问题上较为特殊的一点是，人们在当下有意识地去处理不断升高的风险，是希望在未来面临的风险能够更小一些。

通常，能源体系的风险管理都是在一国甚至多国的框架下得以实施的。其中，人们应当区分以下几点（Gleißner，2001，2011）。

（1）设定目标：只有提前设定好目标，人们才能高效处理风险。因为有了目标才能进行评估，比如在某些情况下需要做好接受损失的准备，在其他情况下处理风险的目标可能就是尽最大的（哪怕是金钱上的）努力避免损失。

（2）风险鉴定：这里包括所有对企业会造成的影响甚至可能自发产生的风险。根本性的问题是：风险从何而来，又以何种形式出现？弄清这一点可以为基本情况报告及问题报告服务。

（3）风险分析与风险评估：如果可能的话，每一次风险都应该用参数来描述（最简略的方式：利用期望值和方差），并通过风险处理结果来对其进行评估。通过这一步，我们才能正确地判断形势。根本性的问题是：风险发生的条件及特征是什么？风险出现的概率有多大，又需要付出多大的代价（积极：

上行风险，通常为机遇；消极：下行风险，通常就是狭义上的风险）？什么样的风险是模糊不清的或容易被转移，因此需要特别关注的？

（4）风险组合：因为风险通常不会单独出现，而是常常互为前提、相互制约，所以将其进行组合有利于确立全局观念。进行风险组合时要考虑到可能出现的风险强化或衰退趋势，毕竟风险之间彼此不关联只是个别情况。

（5）风险消除：人们可以通过纯粹的规避机制来做到这一点——完全不使用或者完全废止某种技术，正如核能现在在德国各联邦州面临的情况一样。然而人们需要仔细思考，在德国这样一个城邦式的联邦国家里，这样的策略是否具有说服力。除了消除风险之外，人们也可以转嫁风险，分散风险，投保或者风险自留，也就是说，用自有资本来缓冲风险。

如果企业要主动承担风险，就需要保留一定的资本；与此相似，如果一个国家要承担风险，就要有一定的财政资金，或是储备外汇、黄金及其他形式的财富，或是有一定的负债能力。图 1 表现了某一企业与风险的关联度，凸起的部分代表的则是企业在生产中的利润波动。风险传播的速度在今天犹如闪电，问题是资本将在何时被消耗殆尽，也就是说，何时企业将没有偿付能力。我们可以通过建立模型来弄清这个问题，目的是将所有风险叠加在一起，掌握他们的相互关系，并测试出在什么样的情况下，某种“偶然叠加”将超出一个企业或一个国家的财政承受范围。而这个计算模型，在能源转换这个高风险的项目上，却无法运行。

我们可以用三个核心数据来描述：

- 风险调节性资本（risk adjusted capital，RaC）表明，某个具体风险（或是风险组合）将威胁的是哪一部分资本，或者说哪一部分资本是为了抵抗风险所必不可少的。
- 1 个 RaC（1%）的意思是，企业在有 1% 的可能会资不抵债的情况下，如果要消除风险，其所有资本将损失多少。
- 因此，这个 1% 的可能就要求企业有一定数额的资本来应对这种损失。
- 如果风险是随着时间的推移逐步发生的，那要计算某一时段的风险就应利用当时相应的贴现率。因此，风险调节性市场利率与社会的偏好率作为经济变量对整个社会有着重大的意义。

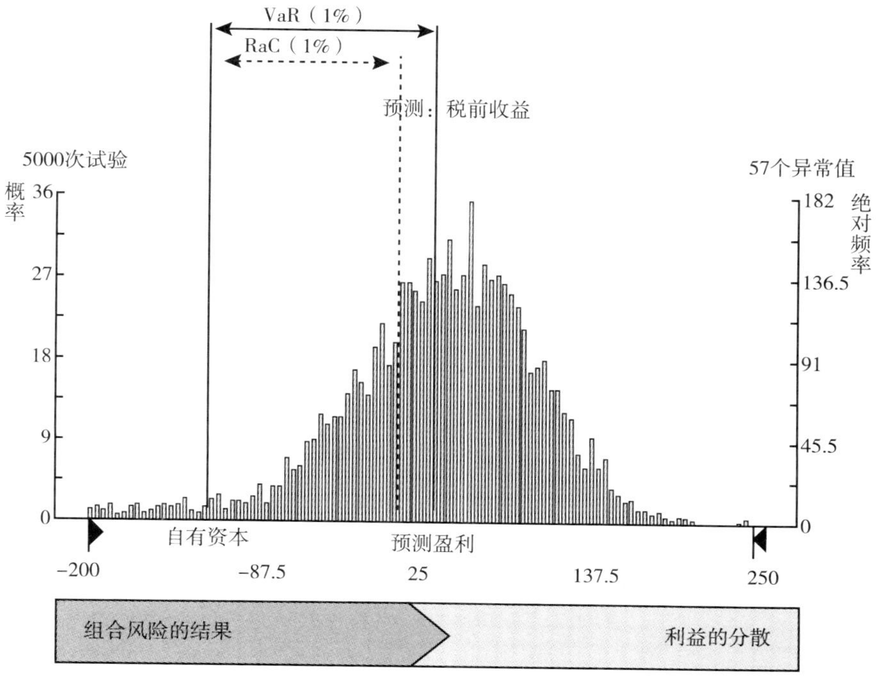

图1　企业盈利的风险测算模型

资料来源：笔者借鉴 Gleißner（2001）的研究而做出的表述。

二　技术性风险

（一）资源风险

显而易见，资源风险很大一部分指的就是载能体本身，从今天的角度来说，尤其是指能源的获取及煤炭、石油与天然气的国际化运输。1973 年的石油危机及 1978 年的第二次石油危机都表明，整个工业世界对石油供应都十分敏感，石油被看作现代生活的生命线并不是没有缘由的。事实上，在过去为世界经济的不断扩展提供养分的，最主要的其实是较低的能源价格。

能源的可支配性包括两个层面的含义，一种是利用常见的经济手段就能够开采的能源储备，另一种可支配性则是已探明资源存在，然而其开发只能花费高昂的费用或是先进的技术才能得以完成。但是如果能找到替代原料，甚至是替代商品，那这对解决实际的短缺问题也有着重大的意义。以前各国对德意志帝国进行燃料封锁，却促成了合成燃料的发明，即所谓的洛伊纳（Leuna）汽油；对天然橡胶的封锁则促使丁钠（Buna、Leuna 都是地名，译者注）橡胶的出现，而这种合成橡胶在后来使工业化世界发生了巨大变化——因为作为替代产品的合成橡胶较容易获得，由此殖民地的天然橡胶就在一夜间失去了市场。今天，稀土在能源转换方面发挥着重要的作用。在交通电气化的背景下，那些用于磁体生产的稀土元素，特别是钕和镝就显得尤为重要。就如铂等其他金属一样，稀土在催化反应中发挥着不可替代的作用，这也是稀土资源的可支配性在现代具有核心意义的原因。然而，稀土的重要性却没有反映在德国的能源政策中，这也暗藏了风险发生的可能性。

（二）运输风险

为了减少自由贸易中的运输风险，《国际海洋法公约》明确规定了海洋自由的范围。运输风险不仅由于各种争端的出现而急剧上升，反过来也是各种争端扩大或者引发的新争端的根源。同时，在领海、经济区及安全区的概念框架下，运输风险也是一个需要辩证对待的话题。从这个角度来看，对能源封锁的恐惧正是日本帝国主义产生的原因之一，而能源原料的缺乏则解释了日本为何如此倾向于使用核电，尽管发生了福岛事故，还是有很多人从政治的角度认同核电的使用。而美国也正是由于缺乏原料，特别是橡胶，于是不断向东南亚方向扩张。

世界贸易的大动脉是如何依赖于供应安全的呢？下面几个例子能说明一些问题。

- 2010 年春天，冰岛大规模火山爆发，途经北大西洋甚至是途经欧洲的绝大部分航班停飞，很多高科技产品不能及时运输到位，造成了巨大的生产损失。
- 中东的石油管道经常是恐怖袭击的对象，而如果要构建更多的运输体系来从更多渠道保障能源原材料的获取，那无疑要花费高昂的成本。
- 1998 年 1 月魁北克的冻雨几乎导致了蒙特利尔城的全城疏散，因为从南部的詹姆斯湾开始到某条电缆的众多高压线路都已经被损毁。

运输风险导致了某种程度上自给自足的经济政策，这种自给自足在众多领域其实表现为对可再生能源的支持。除此之外通过进口替代，很多国家的经常项目赤字得到缓解。但是我们也必须看到，要大规模推广可再生能源必定还要建设各种配套的基础设施网络，以保证供电网路的负载均衡。

（三）设备风险、灵活性风险与存储风险

在可再生能源领域，有一种设备风险不可谓不巨大——在技术进步日新月异的背景下，这种风险与旧设备的贬值紧密联系。根据摩尔定律，若集成电路上已装配的晶体管性能提升一倍，购买的费用甚至比现在还要低40%。和摩尔定理类似，光伏产品也有相应的规律可循——其费用降低的幅度大概是35%（Hoffmann，2014：p. 22）。然而在常规生产体系中，生产设施的建设费用占整个费用的一半，而机器会在其使用寿命还没有过半时就遭到淘汰。生产中会大规模消耗成本高昂的原料，而有些原料甚至是有毒的，这也使之后的循环利用成本更加高昂。

能源供应中的一个根本性风险是新能源的存储能力不足，或者说没有足够的存储体系，特别是抽水蓄能电站数量不够，从而不能接收源源不断的风能及太阳能，并在风力不强或阳光不足的时候释放电力以平衡电力产能。事实上，可再生领域的能源供应的“水文”尤其无规律可循，所以就需要有一定的电力储备能力，也就是所谓的“备用能源”以应对可能出现的需求缺口。

同时，生产层面的能源边际转换根据优先次序体系（Merrit Order）得以完成。因为电网使用者有购买可再生能源电力的义务，根据这一次序体系，在可再生能源输送入电网之后，能源的边际转换按照生产边际成本由低到高排序得以实现。在这种情况下，目前仍然存在的核电站、褐煤及烟煤发电厂生产的电力所花费的成本要比天然气发电厂少得多。但是，天然气发电厂却可以在能源需求出现波动时——虽然这种情况并不多见——在极短的时间内做出反应。因此，天然气电厂的运转时间其实是在不断减少的，德国某天然气发电厂虽然是全德最现代的发电厂之一，在过去的一年中却只运转了短短数个小时。这就导致了一个非常荒谬的结果——这些最现代化的生产设施并

没有得到充分的利用，而与此同时能源转换所花费的成本却多了一倍：一份用在建设可持续能源生产设备上，另一份则用在建设与维护能源储备体系上，以维持供电稳定。

图 2 将不同技术及不同载能体的能源生产边际成本与能源产量相对应。图中首先说的是只包含固定成本的可再生能源。因为风与阳光本身是免费的，剩下的边际成本就只是设备的维护费用，而即便是生物能作为可再生能源，本身需要投入一些资本，性价比也是很高的，所以在能源需求不断增加时，其他的能源技术按照边际成本递增排序就被引进使用。这个阶梯性图表的边界指的是最大化的电力需求，而阶梯线的升高指的是电力储备的增加。能源供应一般是从核能开始，然后是褐煤、烟煤，接着是天然气，最后是石油。核电厂与褐煤发电厂一般可以满足基本负载的需求，烟煤发电厂可以满足中等负载需求，而天然气与石油主要运用于满负荷。

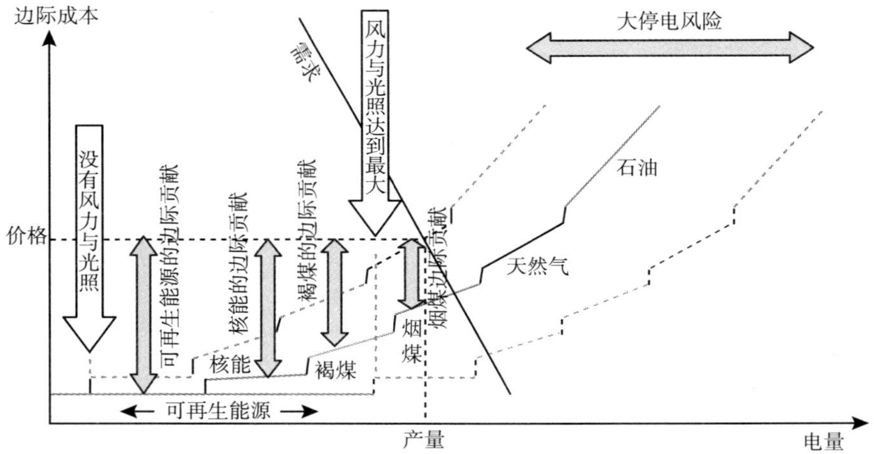

图 2　优先次序体系

资料来源：笔者原创。

从图 2 中可以看出，可再生能源的利用只处于中等水平，因为其供应能力其实很大程度上依赖于天气条件，这一点可以通过供给函数的阶梯型曲线来体现。需求函数的线条很陡，因为在能源领域需求弹性很大。在图 2 中，要满足整体需求，就只能在现有条件下在可再生能源之外利用核能发电厂、褐煤以及烟煤发电厂，但是天然气却并没有被投入使用。如果可再生能源由于缺乏风与阳光而无法继续供应电力，那表现非可再生能源供应函数的整条阶梯型曲线都要向左移，也就是说，在这种情况下为了满足整体能源需求，天然气发电厂也将开始供应电力。如果风力很强，阳光也非常充足，那么光是在供电网络中具有优先权的可再生能源的供电量就几乎可以满足全部需求，要完全满足供电需求，则只需要借助核能发电及一部分褐煤发电就行了。

可再生能源的供电量根据天气状况的变化而变化，所以常规发电厂单纯保证持续供电是不够的，他们既不能完全停止发电，而开动机器增加供电又需要一定的时间。也就是说，一定的能源原料投入是必要的，除此之外折旧费的产生也不可避免。总而言之，可再生能源领域的负荷波动决定了储备备用能源必不可少。

正如图 2 中所表述的，在天气状况不佳时，各种能源产品的边际贡献并没有算入图 2 的函数中；可是在边际转换时，固定成本并没有被考量在内，而边际贡献对弥补这部分费用则起着不可或缺的作用。然而在这种边际转换模式下，燃烧率较高并对环境无害的天然气却几乎没有得到商业使用。换言之，这种能源优先次序体系威胁了天然气发电厂的发展。

事实上，德国电网离崩溃差不多只有一步之遥，其中最主要的原因是北方能源充足，然而现有的电力基础设施却无法承担其供电量。区位上的问题是，投资者更偏好于将发电厂设在有能源需求的地区，特别是德国西部与南部的人口稠密区。而在能源转换政策中能获益的却是风能与太阳能丰富的、拥有必要面积土地以发展可再生能源的德国北部与东北部地区。因此，增建基础设施网络就成为能源转换成功的关键因素——然而这一点却遭到了环境保护者及当地公民自发组织的反对，在他们看来，这简直使他们的风景都“破相”了。

其实在这个问题上，（太阳能或风能所得到的）电转化为氢气，可能的话氢气继续转化与二氧化碳结合得到甲烷，不失为一种解决方法，因为大型洞穴就能很好地保存燃气，德国也有现成的燃气供应网络，而甲烷本身又能释放高的能量。但是这就有重复投资的风险：因为电网本身并不能解决电力存储的问题，但是电转气却可以将能源妥善地存储起来。

（四）网络风险

网络风险的产生是由对基础设施网络，即基础设施中各种分级体系（高压电路与直流电路，中压电缆与低压电缆）的信赖引起的。当然除了电网之外，其他网络体系也暗藏着风险，如气体运输网络。由于可再生能源在能源供应中占很大比重，而其电力资源分布又是随季节及每天不同时段的变化而变动的，所以能源供应量也在不断变化，在这种条件下最大的隐患在于能源需求与能源供应的不断波动。德国在可再生能源领域可供应的电力理论上有大约60千兆瓦，与现阶段的总需求量接近，即40千~80千兆瓦。也就是说在光照与风力达到最大值时，其他发电厂本应停止发电，而可再生能源的整体发电量可以在全德范围内进行合理分配。然而事情往往不是这样的。多余的电力得出口到别国，本国电力则呈现负价格：只要消费者购买电力，就可以获得一部分返现。然而在很多时候，只要有一定强度的风就能促使风力涡轮机发电，因此风能发电经常会出现过剩的情况，而这部分没有输入电网的电力却可以获得一笔供电补偿金，这在下文中还会提及。

（五）排放合格证风险

除了征收能源税，排放合格证也旨在减少温室气体的排放量。排放合格证的颁发一开始是免费的，而早期被认可的那些减排措施也是各国出于排放目标而考虑的。然而即便当时合格证的获取并不需要额外的费用，从长期来看企业依旧将其认定为潜在的成本因素，因此在价格核算时把这笔“费用”也计算在内。由此，企业的销售额与利益上升，企业价值也随之提升。企业当时从排放合格证上得到的资金本应用于支持产品的研发，然而这只是个美好的愿望——由于国家对可再生能源领域投入大量补贴，更由于欧洲的经济危机，专利使用费大大缩水了。有人曾建议降低排放目标，而这种想法至今都遭到指责，因为这与博弈中的套牢问题无异，等同于某种事后敲诈，会在顷刻间将国家未来的信誉度贬得一文不值。

（六）小结

显而易见，在能源转换问题上，各种因素都具有很强的不确定性。基于市场的灵活适应性，关于能源转换的表决最好先从市场开始，这样也可以确定有多大比例的可再生能源是出于政策原因投入市场的，而其利用方式则任由市场决定。国家政策补贴并不是必不可少的，因为能源企业被强制要求为这些生态能源的生产筹措资金，否则可再生能源就无法市场化，那些不遵守这项强制规定的企业则需要缴纳罚金，而这笔罚金甚至高于在现有技术手段下的可再生能源的购买价格。

根据熊彼特理论范式，为了解决过渡问题有必要让一些高能耗企业从成本不断上涨的情况中解放出来。这里可以引入一种拍卖模式，即把生产设备的剩余使用寿命也计算在拍卖范围之内，这种模式也曾被建议用于解决创新过程在何时进入市场的问题（Blum，Kalus，2003）。

最后不得不提到霍特林分配（Hotelling，1931），即从效率的条件来看，非可再生资源应当获得一笔与资本利率（相应的风险调节）相当的“退休金”。但是如果全世界只有一部分地区遵守排放许可方案，那能源价格的上涨与随之下滑的销售额都将刺激其他地区的能源消耗——因为其他地区的能源价格从目前来说更低，但是在未来引入排放许可制度之后将会显著上升。由此就衍生出一个悖论：局部地区的环境保护反倒会造成全球性的损害（Sinn，2008）。如果排放许可证体系只是在某一个封闭的区域有效就会导致负的外部性；但是如果通过给予可再生能源补贴而使其价格降低，则在本地区并不会产生的积极的环境效应，倒是可能在技术方面导致正的外部性。

三　工业改造与对企业的经济影响

（一）区位风险

要分析国家乃至全球的能源体系转换所带来的影响，工业的灵活性与生产转移的可行性起着至关重要的作用。某个行业可能走向死胡同，但这也可以推动它走向外包（Outsourcing）的道路，而反过来也会促使本地的进口额提升。如果德国与外国建立了诸如此类的合作关系，或者甚至在外国建立了分公司并配套建设完善的运输体系，那本地的生产率也能得到极大的提升（Helpman，

Melitz，Yeaple，2004）。但是这种外部迁移并不是万无一失的：从长期来看，在外国开始建立的这种价值链依旧整体处于下游，长此以往，德国失去的并不是能源密集型行业，而是技术密集型工业部门。

因此，要谈国民经济的差额必须在考虑到某些工业衰亡的同时也关注这些行业的新生，并且应着眼于从原料萃取到发电设备再到与之相关的生产体系的整个产业链，不仅关注国内，也要考量在国外创造的生产总值。什么样的差额可以从整体看来对国民经济的发展起作用？关于这个问题的答案众说纷纭，因为差额本身是根据劳动与资本投入的程度而变化的。但是有一点是肯定的，即由于能源转换有意识地介入了一种自然的、不断演化的过程中，所以用于能源转换的资金是通过国家政策补贴及人为提高能源价格来筹措的，很多时候甚至是强制的，德国出台的《可再生能源法》（简称 EEG）就是一个很好的例子。这部法律的作用正如直接的产品税或是产品补贴，换言之，它并不是中立的。于是就出现一个问题：在这其中，到底谁是受益者，谁的利益受到了损害？解决这个问题对弄清个人收入分配有着尤其重要的意义。

（二）外贸风险

从外贸的角度看，如果不考虑前文提到的生产地转移效应，则本国能源产量的增加可以在很大程度上减少对进口的依赖性。但是倘若在外国生产的产品包含较高的能源消耗价值，那进口价格就会大幅上升。如果新兴技术密集型能源产业具有很强的竞争力，出口就会增长；反过来，如果这些行业企业只能通过国家补贴才能得以存活，那出口额的增长也是无从说起的。外贸收支的变化导致了货币的升值或贬值，在欧元区虽然不存在汇率变化问题，但取而代之的是外贸及财政政策的长期失衡。

外贸经济的问题在各国对燃气的定价表现得尤其明显——不同国家用于一般家庭及工业上的燃气价格有着显著的差异，这一点可以通过图 3 来说明，而这种差异随着页岩气的推广而显著加大。燃气的液化，沿海各种必要的运输终端的建立及使用特殊船只进行燃气运输要耗费的费用，和美国与欧洲的燃气差价相近。因此至少从现阶段来说，将燃气液化用船只进行运输还是得不偿失的。但这样的话，欧洲与美国的燃气价格就没有办法一致，这对在美国生产的商品来说无疑是一个很大的竞争优势，却拦腰截断了欧洲工业行业的竞争力，尤其是对能源依赖度较高的生产领域。这些行业的生产地转移也常常导致下游工业的转出，因为二者在核心竞争力方面，尤其是在通用技术领域（General Purpose Technologies）有着密不可分的联系（Helpman，1998），通用技术在铝制品领域的各种应用就是个很好的例子。

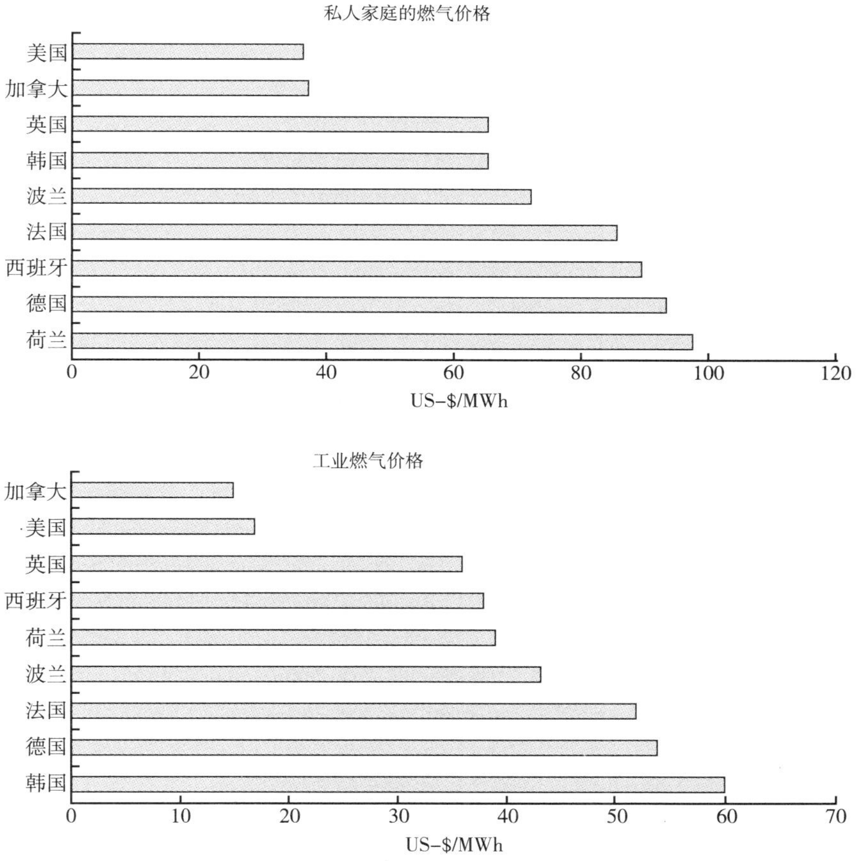

图 3　燃气价格的国际比较（2012 年）

资料来源：IEA。

从图 4 来看，电力价格也是大同小异。即便是在电力价格方面，拥有相应的原料并能用经济合理的方式进行电力生产的国家，或者是在能源转换的背景下并没有在电价之外征收附加费的国家所拥有的优势绝不比使用核能发电的国家少。那些为了能源转换而施压于顾客——不管是企业还是个人——的国家，其产品结构及需求结构也将相应发生变化。

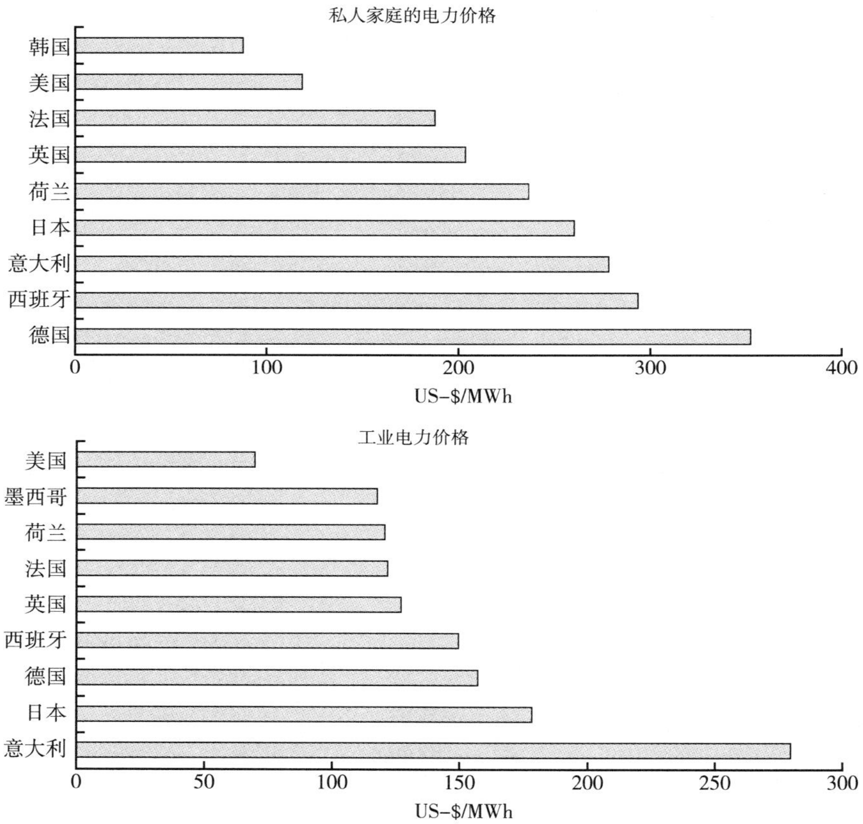

图4　电力价格的国际比较（2012年）

资料来源：IEA。

现阶段的希望在于，能源价格变化带来的生产状况转变从长远来看能迫使生产技术获得飞跃性进步，从而使产品竞争力得到长足的提升，开拓一条新的技术“弹道”。事实上，这种策略取得的成功是完全经得起考验的，以橡胶为例，合成橡胶的出现代替了天然橡胶（乳胶），使得工业生产范围扩大并推动了许多国家的工业化进程。问题是，这些立足于长期才能实现的优势如何能弥补短期或中期的不利之处，而德国是否能真正应对别国的领先效应。如果分析德国的太阳能及风能领域，就会发现其实前者的发展是无法与技术领先国家抗衡的，而风能领域由于设备维护的复杂性仍然潜力巨大。

四　分配效应

（一）产品层面的分配风险

能源转型最后会影响分配，因为在能源转换的背景下，生产对劳动力、资本、土地等要素的需求发生了巨大的变化。核能和提炼化石能源对土地的利用强度比较高，与之相反，可再生能源的发展需要大面积的土地，因此能源转换使土地更加短缺。换言之，太阳能与风能可以为国家吸引土地租金，正如有机植物的大面积种植也会使土地变成更为稀缺的商品。

从资本的角度来看，可再生能源的出售需通过提高其他能源（特别是化石能源）的价格，甚至是通过禁止在市场上供应核能来实现，这种转变会导致这类行业的企业价值和股价下跌，企业主与股东将蒙受损失，受益的则是可再生能源生产行业的投资者。

（二）个人层面的分配风险

能源转型会导致行业的改组，所以劳动最终也会遭到冲击。这里指的特别是可再生能源中高科技领域的劳动，以及组装设备所必需的工艺技巧。如果国家在可再生能源的框架下对这些技术和能力含量高的工作给予补贴，那这笔开销还是分摊到能源价格上，产品的价格就会随着它的耗能程度提升并直接影响到个人，因为产品价格的上涨间接导致了消费者收入的缩水。而由于能源价格上涨，边际成本提高，企业就会解雇那些无法创造相应价值的员工。这无疑将使就业率下降，导致收入再分配自下而上展开。另外一个推动再分配的因素是，可再生能源发电企业的股东一般来自较为富裕的家庭，他们虽然需要承担能源转换的成本，却能得到相应的分红或是供电补偿金。因此，这些发电设备的利润率远远超过 10%，而用于风险调节的资本利息不足 1%。

贫困家庭受到的冲击尤其巨大，因为能源消耗量在很大程度上是由家庭规模大小而不是由收入多少决定的。他们无法避免这种冲击，因为他们的微薄收入决定他们几乎没有能力去购买更好的电器。在这个意义上，上涨的能源价格使节能电器具有愈加重要的意义，除此之外在住房建设方面，优化的绝缘技术的市场前景无疑也是非常广阔的。对能源价格上涨的适应性随收入的提高而增加，因此从底层来说，这种适应性仍旧十分不灵活。从某个角度甚至可以说，能源转换的很大一笔成本是由贫困阶层承担的。

五　对德国的影响

（一）能源经济对德国的意义

要分析能源的相对意义，最好是借助德国的相互作用关系矩阵。最近一次测评是在2008年，选取2008年来建立矩阵是比较有利的，因为2008年恰巧是经济危机发生的前夕，对工业造成严重冲击的供应链变化在矩阵中还未出现。

以下几个指标被计算在内：

- 从某一行业出发的需求效应：它表示在这一经济领域需求的扩大会在什么程度上刺激其他所有部门。需求效应越大，该部门成为关键部门的势头就越强。
- 从某一行业出发的开球效应：它表示在这一经济领域要提高产量会在什么程度上刺激其他所有部门。开球效应越大，该部门成为关键部门的势头就越强。
- 本行业具有的绝对部门实力：它表示在这一经济领域提高产量会在什么程度上刺激某一部门。它与开球效应的区别在于，前者提出的问题是，哪一部门对其他部门的影响是最强的。在这里我们只在相互关系的意义上研究能源部门与哪一部门的关系最为密切。该效应越大，该部门成为关键部门的势头就越强。
- 本部门具有的相对部门实力：在绝对实力的基础上，每个部门都要扣除自身的消费。该效应越大，该部门成为关键部门的势头就越强。

要做进一步的分析就只需要考量那些生产国际贸易商品的板块，这就剔除了原本 57 个部门中的 23 个。

根据表 1，从需求效应的层面（第一栏）来看，能源供应排第十位，这就表明了能源供应对其他重要经济部门的物资需求状况。从开球效应的层面（第二栏）来看，能源供应排第八位。在部门实力（第三栏）这一栏，能源供应占据第一位，也就是说，能源的生产与运输本身就要消耗能源。在第四栏中，能源供应排第九位。

表 1　能源经济的意义（2008 年）

排序	需求效应	开球效应	部门实力	部门实力 - 自身消耗
1	钢铁铸造	企业服务	能源供应	企业服务
2	其他车辆	钢铁铸造	钢铁铸造	钢铁铸造
3	保险服务	交通附加福利	玻璃、陶瓷	交通附加福利
4	航空	机械制造	农业、狩猎	航海
5	航海	化学、制药	其他车辆	采矿、矿石、土壤
6	农业、狩猎	采矿、矿石、土壤	事物、烟草	机械制造
7	测控设备	焦化、矿物油	采矿、矿石、土壤	焦化、矿物油
8	电气设施	能源供应	电气设施	生产金属
9	食物，烟草	生产金属	木材	能源供应
10	能源供应	其他车辆	生产金属	信贷服务

资料来源：笔者基于德国联邦统计局数据进行的计算。

在以上分析中，能源经济对其他工业部门有着根本性的影响，这在第二和第四栏中体现得尤其明显。因此，能源领域的结构型转变对其他经济部门来说无疑是一个巨大的冲击。

（二）现状

可再生能源中，风能在今天已经具备一定的竞争力，然而与风能不同，太阳能领域的能源技术在今天依旧在很大程度上依赖国家补贴才能得以存在。其他国家，特别是亚洲国家迎合了整个世界不断上涨的能源需求，并通过能源出口而收益颇丰。与之相反，在德国有很多能源企业出现负产值，也就失去了其国民经济支柱之一的本质，因为国家补贴已经高于其创造的总价值，即工资与企业盈利总和（Blum，2012）。而随之而来的企业倒闭则加深了经济破坏的程度。

● 德国在能源生产的某些领域已经取得技术领先地位，比如风能，但这种领先技术却无法抵抗比如说来自美国的工业间谍，也无法像在中国一样，由国家大力支持建设生产设施。但是风能发电场所要求的后期服务要远多于太阳能，尤其是在近海地区，这就保证了本地市场的安全。

● 德国在设备与机械制造领域已经具备了核心竞争力，这大大强化了企业特别是中小企业的出口基础，出口与技术紧密相关也是典型的“德国出口模式”的体现（Blum，2013a）。

● 新的生产技术是神圣不可侵犯的，特别是对大力投资于可再生能源领域的德国东部来说，新技术就意味着希望（Blum，2013b）。

● 分配作用影响巨大，因为在能源转换的背景下，投资者面临着巨大且完全始料未及的调控风险。大部分能源集团的股价都下跌了一半，从而导致其股东及公社蒙受巨大损失。从能源转换中受益的则是那些可再生能源发电设备的所有者及新能源企业的股东——他们在利率极低的时期获得了高达10%的盈利率，而其成本却由社会承担。

图5指出了电力价格的组成：最大一部分成本用于能源的生产、运输与销售，其中私人家庭与工业生产的对比则很明确地体现了规模经济效应。除此之外，只有个人消费者需要支付增值税，企业则将这部分成本转移了。同时，与企业相比，个人需要缴付的特权使用费也更高，有了这笔收入各级政府就有了公共款项用以获得在其辖区内铺设线路管道的许可（线路管道如果要铺设在个人不动产之下，个人只能获得一次性的补偿）。可再生能源法分摊金（简称EEG分摊金）目前是5欧分，并且还有上涨的趋势，到2014年底预计达到7欧分。此外还有一系列较低的税收成为热电联产设备的使用补偿金，这是另一种分摊金，用以弥补因没有进行电力输送而造成的收入损失，比如风能设备可能生产了过多电力，而多余的电力并没有能够输送入电网。最后，责任分摊金可以补偿网络运营商在近海地区铺设管道所要面临的风险。最终的电力价格则掩盖了这样一个成本结构。

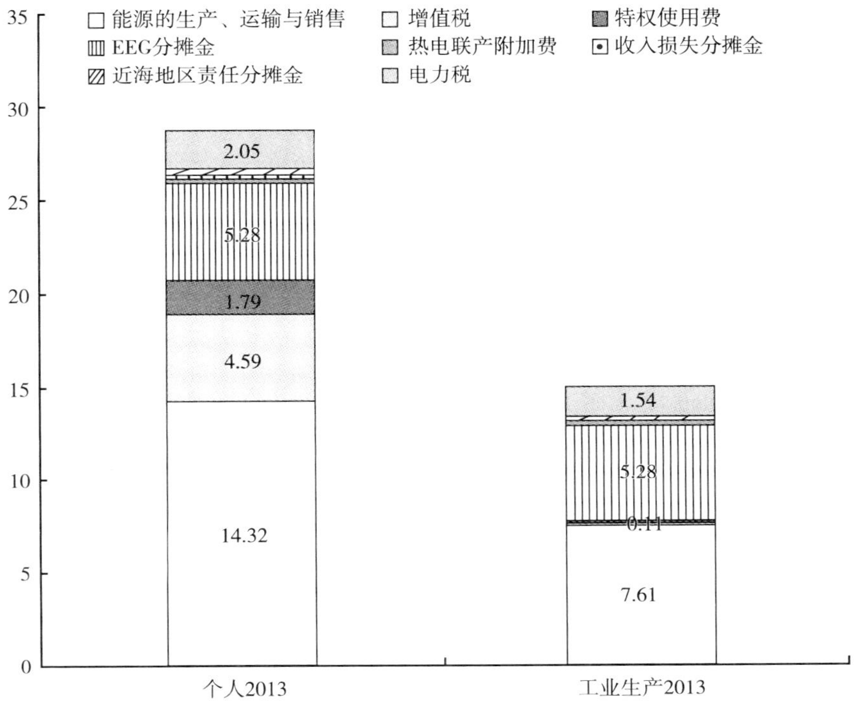

图 5　电力价格的构成

资料来源：德国科隆经济研究所。

一方面，从这个结构中很明显可以看出立法者为了增加税收动用了多少手段——不过能源在这里倒是一个很合适的主题，因为几乎没有消费者能够绕开能源；另一方面，我们也看到了能源转换的贯彻实施是如何将负担分摊到个人身上的。正如图 6 所示，价格体系中的很多组成部分在今天起到了重要的作用：EEG 分摊金、收入损失分摊金、责任分摊金，接下来甚至可能出现用于保存发电厂电力的分摊金——这些电力从经济学的角度来说不能获得利润，但对保障供电稳定必不可少。

EEG 分摊金是为了给可再生能源的供电方（包括企业和拥有发电设备的个人）提供供电补偿，针对的是整体的用电量（免征企业例外），所以从中受益的只有能源生产地，主要是那些有太阳能及风能发电设备的联邦州。这体现的是地区性再分配效应。图 6 表明，大量资金流入风能及太阳能丰富的德国北部与东部，而这些资金主要是从德国西部、南部及一些直辖州市中征收的。

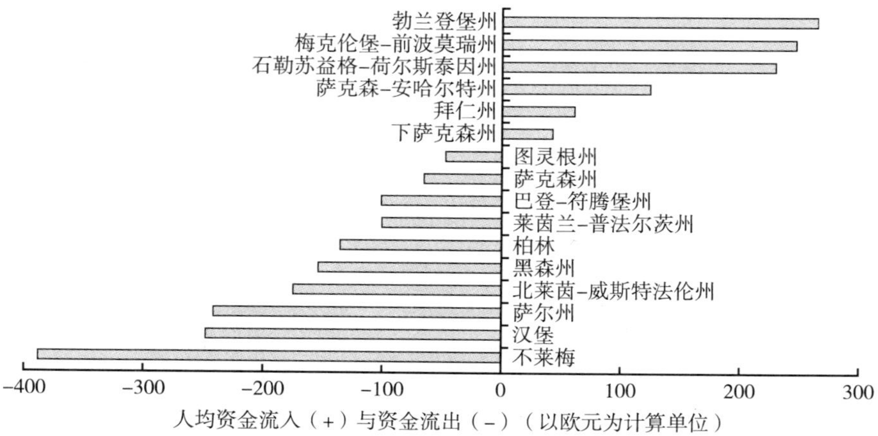

图 6 《可再生能源法》的地区性再分配作用（2013 年）

资料来源：笔者基于联邦能源经济协会数据进行的计算。

这种再分配需要与其他的再分配制度相结合来看，比如财政补贴（见图 7）。从图 7 中可以看出，反倒是那些受到德国三大富州——拜仁州、巴登 -

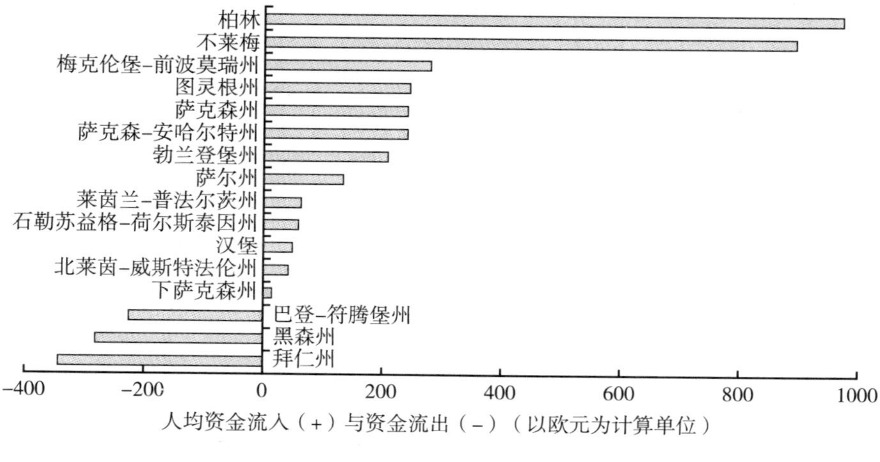

图 7 财政平衡的地区性再分配作用

资料来源：联邦财政部。

符腾堡州及黑森州——扶持的贫困地区正在遭受资金与购买力的流失。这种先通过某种财政体系去支持某个地区的发展，再用另一种财政政策对该地区发展施加压力的行为并不能称为均衡性政策，而且也是毫无意义的。

这种再分配的作用随着国家补贴的增加而加强。今天，家庭平均收入的50%被用于负担税费与能源转换分摊金，而未来几年这个份额甚至可能升高到60%。因此，国家正在考虑出台一系列限制性措施，如：

• 降低供电补偿金或是按照供电量来限制补偿金发放，以减少扩建并在维持必要电网容量的前提下使现有的（储备）电力得到利用与分配。

• 规定企业需要为自有产品所耗费的能源缴纳分摊金，这使分摊金整体下降，但也引起了相关企业的抗议，因为他们要开始为一笔由他们自己创造的效益买单，这是他们始料未及的。

• 能源密集型企业到今天都是分摊金的免征企业，将这些企业也纳入缴纳分摊金的范围才能避免在国际贸易中的竞争扭曲化。事实上，高耗能企业正是当今经济体系的阿喀琉斯之踵，因为欧盟将这种免征看作变相的财政补贴，并为此开展了相应的审查程序。要是德国的基础工业都需要缴纳分摊金，那他们中的很大一部分将完全失去竞争力。

一些国家（如奥地利）在德国这种再分配中也获益良多。这些国家可以购买德国过剩的电力，并获得一定的返现，然而德国电网其实已经处于赤字的状态，要制定高昂的价格才能得以均衡。

在政策讨论中不乏各种各样的关于如何帮助低收入者负担能源转换费用的设想。特惠关税的提议首先遭到否决，因为这会抵消对国内可再生能源的激励效应。如果为低收入人群提供收入补贴，可能也不会影响决定的中立性，但那样的话立法者必然会发觉立法征收的税款中有一部分居然是间接为家政女工们准备的。综合来看，为家用电器设备的更换提供补贴是比较行之有效的办法。比如魁北克水力发电公司（Hydro-Quebec）以家庭为单位向低收入群体发放家庭信贷用以购买节能电器，而这些家庭也可以通过节约用电来偿还这笔信贷。

需要指出的一点是，国家的这种再分配体系会成为各种违法行为产生的温床。举个例子，有人会将家庭这一单位人为地拆开，以便多次获取资金扶助。就这点而言，这种政策通常也意味着一种道德上的引诱，并最终导致犯罪的发生。

（三）对《可再生能源法》新草案的几点建议

如今，我们需要用全局视角来解决这堆积成山的问题，提出编写新草案的建议也是基于这一点来考量的，它包含三个组成部分。

（1）重新定义工业领导与行业合并：在世界竞争中，除了成功的小规模经营者，那些能够实现系统化供货的企业也必须参与到本文一直在探讨的这种大工业技术中来。如今德国工业体系中的可再生能源生产体系正逐步走向瓦解，这就提出一个问题：到底谁有意愿同时也有能力对可再生能源生产进行企业化的领导？其他企业应该与哪（几）家企业合并？回答这两个问题有着十分重要的意义。韩国的韩华集团接管了德国的 Q-Cells 公司，然而这种接管模式对德国来说并非可以长久使用的。如果经济不能保持可持续的发展与公开透明，那德国为了强化其技术大国的地位而积极推行能源转换似乎也是没有意义的。

（2）重新定义秩序与管理：《可再生能源法》需要不断更新完善的理由有很多，最主要的一点是该法在现阶段错误地刺激了人们过分生产可再生能源，并影响了相应的企业结构与技术工艺。《可再生能源法》也影响了生产深度：该法在现有竞争条件下促进的是一种浅层次的产品加工，这使能源核心技术难以在全国范围内推广，特别是在某些技术还不足以成为专利，或是企业出于别的原因对某种技术缄口不言的情况下。因为专利就意味着公开，而这经常会造成不良的后果，所以很多人都选择对专利申请退避三舍。现阶段，德国用于可再生能源的大笔资金都流向了别国，使别国的竞争力显著增强，在这种情况下，对拍卖模式及划分能源份额进行经济政策上的讨论是十分必要而迫切的。

（3）风险分析：企业的实力有多强，何种压力测试可以恰当地反映在新的制度框架下企业的存活能力，如何证明行业整合要优于各部门单独经营？这里可以借鉴一下“总部计划”（Headquarter Project）。现在之所以迫切需要进行风险分析，是因为人们对能源转换能否在经济上取得成功的怀疑越来越深（德国证券报，2013）。这种怀疑会导致人们在投资电力行业及其上游下游企业时持观望态度。现阶段有约 2700 家企业处于风险压力之下——至今为止的生产成本已经上涨了约 50 亿欧元（2014），而这些企业为了解决过渡问题，获批免于承担这笔费用。

（四）对其他国家的借鉴意义

德国能源转换的根本问题在于，中央计划的基础——“线性思维”导致能源转换在很多地方都表现出了某种前后矛盾性。立法者已经许下了长期承诺——典型的例子是供电补偿金——以及在工业改造上的政治意愿不足，特别是对用于购买新设备的资金加以限制，使解决这种矛盾几乎是不可能的。在经济结构中如果没有成本节约方面的飞跃式创新，人们往往会选择改变一线经济格局以规避在政治上可能出现的风险。

因此，有专家委员会向联邦政府建议废除《可再生能源法》（法兰克福汇报，2014），也不要出台任何的替代法律，原因除了上文所说的前后矛盾之外，特别重要的一点是联邦政府一直期望能源领域能出现技术突破以在未来获取利润，用以填补他们至今为止所付出的补偿金，然而这种“技术突破”时至今日依旧杳无踪迹。

联邦政府规划了大规模的电力线路，并把这看作拯救德国现阶段能源转换危机的核心。然而德国是否能成功铺设这些电力线路都是很值得怀疑的，电网建设由于民众抗议而停滞不前，竣工时间不断往后推迟。当然，人们需要考量非集权的体系如何能够维持稳定；除此之外也需要考虑，电转气可能带来什么样的机遇。这里的“气”涉及的是氢气的制造。氢气直接使用于功耗过程与加热过程，它与高温反应的关系已经被称为所谓的“亚当夏娃原理”。人们也可以通过化学反应来获取甲烷作为氢气的替代产品。甲烷的能源密度要比氢气高出三倍，存储便利，同时也不会使金属脆化，这对运输管道来说尤为重要。因此，人们可以利用德国现有的天然气管道输送甲烷，而完全不用以破坏环境为代价去铺设新的基础设施网络。除此之外在电动汽车方面，甲烷发电似乎也是唯一一条可行的道路，因为各式各样的科学研究已经估算出，基于化石燃料来发展电动汽车无论从经济还是能源的角度来说效率都是很低的（FAS，2014）。

很多人将德国的能源转换看作典范，事实上德国的能源转换早已处于压力之下，而那些曾经密切关注能源转换发展状况的国家，比如奥地利，如今早已绕开这一话题。过去人们总说：如果有国家能成功进行能源转换，那就一定是德国。但是如果德国要想在能源转换方面获得成功，必须在各方面进行种种的改变，其中首要的就是建立市场经济的各种框架条件以解决由于政策的前后不一致带来的各种风险。

参考文献

[1] Blum, U. ; Kalus, F. , "Auctioning Public Financial Support Incentives", *International Journal of Technology Management* 26 (2003): 270 -276.

[2] Blum, U. , "Das Ende der Subventionszombies (the end of subsidy zombies)", *Financial Times Deutschland*, May 31 (2012): 24.

[3] Blum, U. , "East Germany's Economic Development Revisited: Path Dependence and East Germany's Pre-and Post-Unification Economic Stagnation", *Journal of Post-Communist Economies*, 25/1 (2013a): 37 -58.

[4] Blum, U. , "Unternehmertum, Unternehmerwerte und Wachstum (entrepreneurship, entrepreneurial values, and growth)", *Wirtschaftspolitische Blätter der Wirtschaftskammer Österreich*1 (2013b): 75 -85.

[5] Bhagwaty, J. , "DirectlyUnproductive, Profit-Seeking (DUP) Activities", *Journal of Political Economy* 90/5 (1982): 988 -1002.

[6] Börsenzeitung (BZ), *Der Risikofaktor Energiewende* (energy turnaround as a risk factor), October 10 (2013): 11.

[7] Frankfurter Allgemeine Sonntagszeitung (FAS), *Elektrisch hilft dem Klima auch nicht* (going electric is no help for the climate, February 9, 2014, 61).

[8] Frankfurter Allgemeine Zeitung (FAZ), *Merkel-Berater: EEG abschaffen* (Merkel-advisors: abolish the EEG, February 26, 9, 2014).

[9] Gleißner, W. , "Identifikation, Messung und Aggregation von Risiken (identification, measurement and aggregation of risks)" in: Gleißner, W. ; Meier, G. (ed.), *Wertorientiertes Risikomanagement für Industrie und Handel* (Gabler-Verlag, Wiesbaden, 2001): 111 -137.

[10] Gleißner, W. , *Grundlagen des Risikomanagements im Unternehmen* (principals of risk management in enterprises, Vahlen, München, 2011).

[11] Helpman, E. , *General Purpose Technologies and Economic Growth*, (MIT-Press, Cambridge, Mass. 1998).

[12] Helpman, E. , Melitz, M. J. , Yeaple, S. , "Export versus FDI with Heterogeneous Firms", *American Economic Review* 94/1 (2004): 300 -316.

[13] Hoffmann, W. , "Perspektiven der Photovoltaik (perspectives of photo-voltaics)", *Physik Journal* 13/2 (2014): 21 –27.

[14] Hotelling, H. , "The Economics of Exhaustible Resources", *Journal of Political Economy* 39 (1931): 137 –176.

[15] Knight, F. , *Risk, Uncertainty, and Profit* (Boston: Houghton-Mifflin, 1921)

[16] Schumpeter, J. , *Theorie der wirtschaftlichen Entwicklung* (*theory of economic development*), (August Rabe, Berlin. 1912, 1962)

[17] Sinn, H. W. , Das grüne Paradoxon. The Green Paradox: Pleading for a Climate Policy without Illusions, (Econ, Berlin, 2008).

[18] Taleb, N. N. , *The Black Swan: The Impact of the Highly Improbable*, (New York: Random House, 2007)

B.8

德国的电力市场发展与新市场设计*

Andreas Löschel Florens Flues Frank Pothen Philipp Massier**

摘 要:

随着可再生能源取代常规能源，德国电力市场正在发生根本性改变。同时，区域发电和用电之间正在出现不平衡。考虑到可再生能源的有效扩张和电网的稳定性，我们为德国的电力市场勾勒出一个新的市场设计方案。在现货市场价格基础上支付的溢价会促进可再生能源发电。此外，我们建议将德国电力市场划分为几个价格区，以应对输电能力不足的问题。通过系统性监测区域和实时的价格信号，我们预计能源转换的成本可以显著降低。

关键词:

电力市场 可再生能源 市场溢价 市场分割

一 前言

德国电力市场处于历史重建期。今天，已经有约22%的电力来自可再生

* 我们感谢 Dominik Schober，Michael Schymura 及 Nikolas Wölfing 有益的讨论和评论。本报告基于讨论论文：A. Löschel，F. Flues，F. Pothen，P. Massier：Den Strommarkt an die Wirklichkeit anpassen：Skizze einer neuen Marktordnung，ZEW Discussion Paper，Nr. 13 – 065，Mannheim 2013，http：//ftp. zew. de/pub/zew – docs/dp/dp13065. pdf。这个关于新市场的草图也刊登于：Den Strommarkt an die Wirklichkeit anpassen-Skizze einer neuen Marktordnung，in：Energiewirtschaftliche Tagesfragen，Nr. 10/2013，S. 22 – 25；A. Löschel，F. Flues，F. Pothen，P. Massier：Der deutsche Strommarkt im Umbruch：Zur Notwendigkeit einer Marktordnung aus einem Guss，Wirtschaftsdienst，Volume 93，Issue 11，pp. 778 – 784。

** Andreas Löschel，Florens Flues，Frank Pothen，Philipp Massier，欧洲经济研究中心（ZEW）。
译者：王亦飞，中国日报社。

能源。根据德国联邦政府的能源概念，到2050年这一比例应当达到80%。同时，电力供应在地区层面也有变化，无论是常规发电还是可再生能源发电在很大程度上都来自德国北部。

《可再生能源法》使得大规模可再生能源发电成为可能。自从《可再生能源法》于2000年生效以来，可再生能源发电已经从每年发电37.9太瓦时（TWh）增加了两倍，到2012年达到每年136.2太瓦时（TWh）（德国联邦经济与科技部，2013）。在这段时间，风力发电和太阳能发电的增加尤为突出。然而，能源概念中已建立的长期能源政策目标成为德国的一大挑战。为了以最有效率的方式达成这些目标，今天必须建立起一个路径框架，构建基于可再生能源的能源系统。从今天及未来看，公众对可再生能源的支持在经济上是合理的。如果没有政策干预，常规能源发电将造成并未反映在市场价格中的环境问题。特别是，这些包括欧洲碳排放交易体系（EU ETS）未涵盖的环境负担，例如空气或噪声污染。这些所谓的外部性并非或者在很小的程度上由可再生能源发电引起的。

《可再生能源法》的引入和设计具有市场实验属性、高进入壁垒，以及市场成熟度缺乏，对风电和太阳能发电而言尤其如此。对这些技术而言，学习曲线效应可能很明显。而需求则刺激了这些发电形式的创新。

目前的支持计划保证了投资者以一个固定的价格销售电力，最小化风险及投资的成本。这从根本上促进了德国可再生能源的动态发展。到现在为止，可再生能源技术已经得到普遍应用，而且成为德国电力的一个重要组成部分。市场设计必须适应这种新形势。这是当前讨论的共识。各个研究机构正在准备或已经提出许多与《可再生能源法》改革相关的建议和一个潜在的电力市场新设计。[①]

未来几年，电力供应将会进一步迁移到北部。根据德国联邦网络管理局（联邦电力、天然气、电信、邮政、铁路网络局，BNetzA）（德国联邦网络管理局，2013b）的数据，德国不间断发电厂的装机容量将会增加10亿瓦特。但是在德国南部，装机容量同期将会减少56亿瓦特。过去，风能发电的发展提

① 参见Frontier Economics（2012），Bode and Groscurth（2013），Kopp and Schroer（2013），Kopp et al.（2013），Matthes（2013），Schmidt（2013），Verband kommunaler Unternehmen（2013）。进一步的研究和对德国新政府的提案正在进行中。

升了北方在整个德国发电中的作用，这一情况还可能继续。尽管发电已经逐渐转向并且还会继续转向北方，电力的消费主要发生在德国的西部和南部。找到方法应对这一转变将会对未来的电力市场形成挑战。

德国发电的深刻变革要求市场设计发生根本性改变。仅仅修正《可再生能源法》是不够的。我们认识到投资者和生产者并不把何时、哪里需要电力时他们的行为当作可再生能源有效发展的障碍。缺乏不被扭曲而反映电力实际稀缺性的价格，使得投资者和生产者缺乏激励机制去做出更多市场导向型的决策。

没有制定稀缺价格也加剧了区域不平衡。如果常规发电厂和可再生能源发电厂不依据电力的实际稀缺性发展，就会有经常出现区域性过度生产和生产不足的风险。同时还会增加不必要的成本。这些成本一方面来自保障供应以免出现生产不足的额外的措施，另一方面来自其他地方的过度生产。

在接下来的论述中，我们将会解释如何改善投资者和生产者对实际稀缺的反应。我们将超越一个孤立的《可再生能源法》改革，而考虑输电网拥堵的可能。我们将会概述一个市场设计，在这个设计中可再生能源的收入来自两方面，一方面来自市场，特别是来自电力交易所的销售，另一方面来自可再生能源发电的溢价。应当根据须避免的外部性来确定溢价的金额。然而，补贴的量化独立于我们的概念。此外，我们建议根据输电网现有的稀缺性将德国电力市场分为两个或更多的定价区域，而不是统一现货价格的单一定价区域。我们讨论的结果是得出一个新的，有成本效率的，政治上可行的电力市场设计草图。

二　价格信号缺乏造成低效率

自2000年实施《可再生能源法》以来，可再生能源发电的电力供给显著增加。在1991年，只有17.5太瓦时（TWh）的电力来自可再生能源。到2000年，37.9太瓦时（TWh）的电力来自可再生能源。到2012年这一数字已经增加到136.2太瓦时（TWh）（见图1）。可再生能源可观的增长表明《可再生能源法》的成功。然而，这一成功同时暴露了固定上网电价的缺点。关键性问题是对送入电网的固定补偿并没有给可再生能源发电厂的投资者和运营者提供激励使他们调整自己的行为以适应电力实际的稀缺性。

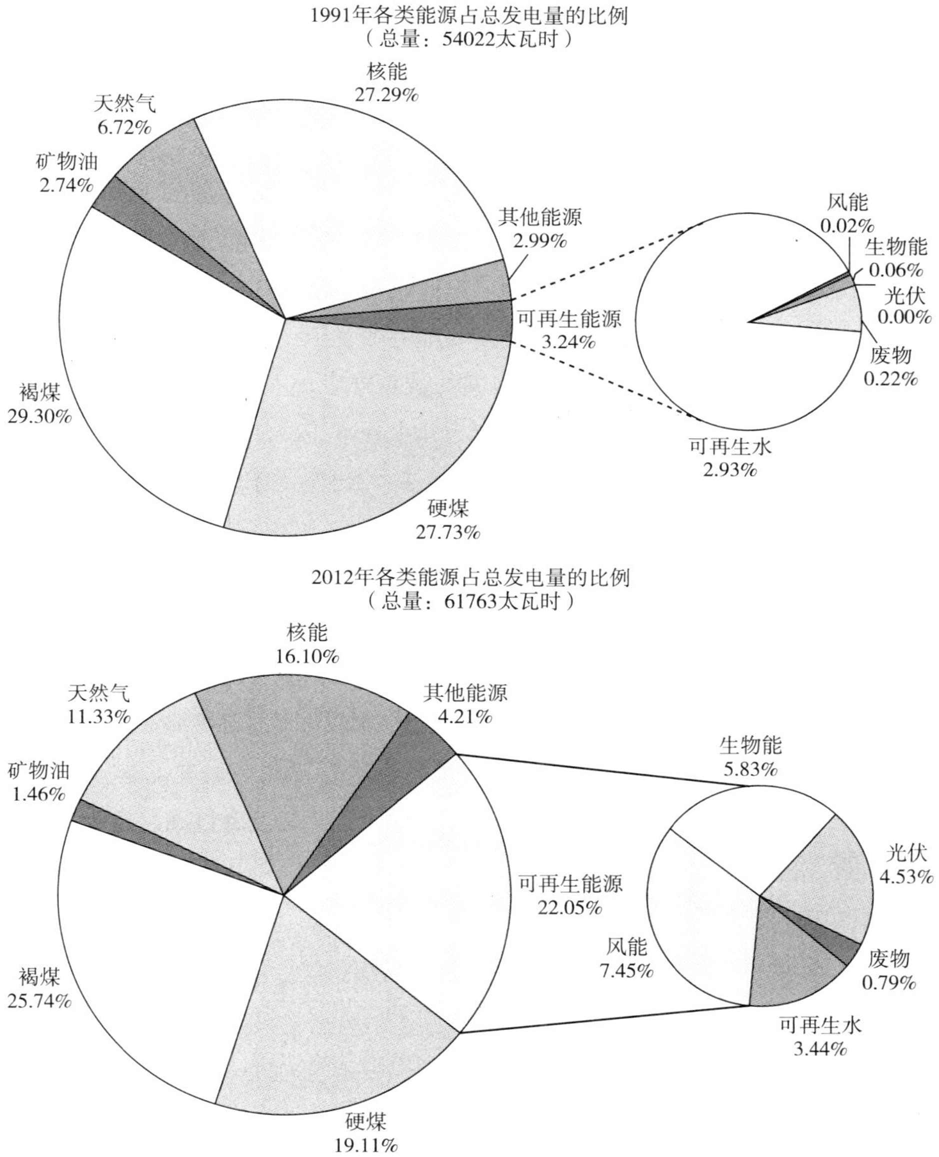

图 1　各类能源占总发电量的比例

资料来源：德国联邦经济与科技部（2013）。

不考虑网络拥堵也有类似的后果，但它同时还涉及常规的发电厂。网络拥堵不易通过市场信号察觉到，因此在生产和投资决策时通常没有考虑。这会出现时间上（短期和长期），或空间上缺乏对电力可得性的适应。

（一）市场整合和稀缺价格——为什么

经济学家通常认为可再生能源必须更好地融入市场。因此，稀缺性对市场参与者而言将会是可见的。首先，必须解释为什么市场融合是可取的。

电力市场的供应商不断做出决策，他们必须决定是否愿意接到通知就马上发电。长期而言，是他们要建立新的产能还是关掉旧的产能的问题。市场价格给电力生产者指示，是否需要及何时需要他们的供给。如果市场价格高，表明电力短缺进而就可能获得高收入。相应的，额外发电及扩大产能是有利可图的。反之，如果市场价格低，则表明电力几乎是不短缺的。收入是低的，对短期发更多的电及长期扩大产能的激励也是低的。此外，还可能导致关闭现有的产能。市场价格表明何时生产与投资是有利可图的。这一过程的结果就是进行有成本效益的发电。

所有电力供应商的收入与市场价格相对应。由此造成的外部性成本应当扣除。如果禁止指定有责任的供应商承担外部性成本，应当推广不会造成或者造成很少外部性的技术。如果收入不与市场价格挂钩进而不与稀缺性挂钩，目前的《可再生能源法》就是这种情况，那么生产、投资和使发电站退役的决策就不具有经济效益。如果收入经常过高，那电力生产量就会过高，也会引发过剩的产能。这会造成不必要的生产和投资成本。因此，可再生能源融入市场的附加值就在于避免不必要的成本。

（二）时间方面——可再生能源造成的过度生产

过度生产在时间方面最明显的指标就是电力价格下降。当电力发电多于电力需求时，就会出现这种情况。目前，风电和太阳能发电完全依赖天气。如果刮风或者阳光充足，就能发电上网。由于上网电价是固定的，就目前是否需要电力而言，供应商不能接收到任何的信号。他们有激励随时供电，即使这一供应会造成表现为电力价格下降的经济损失。只有《可再生能源法》引致的可再生能源扩张发的电可以多到使这一效应显著。

投资激励也被固定的上网电价所扭曲。如果投资者得到与市场价格绑定的补偿，那么投资于能够在电力短缺时发电的技术就是值得的。电力短缺时能发电是指，电力需求特别高或者风电和太阳能发电很少的时候能发电。只要补偿与短缺无关，那么投资者将会只在乎总上网电量，而不会关心时间等问题。①

然而扭曲不只会影响可再生能源发电的电力生产者，还会给根据扭曲的市场价格做决策的常规电力生产者带来难题。

（三）空间方面——网络拥堵

总体而言，电能是好的。对于消费者而言，无论电力是在海边生产的还是在山上生产的并没有区别。电力只要并入电网，之后就再无区别。但这个前提是电网不是拥堵的。可再生能源上网电价不是根据空间的不同而有所区别，这就扭曲了地点选择。风车安装在最经常刮风的地方。太阳能电池板则安装在阳光最充足的地方。在选择地点时应考虑网络拥堵造成的成本。风电产量出乎意料地高时，网络拥堵就会出现。

当前市场设计的另一个特点造成了网络拥堵：固定的，在单一定价区网络化地使用系统收费。这一特点同样适用于常规能源发电站和可再生能源发电站。电力生产者不会注意到电力传输造成的成本。这就是对火力发电厂而言，在岸边建立发电厂以便以低成本运输初级能源是有效率的原因。

为了克服由于电网拥堵造成的低效率，根据稀缺性定价就发挥了主要作用。可再生能源发电厂和常规能源发电厂的运营商没有受到激励将他们的发电厂建在电力短缺的区域。他们没有注意到他们的发电厂对网络拥堵的影响及升级这一网络的必要性。此外，到目前为止，我们并不清楚，电网拥堵在经济方面到底有多重要，进而通过新的输电方式消除这一拥堵到底有多值得。

---

① 自从2009年的EGG修正案开始，一直都有关于通过直接营销进行市场融合的规定，然而这只对一个自然月有约束。发电站的运营者必须通知电网运营商，是否本月完全售电，还是把一定的比例留在下一个月。

（四）生产过剩和网络拥堵相互加强

缺乏稀缺价格导致无效率的电力生产。时间维度——在并不需要电的时候把电并入电网——以及空间维度——不考虑网络拥堵就把产能建立起来——会彼此加强。一个例子是，德国北部有一个产能很大的风力发电厂，而德国南部对电力有很大的需求。这个问题在2013年的3月25日和26日尤为突出，造成了输电系统的严重问题。问题的主要原因在于，风力发电和太阳能光伏发电的供电增加了30吉瓦（GW）（主要是德国北部），而此时德国南部常规发电厂的可用电力却很低。在之前的一天，运营规划的潜在拥堵出现在几个运输线路中（德国联邦网络管理局，2013a）。

在极端的情况下，必须减少北方的电网中的发电厂，同时在南方增加额外的生产能力。目前，这是通过再部署实现的，前几年一直不得不越来越多地依赖再部署。2013年6月根据储备发电站条例推出冷储备[①]作为一种中期措施。如果在投资发电站和生产电力的时候已经考虑到电网的稀缺性，就可能避免成本密集的再部署措施及对储备发电站进行补偿。

三　市场溢价和市场分割：一个新市场设计草图

之前的讨论表明，今天《可再生能源法》推广可再生能源导致了对可再生发电能力的投资及不以电力稀缺性为导向的可再生能源发电。相应的，在可再生能源领域出现了过度投资。

接下来，我们首先描述可再生能源对稀缺性的反应缺失的不同后果。可以看出，今天的《可再生能源法》会带来不必要的成本。之后，我们提出其他方案，这些方案能够引起可再生能源对电力稀缺性合适的反应。

（一）时间维度——可再生能源的高效电力生产

我们已经提到可再生能源对稀缺性没有反应的最明显的后果：价格下降。

① 冷储备是暂时退役的发电厂，并且可以在6个月内重新发电。

此外，在投资于可再生能源的时候，目前的《可再生能源法》几乎不要求考虑因时间不同而不同的稀缺性。根据可再生能源发电技术的种类，发电的可能性在白天、黑夜，以及各个季节都不同。一个最优的投资决策不仅会考虑相关技术的成本，还会考虑这项技术是如何做到在电力不足的时候发电的。不同可再生能源发电技术组合更受喜爱。应当避免由于某种特定发电技术的发电量波动所造成的电力短缺。目前《可再生能源法》，既不奖励在极端缺电的情况下生产大量电力的技术，也不奖励有助于抑制电力价格波动的技术组合。

除了技术的选择问题外，选址对最优投资决策而言也起作用。Arbach 等在 2013 年表明，选址是在北海还是在波罗的海，在德国的北部、东部、西部还是南部，风力发电厂的正常发电能力在一天的不同时间段是不同的。因此，选择在不同地点建立发电厂的投资组合，则会有助于避免电力短缺。然而，目前的《可再生能源法》基本上要求风电厂建在刮很多风的地方而太阳能发电厂建在阳光充足的地方。对发电厂进行区域分类在经济上是合理的，但是却没有得到回报。①

另外，常规发电站的运营行为也受到不当管理的影响。如果现有的市场设计导致经常出现消极价格，那么特别是基本负荷的发电厂必须付钱以避免关闭。这将增加成本，会导致不情愿地关闭发电站，并且造成常规发电站产能不足。

在分析了目前《可再生能源法》的难题——由对稀缺的反应不足引起——如何实现波动的可再生能源对于稀缺的更好的反应就成为一个难题——答案就是把可再生能源的补偿与电力交易市场的价格联系起来。电力交易市场的价格是每 15 分钟变化一次，因此能够实时反映电力的稀缺性。

将收入与交易价格相联系是改革现有可再生能源促进计划中关键的一部分。② 由于把补偿与交易价格联系起来，可再生能源产能的投资者及可再生能源电力生产者就能够根据实时的电力稀缺程度做出决定，我们认为这是一大好处。

---

① 目前的推广依赖于风载荷的合适的和不合适的地址的划分，并没有明确提出对风力发电厂进行区域分布。

② 参见 Frontier Economics（2012），Bode and Groscurth（2013），Kopp and Schroer（2013）Kopp et al.（2013），Matthes（2013），Schmidt（2013），Verband kommunaler Unternehmen（2013）。

表1表明对推广可再生能源的不同选择的优点和缺点，同时也与上网电价固定的现行的《可再生能源法》进行了比较。

表1　可再生能源支持计划的选择

		上网电价	市场溢价		配额
补偿		每千瓦时 固定费用	交易电价外固定 的市场溢价	交易电价外拍卖 决定的市场溢价	交易电价外绿色 证书的额外收入
对稀缺的反应	暂时性稀缺	– 没有反应	+ 有反应:技术 选择,位置选择	+ 有反应:技术 选择,位置选择	+ 有反应:技术 选择,位置选择
	短期过度生产 （没有稀缺）	– 尽管现货市场价 格低迷仍然生产	○ 取决于设计	○ 取决于设计	○ 取决于设计
	短期过度生产 （没有稀缺）	– 没有反应	○ 特定的反应	○ 强烈的反应	○ 特定的反应

1. 可再生能源配额制度

乍一看，有可交易绿色证书的可再生能源配额制度是具有成本效率的。在这个系统中，政策制定者决定可再生能源发电量或者其在总发电量中所占的比例。可交易的证书证实了可再生能源的义务。电力生产者既可以生产少于特定量的电力，并购买证书，也可以生产多于特定量的电力，并出售证书。几个国家已经引进了配额制，例如英国、波兰和瑞典。

由于可能买卖绿色许可证，理论上就可以达到可再生能源的有效配置。可再生能源发电的产能就会在最具有成本效率的地方扩张。在最具有成本优势的地点的生产者出售绿色证书，在可再生能源更贵的地点的生产者则购买绿色证书。

此外，考虑到电力的稀缺性决定了投资和生产，在配额制度下，对绿色电力的补偿由两部分组成：出售绿色许可证的收入及电力交易的收入。在电力稀缺及相应的电力高价的时候，电力交易收入就鼓励可再生能源发电。因此，对可再生能源发电的投资和可再生能源电力生产是以电力的稀缺性为导向的。

配额制度的主要缺点是绿色证书的价格波动（Amundsen 等，2006）。不同于平均成本，风力发电和太阳能光伏发电的边际成本几乎为零。所以在接近配额的时候，绿色证书的价格骤减①。如果没有达到配额，绿色证书的价格由惩罚付款决定，因为与目标相比有一定的差额。证书价格将会显著的不同，并且受到在对应的承诺期完成配额的概率的影响。完成配额还取决于天气状况，以及相关的绿色电力的生产。

根据这种波动性，可以预料到对这种高风险投资的溢价，这一溢价由绿色证书市场承担。同时，现在的电力生产者可能努力依靠自己完成配额，而不用依赖绿色证书。然而，并没有利用证书贸易所引起的效率提升。

此外，在政治上推行配额制是困难的。因为配额制与之前的可再生能源促进机制相比是一个根本性的变化。更改一个已经引入了的配额制度会带来相当大的不确定性。政治稳定性对正在运行中的证书贸易而言是非常重要的。

2. 可再生能源的溢价制度

使得可再生能源的投资和生产对电力的稀缺更加敏感的另一个选择就是给可再生能源引入一个市场溢价。这一溢价是在特定时间段除交易价格以外的额外支付。在理想情况下，这一溢价反映可再生能源的正外部性。因此，考虑到目前的稀缺性，这一溢价将会奖励可再生能源积极的副作用，而电力的交易价格则给电力生产以酬劳。长期看来，可再生能源和常规能源将会持续竞争，总的电力生产将会是需求驱动的。长期的过度生产就不会出现。

在电力极端短缺和相应的高电价的情况下，对投资可再生能源并生产很多电力的激励主要来自电力交易的支付流。从这个意义上来说，溢价和配额制度产生相同的激励。对可再生能源发电的投资和生产根据电力的稀缺性进行调整。然而，固定的市场溢价会降低不确定性；因此，预计对投资者的风险溢价与配额制相比将会小一些。风险分散在配额制度中，可再生能源的投资者只承担电力市场的风险。

市场溢价是非常灵活的并且可以把《可再生能源法》当作起点进行发展。与配额制度不同，推广可再生能源未必一定要从根本上改变。例如，开始之时

① 假设，对只占到总电力需求一部分的绿色电力的需求或者几乎绿色证书的价格做出反应，也就是说它是缺乏弹性的。

可以根据不同的技术给予不同的风险溢价，之后就逐渐同化到一个具有单一市场溢价的系统中。

此外，调整市场溢价可以不影响已经建好的发电厂。市场溢价可由政府或者政府机构决定，并与市场扩张的成就相联系。即使根据可再生能源的正外部性决定市场溢价是更具有经济效率的，这些外部成本的量化在实际操作中仍是一大挑战。这就是市场溢价的灵活性是其优点之一的原因。

（二）空间维度——电力网络的价格信号

认识到电力网络的稀缺性，不只需要把可再生能源更好地融入电力市场，也需要给网络拥堵定价。目前的制度假设德国是铜板（Wawer，2007），没有考虑生产和消费的地点。边际电厂给整个电力市场定价。生产者得到的价格并没有考虑交易电力的成本。在有电力需求的时候，网络收费独立于将电入网的地点①，没有稀缺传输能力的价格。

在可再生能源电力生产的扩张过程中，由于决定投资常规发电厂，以及到2022年所有核电站都会退役，今天已经出现了网络拥堵。未来拥堵可能会增加（德国联邦网络管理局和德国联邦卡特尔局，2012；德国联邦网络管理局，2012，2013a）。可再生能源发电厂中的一大部分将会在德国北部，特别是风力发电。对于常规发电厂的规划主要集中在德国的北部和西部。核电站的退役主要发生在德国南部。图2显示了根据德国联邦网络管理局提供的发电站列表，德国的不间断发电站的建设和退役情况。德国南北部的地区划分表明德国南部将会出现电力的供不应求。为了维持电网的稳定性，必须增强从北向南的输电能力，额外扩大产能，或者提高南部对需求的敏感度。

由于德国电力市场的自由化及相关的市场拆分，电力生产和运输是分开的。德国联邦网络管理局把各个网络运营商像自然垄断那样监管着。目前的网络收费系统的特点是固定的，网络化使用系统价格。网络收费由网络运营商的收入上限决定，作为能源供应网络的准入费。这些网络使用费包括投资成本，管

① 网络收费包括一个每年支付的固定的平均能源价格（ct/千瓦时）。网络客户每年根据负载支付额外的需求费（欧元/千瓦），根据电价最高的15分钟的价格计算。这些价格因网络运营者不同而不同，只对负载施加。

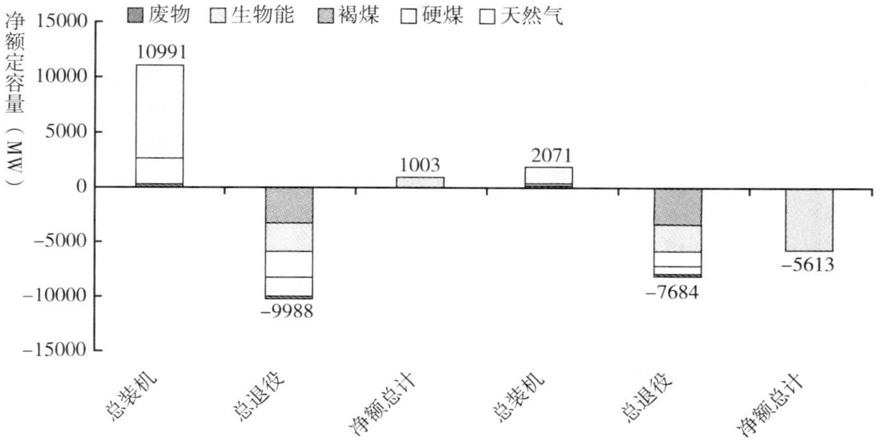

图 2　不间断发电站的建设与退役

资料来源：德国联邦网络管理局（2013b）。

理拥堵的措施，以及自 2012 年起新加入的质量因素。网络收费几乎没有考虑到使用网络的时间和地点。在新的发电站发电或者投资新的产能时，系统并没有为考虑运输成本提供激励。对发电运营商而言，也没有激励去避免网络拥堵。

近年来，德国越来越依赖再部署措施，以避免网络拥堵（德国联邦网络管理局和德国联邦卡特尔局，2012）。无论如何选择再部署的发电厂，这样的措施只能在短期消除拥堵。长期来看，再派遣就没有那么合适了，因为向网络投入和从网络取出的改变没有创造出可以解决潜在拥堵问题的激励机制。

1. 节点定价

节点定价原则与现行的系统相反。现行系统的电价是统一的、固定的、网络化使用一个定价区间的系统收费。在节点定价的情形下，价格是由网络的不同节点决定的。节点定价既包含电力生产的成本，也包括电力运输的成本。从经济的角度看，节点定价是一种理想的方法，因为这一系统同时做到了有效配置稀缺的发电能力和输电能力（Leuthold 等，2008；Frontier Economics，2009）。

目前，节点定价已经应用在一些市场[①]。然而，我们应该考虑到，把节点

① 例如，独立系统运营商 JPM 及 Nord Pool 组织的加利福尼亚州和纽约州以及美国另外 13 个州的电力批发市场。

定价引入德国将会迫使德国重组电力市场，例如，将会需要单一的网络运营商（独立系统运营商，ISO）。此外，节点定价通常包含一个贸易系统，所有的交易都是强制执行的。引入节点定价有可能会花费很多时间和成本。

有些方法允许给拥堵定价，同时，与节点定价相比，对现行的市场设计的干涉要少。可这些方法处于两种极端之间，一种是在单一的定价区间固定地、网络化地使用系统费用，另外一种是灵活的节点定价。我们认为，最相关的方法是根据区域制定有所区别的网络费用及市场分割，见表2。

表2　拥堵定价的选择

	目前的价格空间		价格空间的改变	
	统一的网络费用	区域差别化的网络费用	市场分割	节点定价
竞争	←←更大的市场←←			
目前稀缺的转换	→→价格反映稀缺→→			
局部稀缺	不考虑网络拥堵	根据预计拥堵而定的网络费用	根据实际拥堵产生的市场费用	
暂时稀缺	当天没有拥堵价格信号转换		转换拥堵价格信号	

2. 区域性差异化的网络费用

可以通过制定区域性差异化的网络费用来为网络拥堵定价。例如，在英国或瑞典，已经实施了进/出费。目标是给网络的使用者提供价格信号，进而使其直接认识到稀缺性。与现有的固定地、网络化地使用系统收费不同，这样的价格对选址会产生影响。在目前的体制下，只有负荷承担着网络基础设施的成本。然而，向电网供电的生产者也会被电力网络的基础设施成本所累。可以向电力生产者收取区域差异化的网络费用（垄断委员会，2013）。在德国采取一项具体设计之前需要进行一次深入的分析。必须分析对市场参与者间竞争的影响、分配效应，以及可能出现的暴利（Frontier Economics und Consentec，2008）。

在德国实际推行的过程中，北部可以向生产者收取较高的费用，向消费者收取较低的费用。南部则向生产者收取较低的费用，向消费者收取较高的费用。生产者可以在进行投资决策的时候考虑不同的网络收费。如果除此之外，投资条件完全一样，选择在网络收费较低的地点投资则是明智之举。

3. 市场分割

另外一个可能性是市场分割。在这个系统中，市场区域被分为几个定价区。伴随着电力交易市场的能源拍卖，电力传输能力得到了分配。这也被称作传输能力的隐性拍卖（德国联邦网络管理局和德国联邦卡特尔局，2012）。而在节点定价系统中，市场被划分为不同的区域。界限是由电网的瓶颈决定的。然而，市场并非完全区域化的，而是在几个关键点分开。如果产能的限制不具有约束力，那么就会出现同样的价格。只有在输电能力有限的情况下，市场参与者才会面临不同的价格。例如，意大利就采用了这样的一种体制。市场分割与市场耦合非常类似，德国和法国就已经采取了市场耦合的方式。

市场分割的一个关键方面是稀缺价格直接在现货市场上，因此网络拥堵就反映在电力价格上。如果系统有足够的电力传输能力，就不会出现不同的价格。相反，再派遣措施只有在通过改变发电厂的使用在现货市场上定价之后才能消除网络拥堵。与节点定价及地区差异化的网络收费相比，市场分割都具有优势。一方面，它防止了对电力市场的根本性改变，而这一改变对节点定价是必需的。更重要的是，市场分割更容易与一个联合的欧洲电力市场兼容。另一方面，市场决定了拥堵的隐含价格。它们反映了拥堵在时间和空间上的波动。它们会马上对拥堵做出反应而不需要监管当局进行耗时的调整。

不同定价区之间的价格差给投资带来激励，而这反过来会消除这些价格差。短期，不同的价格将会防止在电力稀缺的地方常规发电站的退役，在单一价格区无法经济地运营这些发电站。长期来看，没有扭曲的投资激励有助于获得高效而充足的投资，并且可以减少用于保证充足电力生产的额外措施。然而，在设计一个有市场分割的电力系统的时候，要考虑多个方面。从一个经济的角度来看，应该特别分析定价区的竞争强度，以避免可以实施市场的力量（Frontier Economics und Consentec，2011）。

对德国而言，把市场分割为北部和南部是一个选择（垄断委员会，2011）。这样，就可以管理当前的拥堵，并且为投资提供激励。目前，这意味着北部地区的价格将会比南部地区的价格低。可以预期供给和需求的反应，例如对扩张网络的投资，发电站的扩张，需求管理及储存。这些投资是对稀缺价格的反应所引发的，建立在各自当时的和区域的特点上。因此这些信号促进有效投资，避免不必要的扩张和退役，整个系统的效率都会得到提高。

四　结束语

在能源政策的辩论中，促进可再生能源的设计是一个主导性的话题。《可再生能源法》已经促进了大规模使用可再生能源生产电力。虽然起初时促进工具的有效性是起决定作用的，但是现在则需要有成本效率。必须使得可再生能源的推广适应能源转型的雄伟目标，促进德国的电力供应实现碳平衡和可持续。

我们发现一个事实，投资者和生产者并不把他们关于何时何地需要电力的决策当作可再生能源有成本效益地扩张的最大障碍。如果可再生能源的未来发展脱离开对电力的需求，就会出现暂时的和区域性的生产过剩或生产不足。这与一些不必要的成本是相关的，这些成本一部分来自一些为了在生产不足时保证安全供应的额外措施，另一些成本是由其他地方的生产过剩造成的。

我们认为对能源市场的设计应该避免出现不能代表电力和电力网络真实的稀缺性的扭曲价格。未扭曲的价格为高效的投资和生产决策提供基础。把有以交易价格为基础的溢价的可再生能源市场融合和给网络拥堵定价的市场分割结合起来，可以更好地协调不同时间和地区对可再生能源发电站及常规发电站的需求。此外，会产生更好的激励通过短期和长期措施去消除拥堵，这些措施包括投资网络、电网建设，进行需求管理或者储存管理。

这种新的市场设计的可行性也是一个有利因素。市场分割与一个综合的欧洲电力市场是兼容的，并且不需要对电力批发市场做根本性的重组就可以达成。市场分割和市场溢价的基础是一个只有能源的市场。此外，市场溢价可以在现有的《可再生能源法》的基础上开发。技术中性或者根据技术不同制定有所区别的补贴政策是有可能的。可以很容易地调整市场溢价以适应未来发展。此外，网络拥堵的定价，是与其他系统相互兼容的。

以上描述的市场设计可以提高能源体系的效率，并且降低电力供应的经济成本。尽管如此，再分配效应还是会在这一体系中出现。从政治上推行这一新的电力市场的设计必须考虑分配问题。

我们的这一概述主要是集中在效率方面。我们相信具有成本效率的发电给解决分配问题留出了很大空间。

参考文献

[1] Agency for the Cooperation of Energy Regulators（ACER） und Council of European Energy Regulators ASBL（CEER）（2012）：Annual Report on the Results of Monitoring the Internal Electricity and Natural Gas Markets in 2011，Luxemburg.

[2] Amundsen，Eirik，S.，Baldursson，Fridrik，M. und Mortensen，J. B.（2006）：Price Volatility and Banking in Green Certificate Markets. Environmental and Resource Economics 35：259－287.

[3] Arbach，S.，Gerlach，A.－K.，Kühn，P. und Pfaffel，S.（2013）：Entwicklung der Windenergie in Deutschland. Agora Energiewende，Berlin.

[4] Bode，S. und Groscurth，H.（2013）：Wechsel ja，Systemsprung nein-Weiterentwicklung beim EEG. In：Die Zukunft des EEG-Evolution oder Systemwechsel?，Agora Energiewende，Berlin.

[5] Bundesministerium für Wirtschaft und Technologie（2013）：Energiedaten. Ausgewählte Grafiken. Tabelle 22. Letzte Änderung 11. April 2013，Berlin.

[6] Bundesnetzagentur（2012）：Bericht zum Zustand der leitungsgebundenen Energieversorgung im Winter 2011/2012，Bonn.

[7] Bundesnetzagentur（2013a）：Bericht zum Zustand der leitungsgebundenen Energieversorgung im Winter 2012/13，Bonn.

[8] Bundesnetzagentur（2013b）：Kraftwerksliste-Veröffentlichung zum erwarteten Zu-und Rückbau 2013 bis 2015-Stand 22. 07. 2013，Bonn.

[9] Bundesnetzagentur und Bundeskartellamt（2012）：Monitoringbericht 2012，Bonn.

[10] Frontier Economics（2009）：Generator Nodal Pricing-a Review of Theory and Practical Application，Melbourne.

[11] Frontier Economics（2012）：Die Zukunft des EEG-Handlungsoptionen und Reformansätze，London.

[12] Frontier Economics und Consentec（2008）：Notwendigkeit und Ausgestaltung geeigneter Anreize für eine verbrauchsnahe und bedarfsgerechte Errichtung neuer Kraftwerke，London.

[13] Frontier Economics und Consentec (2011): Bedeutung von etablierten nationalen Gebotszonen für die Integration des europäischen Strommarkts-ein Ansatz wohlfahrtsorientierter Beurteilung, London.

[14] Kopp, O. und Schröer, S. (2013): Das Leitsystem erneuerbare Energien: Den Markt fordern statt Interessengruppen fördern. Wirtschaftsdienst 93 (5).

[15] Kopp, O., Bode, S. und Groscurth, H. (2013): Wege in ein wettbewerbliches Strommarktdesign für erneuerbare Energien, Mannheim.

[16] Leuthold, F., Weigt, H. und von Hirschhausen, C. (2008): Efficient pricing for European electricity networks-The theory of nodal pricing applied to feeding-in wind in Germany. Utilities Policy 16 (4): 284 – 291.

[17] Matthes, F. (2013): Vision und Augenmaß. Zur Reform des Flankierungsrahmens für die Stromerzeugung aus Erneuerbaren Energien. In: Die Zukunft des EEG-Evolution oder Systemwechsel?, Agora Energiewende, Berlin.

[18] Monopolkommission (2011): Energie 2011: Wettbewerbsentwicklung mit Licht und Schatten, Sondergutachten 59, Bonn.

[19] Monopolkommission (2013): Energie 2013: Wettbewerb in Zeiten der Energiewende, Sondergutachten 65, Bonn.

[20] Schmidt, C. (2013): Die Zukunft des EEG-Evolution oder Systemwechsel? In: Die Zukunft des EEG-Evolution oder Systemwechsel? Agora Energiewende, Berlin.

[21] Verband kommunaler Unternehmen (2013): Ein zukunftsfähiges Energiemarktdesign für Deutschland, Berlin.

[22] Wawer, T. (2007): Konzepte für ein nationales Engpassmanagement im deutschen übertragungsnetz. ZfE-Zeitschrift für Energiewirtschaft 31 (2): 109 – 116.

B.9

中国光伏产业发展的成就与问题

郭丽琴*

摘　要：

中国的光伏产业主要伴随着欧美的补贴周期，在太阳能光伏的硅片、电池及组建领域的生产端进行补贴，并迅速成长为“两头在外”的全球产能最大的供给方。在金融危机及欧债危机之后，欧洲政府的债务压力加大，随着这些相关国家补贴政策的动摇甚至取消，中国的光伏行业在2011～2012年迎来全行业的洗牌。本文在分析中国光伏产业的发展过程及补贴政策的基础上，提出了利好局面下中国光伏产业存在的问题和面临的挑战：首先是政策的不确定性，导致了年末、年初的抢装带来的数据短期繁荣；其次是在政策层面，需要逐步从补贴企业转向补贴用户；最后在目前的政策下，仍然存在产能过剩和融资问题，产业存在重现无序竞争的隐患。

关键词：

光伏产业　供需失衡　补贴机制

太阳能光伏，是指利用太阳能发电，将太阳能转化成电能的技术。这一产业在传统能源逐渐走向枯竭的大背景下和全球减少碳排放的大目标下蓬勃发展起来。

风能、生物能、太阳能等可再生能源，不仅成为投资界的宠儿，还成为各国争相支持发展的战略目标。为了解决新能源成本高于传统能源的问题，各国

---

* 郭丽琴，《第一财经日报》记者。

普遍采取了补贴的方法。但是，有补贴便有寻租的空间，这就为这个行业的发展埋下了“定时炸弹”。

过去 14 年，中国的光伏产业主要伴随着欧美的补贴周期，在太阳能光伏的硅片、电池及组建领域的生产端进行补贴，并迅速成长为“两头在外”的全球产能最大的供给方。在金融危机及欧债危机之后，欧洲政府的债务压力加大，随着这些相关国家的补贴政策的动摇甚至取消，中国的光伏行业在2011～2012 年迎来全行业的洗牌。

2013 年是中国光伏产业否极泰来的一年，行业在经历了 2011 年和 2012 年的持续亏损之后，终于在 2013 年成功“逆袭”，主要光伏企业的经营状况得到了较大改善。《国务院关于促进光伏产业健康发展的若干意见》（国发〔2013〕24 号）（以下简称《意见》）出台，相关配套文件也相继出台落实，涉案金额最大的中欧光伏贸易纠纷也实现和解。2013 年的装机容量为 8～10GW。最让中国光伏行业兴奋的是，《意见》明确在 2013～2015 年，年均新增光伏发电装机容量 1000 万千瓦左右，到 2015 年总装机容量超过 3500 万千瓦，并首次明确电价和补贴机制及光伏准入门槛。

在这种情况下，各个机构都开始看好光伏行业，并期待新一轮快速发展周期的到来。但是，面对新一轮热潮的冲击，理性的人们需要思考一个问题：在政策市驱动的利好局面下，下一轮大洗牌将会在何时发生？补贴驱动的中国太阳能光伏产业的最终出路又在哪里？本文试图从中国光伏产业的发展过程及补贴政策入手，为未来的发展做个注脚。

一　中国光伏产业第一轮高速发展背后

光伏是太阳能光伏发电系统的简称，它利用太阳电池半导体材料的光伏效应，将辐射能直接转化为电能，有独立运行和并网运行两种方式。由硅材料应用开发形成的产业链条称为光伏产业，包括高纯多晶硅原材料生产、太阳能电池生产、太阳能电池组件生产及相关生产设备的制造等。

中国用了 10 年时间成为世界上太阳能光伏产业发展最快、产量最大的国家。公开数据表明，2002～2011 年，全球光伏产业的年均增长率是 53%，而中国光伏产业的发展则超出人们的想象。2003～2007年，中国光伏产业的年平均增长率为191.3%。中国用不到10年的时间打造了一个世界级的产业。

2003年，我国的太阳能电池产量是12兆瓦，2004年为50兆瓦。而到了2005年，产量猛增到139兆瓦，2006年达到400兆瓦。2007年，中国太阳能电池产量首次达到1088兆瓦，超过日本（920兆瓦）和欧洲（1062.8兆瓦），一跃成为世界上太阳能电池的第一生产大国。同在2007年，我国光伏组件的产量也达到世界第一。据不完全统计，截至2007年底，我国的光伏组件产量达到1717兆瓦，比2006年增长138%。

光伏企业的数量也增长迅猛。据赛迪智库光伏研究所统计，2007年国内从事太阳能电池生产的企业达50余家，硅锭/硅片生产厂家超过70家，光伏组件生产企业共计200多家。目前在全球前十大多晶硅、硅片、电池片和组件企业中，中国分别占据了4席、6席、6席和6席。

即使经历了世界金融危机的“寒冬”，2011年中国的光伏产业仍然势头不减。多晶硅产量达到8.4万吨；太阳能组件产量达到21GW，同比增长100%，占全球总产量的60%；行业总产值超过3000亿元。

与其他“中国制造”的总体结构类似，中国的光伏行业也是一个典型的“两头在外”模式，需要较高技术含量的上游原材料来自进口，下游需求端则主要依赖于向欧美出口。

在这条产业链中，上游多晶硅的提纯制造的技术含量最高，从上往下，生产的技术门槛呈现递减趋势。这些年来，我国多晶硅的产业技术与国际先进水平的差距有所缩小，进口依存度从90%降低到50%，但每年的进口基数仍然比较大，为8万吨。在核心技术领域，我国与国际先进水平的差距依然较大。我国在晶体太阳能电池的后续研发及薄膜太阳能电池的研发等方面与国外存在较大差距，至少落后10年。

然而在一些下游的电池及组件环节，技术含量却低得多。据了解，我国电池生产的工艺和国际水平相当，具有从事企业多、从业门槛低和利润低的特点，且扩产最快、产量最大。而在光伏逆变器生产环节，通过购买图纸、外聘技术指导等方式，就能非常容易地生产出一款产品。

欧洲无疑是中国光伏产品最大的出口地，如果再加上美国，整个欧美市场就占到中国光伏产品出口量的80%以上。而在全球范围内，中国的光伏产品已经垄断其中60%的市场。

欧洲是全球光伏发电的第一大市场，安装量占世界总量的60%以上，表现出巨大的市场需求。在过去5年间，中国光伏产业的产量连续排名世界第一，占据欧洲超过一半的市场。

2011年，中国出口约358亿美元的光伏产品，其中向欧盟出口了总价值210亿欧元（约合265亿美元，1665亿元人民币）的太阳能面板和相关部件，出口量占中国光伏产品出口总量的70%。2012年我国太阳能光伏产品对欧洲的出口额虽然同比下降45%，但仍占我国光伏产品总出口额的一半以上。

由于有无锡尚德等一批太阳能光伏产业的创业神话，光伏企业迅速成为与地方GDP挂钩的优质招商项目，地方政府纷纷给予无偿土地、资金配额、电价补贴等诸多优惠条件。

公开资料显示，江苏省13个地级市均建有光伏产业园，大型光伏企业有20多家，中小企业有几百家。放眼全国，有600多个城市把光伏产业作为战略性新兴产业。而在中国西部地区某些城市，出现了动辄几十平方公里的光伏电站规划用地。据统计，目前国内除了西藏，其他省区都提出过多晶硅的发展规划，且都是千亿工程。

经历了10年高速的产能提升，中国的生产已经远远超出了国际市场的需要。据欧洲光伏工业协会预测，2012年和2013年光伏市场需求为20～40GW。而据赛迪智库光伏研究所的不完全统计，2012年我国156家电池组件企业的太阳能电池产能已超过40GW。供需失衡的必然结果就是产品降价、利润降低、企业倒闭，以及来自欧美的贸易救济措施。这个时期最典型的案例就是，原本受到行业追捧的早期财富神话无锡尚德也面临破产重组的局面。

二　2013年中国光伏产业迎来生死转机

2013年，在对外谈判和对内改革同步启动的大背景下，中国光伏产业度过了产业大洗牌的低潮时期。

在国际谈判方面，经过多轮斡旋，中欧双方在2013年7月27日达成了一致，同意以限定最低价格的方式而非“双反”方式解决中国光伏产品出口欧洲的问题。8月6日，双方关于光伏产品的价格承诺正式实施。

欧洲对我国光伏的双反案件，被认为是中欧迄今为止最大的贸易摩擦、全球涉案金额最大的贸易争端，影响到中国上千家企业的生存和40多万人的就业。此案涉及中国企业200多亿美元的出口，占2012年欧盟对华贸易救济调查案件涉案金额的70%以上。

在国内改革方面，2013年6月14日，李克强主持召开国务院常务会议，定调国内光伏产业的扶持政策，部署支持光伏产业走出困境的6条措施（以下简称“国六条”），从补贴模式、产业布局和电量收购等方面支持光伏产业的发展。7月15日，《国务院关于促进光伏产业健康发展的若干意见》出台，在“国六条”的基础上更加细化，将2015年国内光伏发电装机容量目标在2000万千瓦的基础上上调了75%，提出今后3年将新增装机容量3000万千瓦，并首次明确电价和补贴机制及光伏准入门槛。按此推算，“十二五”期间光伏发电量将是此前目标发电量的2~3倍。

之前在国内市场准入中普遍存在“关系”瓶颈，即如果没有一定的国企背景，进入国内市场将困难重重，这种困难甚至比在美国和欧洲遭遇到的阻力更大。《意见》称，将加强市场监管和行业管理。制定完善并严格实施光伏制造行业的规范条件，规范光伏市场的秩序，促进落后产能退出市场，提高产业发展水平；严格执行光伏电站设备采购、设计监理和工程建设招投标制度，反对不正当竞争，禁止地方保护。

从决策者的角度来说，新能源产业被认为是转变过去依靠污染环境的重化工产业推动经济的最好替代产业；而在新能源领域，仅有太阳能光伏能够占据很大比例的出口与投资，而且已经达到一定规模。这一系列举动，不仅稳定了新能源产业的国际市场，也为国内市场的有序开启找到了市场与空间。

从各种基础数据来看，光伏发电行业从2013年开始再次进入全球规模的扩张期。欧洲光伏产业协会（EPIA）发布的数据显示，2013年全球光伏新增装机容量（速报值）为3700万千瓦，比2012年增加了24%。中国新增容量首次跃居全球首位，包括日本在内的亚洲推高了整体水平。过去一直拉动这一市场的欧洲则连续两年下降，光伏行业“主角”变换的趋势越来越明显。

中国2013年的新增装机容量为1130万千瓦，相当于2012年的3倍，增长速度迅猛。现在，全球30%的新增装机容量集中在中国。中国一国的新增容量就超过了欧洲整体（1025万千瓦）。国家能源局下发通知提出，自2014年起，光伏发电实行年度指导规模管理，并详细披露了光伏装机规划：全年新增备案总规模14GW，其中分布式8GW，光伏电站6GW。

随着中美日内需补贴的开启，德国将被日本、美国和中国超越，让出光伏发电市场首位的“宝座”，今后，世界光伏市场的“火车头”将变为亚洲和美国。

三　欧洲补贴政策发展历程的启示

太阳能光伏产业是一个依靠补贴发展起来的行业，补贴同时也意味着可能滋生泡沫并引发争议，这相当考验政策制定者的智慧。

太阳能发电上网电价补贴政策的普遍规律是，随着时间的推移补贴慢慢减少，这是因为政府实施补贴政策的目的一方面是鼓励投资者投资新能源领域，另一方面是逐渐降低行业的生产成本。因此，政府通过逐年下调补贴数额来推动企业进行技术研发和工艺改进，从而降低生产成本，最终达到能与传统能源相竞争的成本水平。

2005～2007年的快速发展得益于德国和西班牙的补贴。2008年西班牙突然大幅下降补贴，导致需求迅速下滑，2008年全球需求增速回落到17.49%。2009年意大利等国陆续推出补贴政策，欧洲和全球市场重回快速发展轨道。2011年意大利接近补贴总额上限，2012年德国大幅下降补贴，因此2011年和2012年增速回落。

欧盟是碳排放目标最严格的区域，鼓励发展太阳能，通过可再生能源馈电税收返还这项补贴加以支持。区内国家德国、西班牙最早推出了补贴发展太阳能光伏发电的项目。从太阳能资源上看，位处南部欧洲的西班牙光照充足，处于欧洲中部靠北的德国，其年平均日照时间仅为1528小时，只有西班牙的一半左右，但从实际效果来看，德国的产业政策使其成为欧洲乃至全世界公认的太阳能产业领军国家。

德国在该领域探索较早，2000 年德国正式颁布《可再生能源法》（EEG），其核心是建立可再生能源发电的固定上网电价制度，对推动风电、太阳能光伏等可再生能源的发展发挥了决定性的作用。此外，EEG 还建立了可再生能源发电的成本分摊制度，运营商承担可再生能源电厂到电网的接网费用，电网公司负责电网的改造和升级费用，并负责可再生能源上网电量的整体平衡，在全网范围内分摊可再生能源发电的高成本。

德国的光伏发电补贴在终端消费阶段实施，消费者每购买一度电，根据光伏发电量占发电总量的份额折算补贴标准。2012 年，终端消费者购电每千瓦时补贴 0.036 欧元，大约是电价的 15%。

2004 年和 2008 年德国根据产业发展的情况，两次修订了《可再生能源法》，进一步强调可再生能源的经济性，明确提出要在考虑规模效应、技术进步和学习曲线等因素的影响后，逐年减少对可再生能源新建项目的上网电价补贴，促进可再生能源市场竞争能力的提高。

2012 年 1 月 1 日，德国再次修改《可再生能源法》，提出到 2020 年，35% 以上的电力消费必须来自可再生能源，到 2030 年 50% 以上的电力消费必须来自可再生能源，到 2050 年 80% 以上的电力消费必须来自可再生能源。

与此相对应的，西班牙的补贴政策则提供了一些教训。这与经济实力有关，也与政策设计有关。在经济实力方面，德国的经济总量几乎是西班牙的 4 倍，在整个欧洲是经济稳定增长的“磐石”。在政策方面，西班牙在 21 世纪初采取了与德国一样的针对新能源行业的补贴政策，2007 年夏天达到高峰，西班牙当时出台了在欧盟各国中最为优厚的太阳能补贴政策，每度电高达 58 美分，而且几乎没有什么附加条件。由于补贴金额过高，吸引了大量投资，成长之快让西班牙政府始料未及。2008 年西班牙太阳能发电装机数量占到全球总量的一半。尽管西班牙曾计划到 2012 年实现太阳能发电达 400 兆瓦，但事实上，到 2007 年这一目标就已经提前实现了。2008 年，西班牙 2500 兆瓦太阳能电力实现并网。

高额的补贴吸引了大量投机者。世界各地的投资商纷纷来到西班牙建设太阳能电站，甚至连生物学家也加入了这一行业。于是，即便最没有效率、设计粗糙的电站也能获得利润。由于设计不良或者所在地光照不足等，许多仓促建立的太阳能电站根本无法与传统电厂进行竞争。欧洲能源监管机构的数据显示，西班牙 2009 年消费者能源补贴费用上升至 60 亿欧元，甚至高于德国的 56 亿欧元。

由于对所吸引投资规模的估计不足，西班牙政府完全没预料到会支出如此高额的补贴。加上 2008 年金融危机爆发以来，整个欧洲的经济一片萧条，西班牙也难以幸免。为了减少财政赤字，西班牙政府决定削减高达数百亿美元的可再生能源补贴，而其中大部分补贴都用于太阳能产业。

从 2009 年 9 月开始，西班牙政府连续 4 次减少了对新能源的补贴，并于 2012 年 1 月 27 日宣布不再为新项目提供补贴。根据安永会计师事务所的统计，西班牙在随后第 2 个月就从十大最有吸引力新能源市场排名榜上落榜。

吸取了西班牙的教训之后，其他国家设定的补贴更低，同时对太阳能电站的建设实行了更严格的标准。

但即便是政策效果看起来最好的德国，目前也已经加大了补贴的下调幅度。德国总理默克尔表示，在她的任期内，最首要的目标就是使德国的清洁能源产业现代化，也就是削减德国的能源转型成本。由于高额的可再生能源补贴大多转嫁到了消费者的电费账单上，德国的家庭电力成本目前在欧盟排名第二高，仅次于丹麦。

在政府减小扶持力度的背景下，德国光伏面板的价格不断下滑，新增投资停滞不前，新增装机容量减少至 330 万千瓦，不到原来的一半，排名也从 2012 年的全球第一滑出前三。

目前，欧洲以外的新兴市场快速发展，欧洲所占的比重已从最高峰的 83% 回落到 73.96%。2013 年欧洲的新增装机容量则减少了 42%。美国、中国、日本等国家刚开始进入第一阶段即需求驱动时期，欧洲等传统市场所占比重下滑的趋势仍将继续，全球市场完成结构性变化后将进入一轮新的发展周期。

四　利好局面下中国光伏产业存在的问题及面临的挑战

虽然从数据上看，目前国内光伏行业走势良好，但是企业间的竞争正日趋激烈。2012 年 3 月 7 日，光伏面板巨头上海超日太阳能科技公司未能在约定期限内支付公司债利息，引发了资本市场一系列的负面反应。这个案例表明，即便在扩大的市场规模下，企业生存依然不易。

首先是政策的不确定性，导致了年末、年初的抢装带来的数据短期繁荣。

全球光伏季度装机量最近几年一直呈现出“两头粗、中间细”的发展曲线，这完全是由政策调整导致的。年初，各国纷纷调整光伏补贴幅度，引发企业“抢装”。以希腊为例，希腊 2013 年第一季度的光伏装机量为 801MW，第二季度骤降至 153MW。而每到年底，部分国家因为既定目标未完成，又纷纷调整刺激政策，再次造成“抢装现象”。而中国，则在 2013 年中旬决定延续 1.15 元/kWh 的补贴政策至年底，使得第三和第四季度的光伏装机量达到了 5GW。

其次在政策层面，需要逐步从补贴企业转向补贴用户。

欧美国家对光伏产业的补贴主要是对用户的补贴。2000 年德国颁布了《可再生能源法》，其主要特点之一是“固定上网电价”政策，电网公司必须全额收购光伏发电的上网电量。日本的政策倾斜，也体现为给用户补贴。

在中国，针对光伏产业的补贴侧重在生产制造环节。2009 年开始实行的金太阳示范工程就是这个阶段的典型，财政部、科技部、能源局联合发布的《关于实施金太阳示范工程的通知》规定，光伏电站项目按工程投资（约 29 元/瓦）的 50% 给予国家补助，偏远无电地区的独立光伏发电系统，则按投资的 70% 给予补助。

之后，经历了统一价格的“度电补贴”时期。2011 年 7 月前核准建设、年底前建成投产且尚未定价的光伏项目，上网电价为 1.15 元/kWh（含税），7 月及以后核准的，以及 7 月之前核准但截至年底仍未建成投产的太阳能光伏发电项目，除西藏地区仍执行 1.15 元/kWh 的上网电价外，其余省（区、市）的上网电价均按 1 元/kWh 执行。

2013 年 8 月 30 日，国家发改委下发了《关于发挥价格杠杆作用促进光伏产业健康发展的通知》，该通知明确新的地面电站三类电价补贴根据光资源优劣分别为 0.9 元/kWh、0.95 元/kWh 和 1 元/kWh，分布式光伏发电项目补贴 0.42 元/kWh。

此次国家发改委出台的补贴政策，是鼓励实际发电，所以按照实际发电量进行补贴。此外，电站补贴由全国统一价变为三类地区不同价格，使补贴更为合理。通知同时指出，分区标杆上网电价政策适用于2013年9月1日后备案（核准），以及9月1日前备案（核准）但于2014年1月1日及以后投运的光伏电站项目，电价补贴标准适用于除享受中央财政投资补贴之外的分布式光伏发电项目。标杆上网电价和电价补贴标准的执行期限原则上为20年。

而随着新的补贴政策的出炉，“金太阳”也开始正式退出历史舞台。就在2013年12月下旬，财政部公布了《关于清算2012年金太阳和光电建筑应用示范项目的通知》，该通知规定，2012年金太阳示范项目在2013年12月31日（含）前完成并网发电的金太阳项目，补贴由原补助标准5.5元/kWh降低至5元/kWh。在2013年6月30日（含）前完成并网发电的，按原补助标准5.5元/kWh进行清算。2014年6月30日（含）前完成并网发电的，补助标准按4元/kWh进行清算。此外，对2012年获批的金太阳项目，如不能在2014年6月30日前并网发电，将被取消示范项目资格并收回已拨补贴资金。

笔者了解到，给发电企业发放“度电补贴”的模式，本身就有一些不严谨。因为发电企业对每度电的成本都是通过贴现核算的，因此很难保证成本准确。此外，由于中国居民居住密度高，核心区域设备用地成本较高，因此很多业内人士建议，可以在中国用电密集的工业园区建设光伏项目，补贴则发给在园区内用电的企业。

但在目前的政策下，依然有如下问题需要解决：

在内需方面，由于电网建设的规划尚未出台，且电站审批权下放，地方政府为追求本地利益最大化，滥批乱批电站建设，可能导致光伏电站建设与电网建设不协调，滋生限电弃光等问题。此外，分布式发电商业模式尚未成熟，潜在风险点较多，规模化推广的阻力仍较大。

另外，光伏产业经历了上一轮洗牌，引发了约2000亿元的银行坏账。金融机构目前对此继续投入的动力不大。由于建立光伏电站是需要大笔资金投入的，因此，如何解决融资问题，且保证不会一放就乱，依然考验政策制定者的智慧。

对投资者及资本市场来说，太阳能光伏企业的债务违约问题，伴随着中国经济的整体增速下滑，成为需重点关注的问题。可能会有越来越多的太阳能企业因为缺乏持续的现金流而开始破产。

因此，结合国际市场状况，目前最重要的问题依然是产能过剩。调研显示，仅在新疆境内，就有多达110个总容量为1.2GW的光伏地面电站在抢装，以赶在2013年底前实现并网，从而拿到1元/kWh的电价补贴。

但市场需求仍然不容乐观，国外主要市场如欧洲市场正在萎缩，且对我国光伏企业有“限价、限量”约束；日本市场则由于补贴过高，政府负担较重，随时可能“刹车”；美国能源丰富，页岩气发展火热，光伏市场潜力有限，且有“双反”副作用；新兴市场如印度、南非等则存在较大不确定性；而国内市场则可能融资难等问题面临扩容难题。

因此从供需关系来看，仍然有可能出现前两年供过于求的局面，产业存在重现无序竞争的隐患。

五　结束语

在一个政策补贴的市场上，政策制定者和企业往往容易被短暂的繁荣所蒙蔽，而失去长远、理性的判断。从笔者实地采访的结果来看，几乎所有机构及行业都看好中国市场的原因是，中国的各类规划都指向光伏装机容量。但是，如果不能在海外需求日益萎缩的大环境下，切实扩大国内需求，则前几年的噩梦将会重现。幸好，2000亿元人民币的总体坏账规模还算是在可控范围内。现在也是一个良好的调整时期，因为内、外的压力稍有缓和，如果下决心改制，则负面效应应该不至于带来全行业的萧条。具体来说，首先，需要认真研究上一轮欧洲各国补贴的经验及教训，将补贴逐步从电站建设端和面板生产端转向发电消费端，或者向日本学习，从补贴转为根据发电及用电情况抵扣税等；其次，需要研究如何在风险可控的情况下，推进民间资本和金融创新进入电站领域，实现一举两得，即既建设了电站，又使社会闲散资金获得更高的回报；再次，政府在电站修建的过程中，需要与大的贸易伙伴磋商、谈判，保证海外市场的稳定，还需要从整体上规划并投资电网及输电线路这些配套的基础设施，并通过规划打破地方保护主义；最后，探索符合中国国情的分布式发电模式，比如建设工业园区，补贴那些园区内用电的企业。

参考文献

[1]《深度剖析：光伏产业十年发展历程》，http：//news. jc001. cn/13/0909/754984. html。

[2]《李克强经济外交首战告捷：中欧光伏价格承诺今起实施》，http：//finance. sina. com. cn/chanjing/cyxw/20130806/013016352571. shtml。

[3] 国家发展和改革委员会：《关于发挥价格杠杆作用促进光伏产业健康发展的通知》，http：//www. sdpc. gov. cn/zcfb/zcfbtz/201308/t20130830_ 556000. html。

[4] 国家发展和改革委员会《关于调整可再生能源电价附加标准与环保电价有关事项的通知》，http：//www. sdpc. gov. cn/zcfb/zcfbtz/201308/t20130830_ 556008. html。

[5]《扭曲的“金太阳”工程，史上最强光伏产业扶持政策遭遇质疑》，http：//www. infzm. com/content/42950。

[6]《2014 年中国光伏产业发展形势分析展望（附表）》，http：//solar. ofweek. com/2013 - 12/ART - 260006 - 8420 - 28758557. html。

[7] 日信证券研究所：《配电自动化、光伏是重点——电力设备及新能源行业 2014 年年度投资策略》，2013 年 12 月 25 日。

[8]《德国可再生能源发展的政策环境、主要成就及其启示》，http：//www. mofcom. gov. cn/aarticle/i/dxfw/jlyd/200912/20091206656298. html。

[9] 刘非、梁瑞芳、陈晨：《新能源，繁荣背后的“囧”境》，《中国高新区》2011 年第 7 期。

[10]《中央将回收“光说不练”光伏企业补贴资金》，http：//www. esmchina. com/ART_ 8800129765_ 1400_ 2902_ 0_ 0_ fdc60187 - 02. HTM。

[11] “Solar Industry Learns Lessons in Spanish' Sun，” http：//club. topsage. com/thread - 595868 - 1 - 1. html.

[12]《政策助力光伏回暖　融资困境亟待突破》，http：//finance. sina. com. cn/stock/hyyj/20140314/013218502567. shtml。

[13]《光伏电价补贴年底到期　西部上百个电站抢装上马》，http：//finance. sina. com. cn/chanjing/cyxw/20131022/025417063256. shtml。

[14]《中美日将取代德国成为全球光伏市场火车头》，http：//www. chinairn. com/news/20140116/170317286. html。

[15]《中国新增光伏发电装机容量超过整个欧洲》，http：//www. esmchina. com/ART_ 8800129725_ 1400_ 2902_ 0_ 0_ d659bf0e. HTM。

[16]《一季度多国纷纷下调光伏补贴》，http：//guangfu. bjx. com. cn/news/20140219/491761. shtml。

[17]《商务部进出口公平贸易局负责人就美对华光伏产品再次启动双反调查发表谈话》，http：//www. mofcom. gov. cn/article/ae/ai/201401/20140100473847. shtml。

[18]《美商务部推迟对华晶体硅光伏产品反补贴调查初裁时间》，http：//gpj. mofcom. gov. cn/article/cx/cn/201403/20140300514706. shtml。

[19]《债务违约令中国太阳能前景堪忧》，http：//world. tianhenet. com. cn/w514070 - 1. html。

B.10

中国风电产业发展的成就与问题

张峻极*

摘　要：

早在20世纪70年代中期，我国风能资源的开发利用就纳入了国家“六五”重点项目，风电产业开始起步。10多年来，我国风电产业的发展形势喜人，在“十一五”和“十二五”时期，我国出台了多项政策措施，积极推进技术创新，大规模开发利用风能资源，取得了显著成效：风电装机容量和并网容量持续迅猛增长；风电产业的发展促进了我国电源结构的持续优化；风电技术装备接近世界领先水平；风电价格机制不断完善；风电产业发展成为新的经济增长点；风电产业有效促进了低碳经济发展。然而，近年来风电产业数量上的快速扩张与整体软环境的滞后形成了鲜明的对比，暴露出不少发展中的问题：风电消纳难度加大，弃风限电现象频繁，运行管理方式粗放，产能过剩和价格战明显，技术水平提升放缓，价格补贴和税收政策落实不到位等。

关键词：

风电产业　风能资源　风电技术

风能是地球表面大气流动所形成的绿色资源。2006年，我国在实施《可再生能源法》后，新能源持续快速发展，特别是风力发电，呈现出超常规、大跨度的迅猛发展态势，成长为关系我国能源生产和消费革命的战略性新兴产业。

---

* 张峻极，国家能源局高级经济师。

一　我国风电产业发展概况

（一）我国的风能资源

我国地处亚洲东部和太平洋西海岸，大陆季风性气候影响明显，风能资源十分丰富。2007 年我国第三次风能资源的普查结果表明，陆地可开发 6 亿～10 亿千瓦，海上可开发 1 亿～2 亿千瓦，综合来看，可开发风能总量约 7 亿～12 亿千瓦。[①] 与全球风电大国相比，我国风电资源接近美国，与东亚、南亚等区域总量相当，高于印度、德国、西班牙等国，风能是我国新能源的重要组成部分。我国各地区的风能资源分布情况见图 1。

我国陆上的风能资源集中在西北、东北和西南地区，约占全国的 80%，

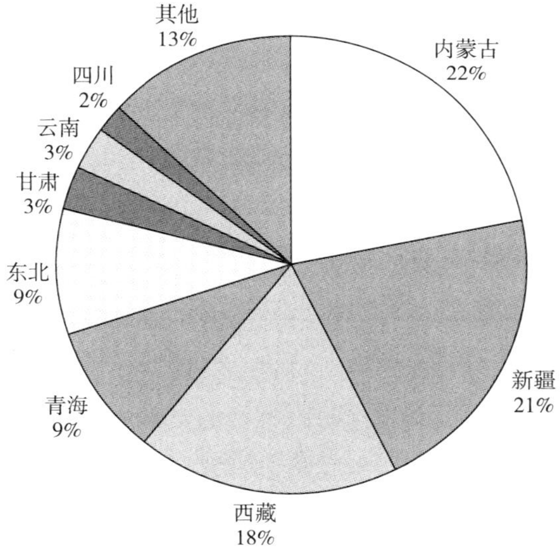

图 1　我国各地区风能资源分布图

资料来源：于建辉《我国风力发电的开发现状综述》，《电力学报》2013 年第 5 期。

① 施鹏飞：《2007 年中国并网风电迅猛发展》，《中国科技投资》2008 年第 4 期。

多数处于电网末端，远离电力负荷中心，这种分布特性决定了风电产业大规模集中开发、远距离输送和消纳的基本发展态势。我国海上的风能资源主要分布在江苏、渤海湾和北部湾的近海区域，近年来海上风电开发进入起步阶段，技术和装备水平不断取得突破。

（二）我国风电产业发展状况

1. 全球风电发展状况

20 世纪 80 年代以来，世界各国竞相开发风力发电，风电装机容量迅猛增长，从 1980 年的 1 万千瓦猛增到 2013 年的 3. 18 亿千瓦，1. 5 ~3MW 风力机成为主力机型，欧洲已批量生产 3. 6MW 风力机，美国研制出 7MW 风力机，英国正研制 10MW 风力机。2000 ~2013 年，全球风电装机容量每年以 25% 以上的速度增长，截至 2013 年底，全球累计风电装机容量位居前 5 名的国家是：中国（9142 万千瓦，占 29%）、美国（6109 万千瓦，占 19%）、德国（3425 万千瓦，占 11%）、西班牙（2775 万千瓦，占 9%）和印度（1860 万千瓦，占 6%）。5 个国家合计占全球总量的 74%。2010 年，中国风电装机容量首次超过美国，成为世界第一，此后一直遥遥领先。世界及部分国家的累计风电装机容量情况见表 1。

表 1　部分国家及世界累计风电装机容量

单位：万千瓦

	2005	2006	2007	2008	2009	2010	2011	2012	2013
世　界	5940	7431	9401	12100	15874	19439	23767	28259	31813
中　国	126	259	588	1221	2581	4229	6236	7532	9142
美　国	918	1164	1688	2517	3509	4018	4692	6001	6109
德　国	1845	2065	2228	2390	2578	2721	2906	3131	3425
西班牙	1003	1161	1471	1675	1916	2068	2167	2280	2775
印　度	439	623	785	965	1093	1307	1608	1842	1860

资料来源：世界风能协会《全球风能报告》。另，与英国石油公司（BP）《世界能源统计评论》提供的数据有一些差别，但趋势一致。

当前，全球新能源占能源消费总量的比重已超过 14%，欧洲风电占其电力供应总量的 6%，丹麦占 28%，西班牙占 16%。欧洲提出 2020 年风电装机达到2.3亿千瓦，德国提出2020年可再生能源发电占到电力消费35%，其中50%来自风电。欧洲风能协会在2013年年会上预测，到2050年，风能将满足欧洲一半的电力供应需求，从2020年起，风能将成为成本最低的可再生能源。

2. 我国风电产业发展状况

早在20世纪70年代中期，我国风能资源的开发利用就纳入了国家“六五”重点项目，风电产业开始起步。1986年，山东荣成建成第一个风电场，安装了3台55千瓦风电机组。进入新千年后，我国风电产业快速起飞。2001年，风电装机容量达41万千瓦，并网容量达40万千瓦，到2013年，风电装机容量达到9142万千瓦，并网容量达到7716万千瓦，10多年间分别增长了222倍和192倍。2001年风电发电量达到8000万千瓦时，2013年则超过了1600亿千瓦时，增长近2000倍。2001年风电装机容量占全口径总装机容量的比重仅为0.12%，2013年则超过了6%，预计2014年将超过8%（见图2）。10多年来，我国风电产业的发展形势喜人，在促进国家能源结构战略性调整和低碳经济发展中发挥了越来越重要的作用。

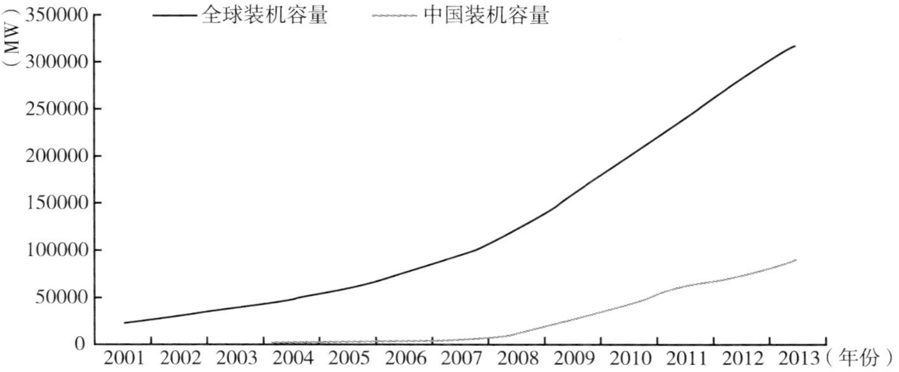

图2　2001～2013年全球与我国风电装机容量情况

资料来源：王茜、杨文娟《中国风电发展历程及相关建议》，《产业》2013年第6期。

如表2所示，我国风电产业快速发展，不断突破既定规划目标。[①] 2010年，我国将2015年风电发展规模目标调整为1亿千瓦，2020年达到1.5亿千

① 王茜、杨文娟：《中国风电发展历程及相关建议》，《产业》2013年第6期。

瓦，按目前的发展速度，预计2014年就将突破1亿千瓦，到2020年将达到2亿~3亿千瓦，2030年将超过4亿千瓦，在我国电源结构中占到15%的比重，占全球风电装机容量的30%左右，风电无论在我国能源结构中还是在全球风电发展中都将扮演关键角色。

表2 2007年以来风电发展规划目标与实际情况

	目标	实际完成
2007	我国《可再生能源中长期发展规划》的目标为:2010年装机容量达到500万千瓦,2020年达到3000万千瓦	2007年超过500万千瓦,2010年已经达到4229万千瓦
2008	我国《可再生能源发展"十一五"规划》的目标为:2010年装机容量达到1000万千瓦	2008年已达到1221万千瓦
2009	我国在新能源发展规划中的目标为:2020年装机容量达到7500万千瓦	2012年已达到7532万千瓦

二 风电产业发展的基本成就

作为对低碳经济发展具有突出贡献及在自然界存在巨大储备的新型可再生清洁能源，我国将风电开发利用作为国家发展战略的重要内容，在"十一五"和"十二五"时期，出台了多项政策措施，积极推进技术创新，大规模开发利用风能资源，取得了显著成效。

（一）风电装机容量和并网容量持续迅猛增长

2006年以来，风电产业持续高速发展，装机规模的增长速度平均接近100%。2008年风电装机容量达到1221万千瓦，跃居亚洲第一，世界第四，成为世界上风电装机增速最快的国家之一①。2011年，全国并网运行的风力发电场达到486座，装机容量4780万千瓦②。2012年，全国共建成1200多个风

① 《可再生能源发展"十一五"规划》：到2010年，风电总装机容量达到1000万千瓦。摘自国家发展和改革委员会《可再生能源发展"十一五"规划》，2007年3月印发。

② 《风电安全监管报告（2011年）》，原国家电力监管委员会网站。

电场，仅东北、西北、华北“三北”地区的风电装机容量就达6426万千瓦。截至2013年底，全国累计装机容量达到9142万千瓦，居世界第一位。2001年以来，伴随着风电装机容量大规模的快速发展，风电并网容量相应提高，其中，2013年并网容量达到7716万千瓦，占风电累计装机容量的84%。13年间，装机容量平均增长速度为67%，并网容量平均增长速度则达到59%。2006～2013年，全国风电平均利用小时数为2003小时。2006年发电量近40亿千瓦时，占全国总发电量的0.14%，2013年超过1600亿千瓦时，占全国总发电量的3.1%，发电量增长了30多倍①。

截至2013年，风电装机容量超过百万千瓦的省区达到16个。内蒙古自治区首家突破百万千瓦，2013年并网装机容量达到1833万千瓦，占全国并网风电装机容量的20.2%，居全国首位。2013年，新疆风电呈现“井喷”之势，装机容量从2012年的200万千瓦攀升至506万千瓦，一年增长1倍多（见表3）。

表3　2013年累计风电并网容量前十名省区

单位：万千瓦

	并网容量			并网容量	
	累　计	新　增		累　计	新　增
内蒙古	1833	163	山　东	502	108
河　北	775	68	黑龙江	386	66
甘　肃	703	69	吉　林	377	48
辽　宁	565	94	山　西	347	120
新　疆	506	244			

资料来源：赵坤《风电装机年内将超9000万千瓦》，《中国电力报》2014年3月4日第1版。

（二）风电产业发展促进了我国电源结构持续优化

从全国装机结构的变化来看，2001～2013年，火电保持了平稳较快增长，个别年份出现波动；水电保持了平稳增长，风电显著提高。2001年，全国发电装机总量达33849万千瓦，水电占24.5%，火电占74.8%，并网风电的比

① 根据原国家电力监管委员会《风电安全监管报告（2011年）》、中国能源网2014年新闻报道和《中国能源发展报告（2012）》（社会科学文献出版社，2012）的相关数据进行计算。

重仅为0.12%[①]。2012年火电比重下降到71%，水电比重平稳保持在22%，而风电比重则上升到5%以上[②]。2013年，全国发电装机总量超过12.47亿千瓦，其中，水电所占比重继续保持在22%，火电所占比重接近70%，并网风电比重则上升到6%[③]（见图3和图4）。

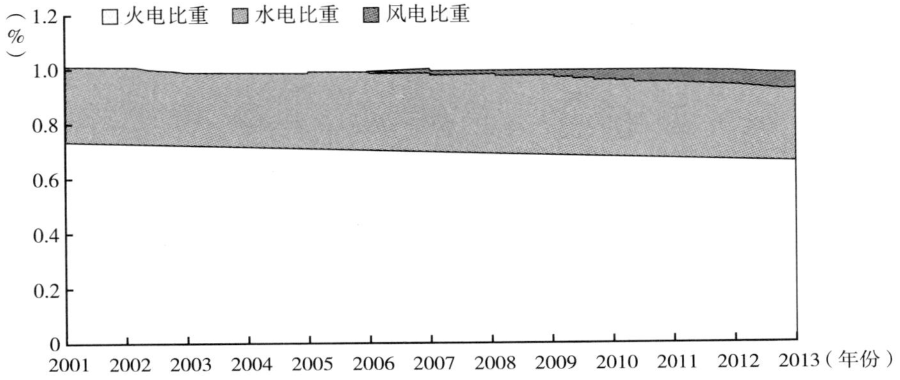

图3　2001～2013年发电装机结构变化情况

（三）风电技术装备接近世界领先水平

近年来，通过一系列国家支持政策、科技攻关和技术引进，我国风电装备的技术水平进步快速，设备制造能力显著增强，基本掌握了兆瓦级风电机组的制造技术，国产设备市场占有率超过70%，形成了比较齐全的产业链，在整机技术和主要部件如叶片、齿轮箱、发电机和控制系统等方面已接近国外主流产品的技术水平。

我国风电机组单机容量持续提高，1MW和2MW风电机组成为主力机

---

① 中国电力企业联合会编《电力工业统计资料汇编》。

② 《中国电力规划》，中国水利水电出版社，2007；张海鱼：《中国经济增长与电力投资》，中国经济出版社，2005；《2007年电力行业节能减排情况报告》，原国家电监会网站；国家能源局《能源数据手册2013》。

③ 见中央政府门户网站（www.gov.cn）2014年2月10日新闻。发电装机容量，又称发电设备容量，受统计口径、并网时点确认等因素影响，发电装机容量和增长率在不同文献中存在一定差异。

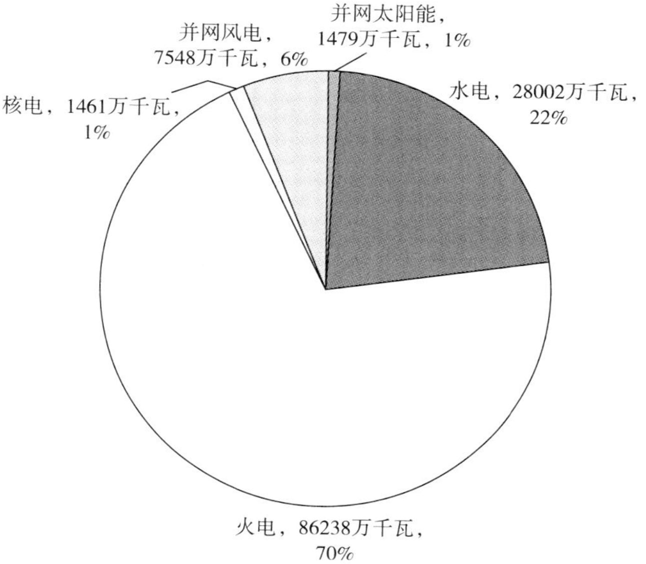

图4　2013年装机结构情况

型，3MW机组开始批量生产运行，5MW机组实现商品化，6MW机组样机已经下线。2010年以来，我国风电整机总产能达到3000万千瓦，多种类型的机组出口到十多个国家和地区。2013年，我国出口风电机组338台总容量65万千瓦，出口扩展到美国、意大利、澳大利亚等21个国家和地区①。

我国风电机组技术普遍采用变桨变速技术，并结合国情研制了适应低温、高海拔、抗风沙、抗盐雾等技术，具有一定综合竞争优势。我国的永磁直驱型风电机组已批量进入市场，大容量半直驱永磁技术风电机组研究逐渐起步。综合考虑风电机组、电气设备特性和系统拓扑结构的风电场集成技术逐步开展，风电场资源评估、微观选址和功率预测等方面的研究不断深入。

我国自主研发了一系列海上风电场设计、施工技术，研制了一批专用的海上风电施工机械装备，多台3MW机组投入试运行。目前，国电联合动力技术有限公司开发出拥有自主知识产权的6MW海上风机双馈异步风力发电

①《2013年风电产业继续保持平衡较快发展势头》，国家能源局网站，2014年3月6日。

机；华锐风电正在建造全球首台、功率等级最大的10MW级超大型海上风电机组①。

（四）风电价格机制不断完善

随着风电产业和市场的演进，我国不断完善价格机制，引导风电产业健康有序发展。在20世纪90年代初至1998年的风电发展初期，我国依照当地燃煤机组发电上网价格确定风电上网电价。在1998～2003年的起飞时期，风电上网电价转为由各地价格主管部门部分批准，最低价格由竞争电价确定，最高电价达到1.2元/千瓦时。从2003年开始，我国推行风电价格双轨制，即由特许权招标形成的招标电价和传统的审批电价共同组成。2006年以来，在《可再生能源法》颁布后，风电价格通过市场公开招标产生，电价标准由招标电价结果确定。2009年，我国以四类风能资源区划分，相应制定了0.51元/千瓦时、0.54元/千瓦时、0.58元/千瓦时和0.61元/千瓦时的标杆上网电价②。从初期的无序竞争、缓慢发展，到形成当前的标杆电价，价格机制的及时完善促进了风电产业的快速成长。

（五）风电产业发展成为新的经济增长点

2001年以来，风电产业成为能源领域新的经济增长点，五大电力集团及部分大型国有企业大规模投资风电，不少地方企业也纷纷参与，投资额大幅增长。2010年投资额突破1000亿元，占电源总投资的比重达到历史最高点，为26.2%。2011年以来，受并网限制、产能过剩及国外“双反”贸易战等因素影响，风电投资增速减缓。2013年，风电投资额为631亿元，同比小幅增长3.95%，占电源总投资的比重达到17%（见图5）。

目前，我国已成为全球最大的风电市场和风力发电机组制造基地，涌现出多家具备同国际一流风电企业同台竞争的能力的企业，华锐电力、金风科技、东方电气、联合动力4家企业进入全球风电机组销量前十名。2012年，中国国电集团龙

① 于建辉：《我国风力发电的开发现状综述》，《电力学报》2013年第5期。

② 谭忠富等：《中国风电发展综述》，《华北电力大学学报》2013年第2期。

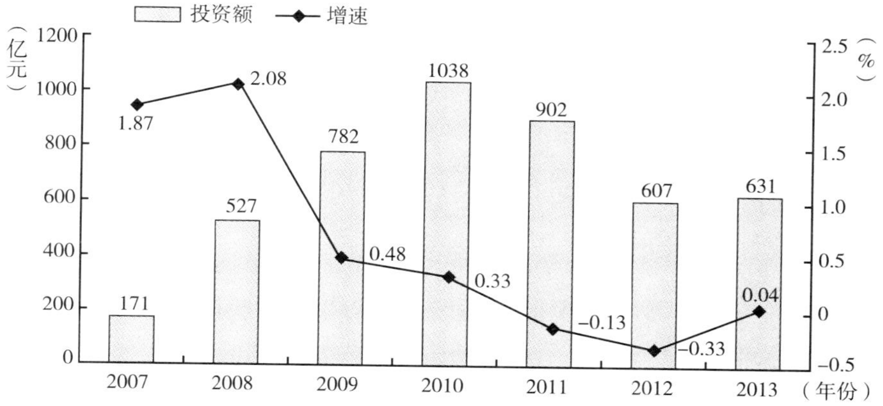

图 5　2007～2013 年风电投资额及增速情况

源电力风电装机容量迈入千万千瓦时代，风电控股装机容量达到 1054 万千瓦，位居亚洲第一，世界第二，预计 2014 年将成为全球最大的风电运营商①。

（六）风电产业有效促进了低碳经济发展

从 2001 年到 2013 年，按照平均利用小时数 2000 小时，风电发电量累计达到 5018 亿千瓦时，减排二氧化碳达到 4. 3785 亿吨②。如果按照当前全国最高供电负荷的 15% 来接纳风电，在“十二五”期末，全国电网可接纳风电 1. 5 亿千瓦，年发电量可达 3680 亿千瓦时，节省原煤 2. 8 亿吨，将减少排放二氧化碳 4. 6 亿吨③。我国向世界承诺，到 2020 年单位国内生产总值二氧化碳排放量比 2005 年下降 40% ～45%，要实现这一目标，发展风电是当务之急。

三　风电产业发展存在的突出问题

近年来，风电产业数量上的快速扩张与整体软环境的滞后形成了突出的矛

① 于建辉：《我国风力发电的开发现状综述》，《电力学报》，2013 年第 5 期。

② 据研究测算，发电量 1 千瓦时标准煤耗相当于 0. 35 千克标准煤，每节约 1 千克标准煤相当于减排 2. 493 千克二氧化碳，文中以此标准进行测算。

③ 《光明日报》2010 年 1 月 13 日。

盾，暴露出不少发展中的问题：风电消纳难度加大，弃风限电现象频繁，运行管理水平粗放，产能过剩和价格战明显，技术水平提升放缓，价格补贴和税收政策落实不到位等。

（一）风电并网缺口呈扩大趋势，弃风和限电并存

在风电快速发展的同时，部分地区暴露出明显的结构性矛盾，风电送出通道容量不够，就地消纳普遍不足，风电装机容量与并网容量之间的缺口呈扩大趋势，弃风和限电现象严重。2006～2010年，全国风电装机容量与并网容量之间的缺口迅速扩大，尽管2011年以来缺口趋势变得平稳，但因基数变大，缺口也连续超过了1400万千瓦（见图6）。

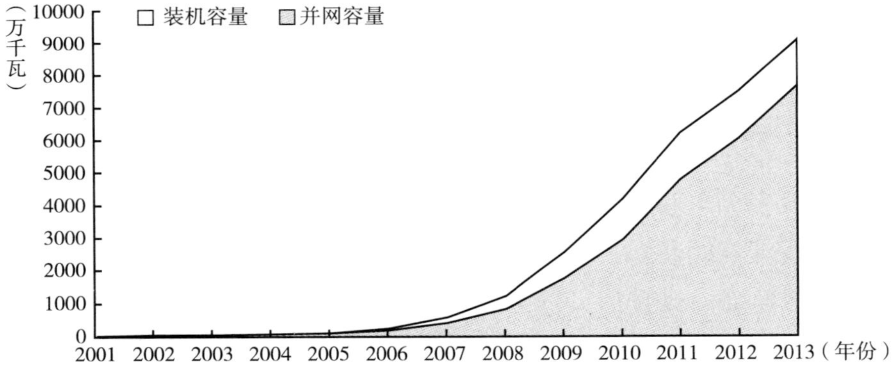

图6　风电装机与并网容量缺口情况（黑色部分为缺口）

2011年东北、西北地区弃风现象呈现频繁和常态化，最低限电比不低于10%，最高限电比则超过了50%，全年限电和弃风量超过100亿千瓦时，相当于损耗330万吨标准煤，或排放1000万吨二氧化碳[①]。2012年全国弃风电量约200亿千瓦时，比2011年翻了一番。2013年，全国平均弃风率仍为11%，弃风电量约176亿千瓦时。

---

① 吕强强、郭丹：《我国风电发展现状综述》，《电气时代》2013年第4期。

（二）风电运行体系尚需完善，管理水平亟待提高

当前，适合我国风电场特点的运行监控、调度管理、检修维护、技术服务等一整套专业化管理体系尚在建设完善之中，风电机组低电压穿越能力改造技术难度较大，多数风电场无功补偿装置不符合技术和监管要求，一些风电场甚至未安装无功补偿装置，大部分风电场尚未建立风电功率预测系统，上报调度的风电出力预报数据和实际数据误差较大，给风电调度管理带来巨大压力。2011 年前 8 个月全国就发生 193 起风电脱网事故，其中大规模脱网事故（一次损失风电出力 50 万千瓦以上）由 2010 年的 1 起增加到 12 起，尤以甘肃酒泉和河北张家口风机脱网事故较为严重，10 多家风电场脱网率达到 100%①。事故的发生不仅造成了风电的损失，带来了资源浪费和经济浪费，更影响了社会公众对风电发展前景的信心。

（三）风电设备产能过剩，价格战迹象明显

从 2010 年开始，我国风电设备制造业就开始艰难消化产能过剩问题。2011 年，我国风电设备的产能达到 3000 万千瓦，而国内新增风机装机容量仅为 1800 万千瓦，40% 以上的国产设备产能处于闲置状态②。以 2011 年产能为参照，2012 年产能过剩率超过 55%，2013 年接近 50%。风电设备产能过剩严重浪费了社会资源，影响了电力行业经济增长方式的转变和结构的战略性调整。在产能难以消化的情况下，一些自身资金短缺、缺乏技术优势的中小企业面临开工不足甚至陷入破产困境。为消化过剩产能，风电设备企业发起了价格战，风电设备价格不断下降：2006 年，1.5MW 风机价格为 6500 元/千瓦，2012 年则降为 3800 元/千瓦，降幅几乎达 42%。价格战降低了企业的盈利能力，压缩了利润空间，企业持续发展举步维艰。虽然国家政策层面上要求金融机构加大对风电产业的信贷支持力度，但风电项目贷款金额大、还款周期长，金融机构承担着高风险，面临风电设备产能过剩的严峻现实，风

① 刘梅娟：《中国风能利用现状、制约因素及未来发展》，《资源与环境》2013 年第 29 期。

② 李伟、张宏图：《要风“盛”，不要风“剩”》，《科技导报》2013 年第 31 期。

电产业的信用贷款受到严格限制。1996 年以来国内风电机组市场价格状况见图 7。

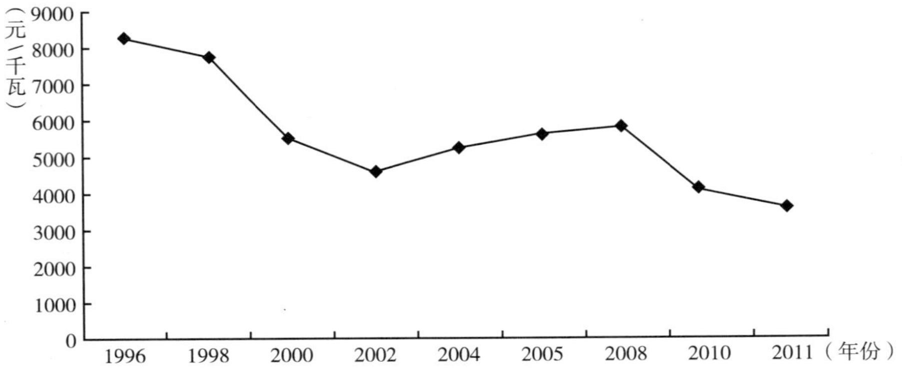

图 7　1996 年以来国内风电机组市场价格趋势

资料来源：根据原国家电力监管委员会网站的《风电安全监管报告（2011 年）》第 35 页相关数据绘制。

（四）风电关键技术研发能力弱，装备水平和质量有待提高

与国际先进水平相比，我国风电机组的关键技术研发水平偏低，部分关键设备和技术依赖进口，风电机组技术性能与电网安全运行的要求还有差距。已投运风电机组大部分不具备低电压穿越能力，有功功率可调节性能不满足要求，很多风电场调节发电出力时采用的还是人工开停机的落后方式，无功功率调节性能差且部分风电机组无功性能不开放，造成风电场潮流难以优化，无功及电压调整过度依赖补偿装置，很容易造成系统扰动、发生大面积脱网事故，给电网安全稳定运行造成较大冲击。我国针对风电特点的抽水蓄能、电动汽车和化学蓄能等储能技术发展缓慢，在“三北”风能基地，抽水蓄能等灵活调节电源比例不足 2%，限制了电网调峰能力。风电机组在运行过程中出现了整机倾倒、主轴断裂、电机着火、齿轮箱损坏、叶片断裂、控制和飞车等多种问题，进一步影响了风电并网的消纳水平。

（五）风电价格补贴和税收优惠政策存在缺陷，落实不到位

《可再生能源法》规定，自 2006 年起在销售电价中征收可再生能源附加。

在实际操作中，风电的财政专项资金额度不高，电价附加水平也较低，项目申请及审批时间长，资金不能及时到位，造成发电企业与电网公司补贴电价结算周期长，逾期金额大，发电企业不得不额外垫支资金，加大了企业的经营压力，影响了风电的消纳和产业发展。据初步估算，2011 年及以前累计资金缺口约 106 亿元，2012 ~ 2013 年预计资金缺口约 154 亿元，两项合计达到 260 亿元。

按照财税政策规定，2008 年以后国家核准的风力发电新建项目享受企业所得税“三免三减半”优惠，即从风电项目取得生产经营收入的第一个纳税年度起，前三年免征企业所得税，第四年至第六年减半征收企业所得税。目前，风电企业普遍分期开展项目建设，在申请优惠政策时，尽管各期项目核算清晰，但税务部门仍按同一法人界定所得税优惠期，后续风电项目完全不能享受税收减免优惠。2013 年，国家明确规定纳税人取得的中央财政补贴不征收增值税，但由于风电补贴以电价形式结算，电网企业和风电企业对免税适用对象产生分歧，目前，电网公司享受免交增值税优惠，而风电企业依然开具增值税发票，缴纳 17% 销项税，甚至有的电网公司直接以扣税后的补贴进行结算。

四　风电产业的发展前景

据世界风能协会预测，到 2016 年全球风电容量有望达到 5 亿千瓦，到 2020 年全球总装机容量将达到 11.5 亿千瓦，为全球提供 11.7% ~12.6% 的电力，实现二氧化碳年减排量 17 亿吨，2030 年超过 25 亿千瓦，以实现对全球电力供应脱碳化的完全承诺①。

当前，我国面临非常艰巨的经济发展转型升级和节能减排任务，二氧化碳排放量已经占到了全球第一。我国提出建设“美丽中国”的战略目标，向国际承诺到 2015 年中国非化石能源占一次能源比例将从 2010 年的 8.3% 提高到

① 韩笑、王琳：《2012 年全球风电发展现状及未来发展趋势预测》，《科技和产业》2013 年第 11 期。

11.4%，能耗强度比2010年降低16%，二氧化碳排放强度下降17%，2020年可再生能源比重达到15%，那么，实现我国的战略目标和践行国际承诺，发展包括风电在内的清洁绿色能源产业是首要任务。

2013年，经过全社会的共同努力，风电消纳出现了明显好转的形势，风电产业再度呈现出平稳较快发展势头，全年风电新增装机容量达到1610万千瓦，较2012年提高24%，超过了市场预期①。综合考虑国家经济社会和能源发展形势，预计2014年风电装机容量将达到1.1亿千瓦，占全国发电装机容量的比重将超过8.3%②。2015年，预计并网风电装机容量将达到1亿千瓦，年发电量超过1900亿千瓦时，海上风电装机也将达到500万千瓦，基本形成完整的、具有国际竞争力的风电装备制造产业体系。按照既定目标，2020年和2030年的风电装机容量将分别达到2亿千瓦和3亿千瓦，发电量达到4000亿千瓦时和6000亿千瓦时，二氧化碳排放量将减少近4亿吨和6亿吨。到2050年，预计至少可减少1/3甚至40%的二氧化碳排放量。

下一阶段，风电产业发展应准确把握政策倾向，着力破解发展难题，促进风电产业可持续健康发展，重点是：坚持集中与分散相结合的发展方式，统筹电源与电网科学布局；完善风电全额保障性收购、价格补贴和税收优惠等政策，提高风电消纳水平；加大科技创新与核心技术研发力度，缩小国内风电装备技术、质量、管理水平与国际先进水平的差距，促进风电集约化、规模化和国际化；理顺电价形成机制，积极鼓励和支持不同所有制主体平等进入风电市场，促进市场公平开放和有效竞争，在实现我国“能源生产和消费革命”的发展战略中发挥风电产业的更大作用。

参考文献

[1] 长江证券：《传媒：重点把握三大投资主线》，《行业·公司》2014年第3期。

---

① 长江证券：《传媒：重点把握三大投资主线》，《行业·公司》2014年第3期。

② 《中电联：预计2014年全年新增装机9600万千瓦左右》，央广网，2014年2月24日。

［2］中国电力企业联合会：《电力工业统计资料汇编》，2011。
［3］《风电安全监管报告（2011 年）》，原国家电力监管委员会网站。
［4］《光明日报》，2010 年 1 月 13 日。
［5］《可再生能源发展“十一五”规划》，国家发展和改革委员会 2007 年 3 月印发。
［6］国家能源局：《能源数据手册 2013》。
［7］施鹏飞：《2007 年中国并网风电迅猛发展》，《中国科技投资》2008 年第 4 期。
［8］《2007 年电力行业节能减排情况报告》，原国家电力监管委员会网站。
［9］韩笑等：《2012 年全球风电发展现状及未来发展趋势预测》，《科技和产业》2013 年第 11 期。
［10］《2013 年风电产业继续保持平衡较快发展势头》，国家能源局网站，2014 年 3 月 6 日。
［11］吕强强，郭丹：《我国风电发展现状综述》，《电气时代》2013 年第 4 期。
［12］于建辉：《我国风力发电的开发现状综述》，《电力学报》2013 年第 5 期。
［13］李伟、张宏图：《要风“盛”，不要风“剩”》，《科技导报》2013 年第 31 期。
［14］《中电联：预计 2014 年全年新增装机 9600 万千瓦左右》，央广网，2014 年 2 月 24 日。
［15］《中国电力规划》，中国水利水电出版社，2007。
［16］王茜、杨文娟：《中国风电发展历程及相关建议》，《产业》2013 年第 6 期。
［17］谭忠富等：《中国风电发展综述》，《华北电力大学学报》2013 年第 2 期。
［18］刘梅娟：《中国风能利用现状、制约因素及未来发展》，《资源与环境》2013 年第 29 期。
［19］张海鱼：《中国经济增长与电力投资》，中国经济出版社，2005。
［20］崔民选、王军生、陈义和：《中国能源发展报告（2012）》，社会科学文献出版社，2012。
［21］商务部网站。
［22］中国能源网。
［23］中央政府网站。

B.11

台湾推动节能减碳的成效分析

黄宗煌　余腾耀*

摘　要：

自从《京都议定书》生效后，台湾便积极推动各项节能减碳的行动方案，包括《可持续能源政策行动方案》《"国家"节能减碳总计划》《可持续能源政策纲领》等，同时制定了具体的减碳目标。本文首先介绍台湾主要部门（包括服务业、能源技术服务产业、政府机关、学校）推动的节能减碳措施及其成效，同时探讨现行政策中存在的问题，并提出未来制定节能减碳目标与政策所应遵循的原则。

关键词：

节能减碳　产业节能　边际减量成本　能源技术服务产业　"四省"目标

台湾自2000年推动《可持续能源政策行动方案》以来，各部门都积极展开了节能减碳规划与温室气体实质减量行动。"行政院"于2008年6月核定《可持续能源政策纲领》，表明台湾未来推动节能减碳工作有两个长期目标，一是节能目标：自2008年起，未来8年每年提高能源效率2%以上，使能源强度（每单位GDP所需要的能源使用量）到2015年比2005年下降20%以上，借助技术突破及配套措施，到2025年下降50%以上。二是减碳目标：台湾二氧化碳的排放量到2020年回到2005年的排放水平，并于2025年回到2000年的排放水平。2010年3月确定《"国家"节能减碳总计划》，制定十大标杆方

* 黄宗煌，台湾综合研究院副院长；余腾耀，台湾中技社执行长。

案，包含健全法规体制、改造低碳能源系统、打造低碳小区与社会、营造低碳产业结构、建构绿色运输网络、营建绿色新景观与普及绿建筑、扩张节能减碳科技能量、推动节能减碳公共工程、深化节能减碳教育、强化节能减碳倡导与沟通，并通过35项标杆型计划予以落实，并由各部门研究制定行动计划加以推动。

本文首先介绍台湾主要部门（包括服务业、能源技术服务产业、政府机关、学校）推动的节能减碳措施及其成效，同时探讨现行政策中存在的问题，并提出未来制定节能减碳目标与政策所应遵循的原则。

一　产业节能减碳措施与成效

产业节能的成效是否显著，有赖于政府与业界之间的相互配合，“工业局”辅助耗能产业实施如下节能减碳的行动策略：

第一，成立自愿节能联盟，辅助各产业部门制定自愿节能目标，签署自愿性减量协议；第二，推动大量能源产业建立区域能源系统；第三，承诺自愿减量者优先给予节能诊断服务，并逐年追踪成效；第四，促进成立产业节能服务团，引入民间技术、资金及人力，拓宽节能技术的服务渠道，推广采用节能设备；第五，建立节能技术信息中心，举办节能绩优企业的示范与观摩活动；第六，将节能技术的研发中心与台湾的半导体产业优势结合起来，推动有高附加价值的节能产业发展。

具体执行措施包括以下几方面。

第一，工业节能技术服务。执行能源用户实地能源核查与节能技术服务。2009~2013年，共核查2505家能源用户，发掘节约能源潜力34.4万公秉油当量，相当于减少94.3万吨二氧化碳排放。

第二，执行能源效率管理。执行能源设备、器具及车辆能源效率管理，推广使用高效率设备，包括执行用电器具、渔船引擎及车辆等的能源效率标准管理，扩大推动节能标识产品认证，并推动动力设备和工业制程使用高效率马达。

第三，推动锅炉检测与节能辅助。推动锅炉调整及锅炉合理化操作管理，2009~2012年合计完成800座锅炉，共计可节约7.1万公秉油当量，二氧化碳减排量为 19.5 万吨。

第四，推动工业部门企业集团成立节能服务团。2007～2012 年共帮助 43 个集团企业成立节能服务团，包括台塑、台积电、友达、统一、永丰余、台泥、正隆、味全等具有标志性、代表性的集团企业，至 2012 年底累计实现节能 183.7 万公秉油当量。

第五，制定能源效率参考指标。建立和更新制造业单位产品耗能及设备耗能参考指标，执行成效如下：①2009 年完成波特兰水泥、啤酒、裱面纸板等 25 种产品的参考指标建议值，累计完成 162 项单位产品耗能参考指标；②2009 年完成无尘室、无梭织布机、风机等 5 种设备耗能参考指标的建立和更新，累计完成 53 项设备的耗能参考指标。

第六，产业温室气体管理辅导。辅导企业进行温室气体监测，培养企业自行监测温室气体排放量的能力，执行成效如下：①2005～2009 年完成 334 家工厂的温室气体核查辅导；②指导台湾的制造业到“工业温室气体中心”填报温室气体排放量，共计有 406 家工厂完成排放量的填报，填报量超过 9000 万吨二氧化碳当量。

第七，工业区及一般制造业节能技术服务。协助工业区和一般制造业进行节约能源辅导和相关减碳措施，执行成效如下：①基本数据调查及电力系统、空调系统、照明系统、热能系统和其他系统的检测；②绿色交通、绿色建筑、用水减量、可再生能源使用等减碳措施和制程改进、产品设计、废弃物资源化诊断。

台湾的中小企业有 123.4 万多家，占企业总数的 98%，就业人数达 796.6 万人，占总就业人数的 77%，可以说是台湾经济体系的基石，且扮演着稳定社会就业的重要角色。近年来因为节能减碳议题的持续发酵，各大品牌厂商纷纷推动温室气体或产品碳足迹的检测和核查，或通过节约能源和提高能源效率的方式来降低成本，以达到减能减碳的目标。中小企业是产品供应链中重要的一个环节，面对这一波节能减碳风潮，如无法顺利应对，势必遭受影响，进而对今后企业的运营造成冲击。台湾“经济部”的“中小企业处”顺应节能减碳潮流，履行辅助中小企业的职责，于 2010 年起特别成立“中小企业节能减碳服务团”，提供有关温室气体检测核查、产品碳足迹计算核查、生产设备能源效率提高及绿色产品设计等多元化服务。由于中小企业数量众多，而政府资源有限，为了合理利用辅导资源，发挥厂商辅导的最大效益，将中小企业厂商根据其产业制程特性与辅助需求的迫切性，划分为遭遇供应链客户要求、产业规模较大、有耗能设备的中小型制造业、无耗能设备的中小型服务业4类，分别提供示范性个别辅导（辅导20家，须通过审查验证）、一般性个别辅导（辅导20家，不须审查验证）、短期咨询诊断辅导（辅导210家）及教育倡导（2000人次）与人才培训（500人次）等不同形式的辅助服务，以满足厂商的实际辅助需求。此外，由于中小企业普遍缺乏人力、资金与技术，后续将视辅导厂商意愿协助其导入外部资源（如能源服务业），以落实节能改进工程，有效降低温室气体排放；或协助厂商申请政府相关研发计划（如SBIR计划）的经费补助，减轻其投入低碳产品或低碳制程研发所需的经费负担。

以服务团辅助中联资源（股）公司为例，通过节能诊断与设备功能检测，设计开发了工厂空调、空压与热能等系统的6项节能改进方案，预估总投资费用约410万元新台币，每年可节省约205万元新台币，同时减少约600吨二氧化碳排放。除了提高能源效率和改进操作以外，中联资源公司还在辅导期间依据ISO/DIS 50001国际标准建立了能源管理系统，并顺利通过能源管理系统审查，成为全球资源回收处理业及台湾第一家取得ISO 50001标准证书的企业。

节约能源不仅是资源的有效利用，更是企业降低生产成本、提高产品市场竞争力的有效对策。节能减碳的国际潮流虽然对台湾的中小企业造成一定的冲击，但是，如果厂商能够把握时机，化危机为转机，推动温室气体或碳足迹监测，同时积极投入节能减碳工作，那么除了可以具体展现企业热爱地球、爱护台湾的决心，进一步提升企业的优质环保形象外，还能满足客户要求，确保竞争优势，达到企业可持续经营的目的。

二　服务部门节能减碳措施与成效

服务部门的节能减碳辅导成效即2009～2013年针对能源大户、政府机关、集团用户、集合住宅等各类型能源用户提供实地节能技术辅导，协助发掘节能潜力，累计5年共辅导2150家能源用户，协助发掘节能潜力35万公秉油当量，共计二氧化碳减排量潜力约95.9万吨，平均发掘节能率达7.2%。

（一）辅导能源大户建立节约能源目标及执行计划

第一，现场节能监测技术服务，了解用户的能源使用情况，发掘节能潜力，针对设备现状及管理模式提出改善建议，并协助用户制定管理目标及执行计划，有效提高用户的能源使用效率。

第二，能源用户执行节能计划情况，主要先针对可立即改善或投入较小金额的部分进行修整改进，若需投入较大金额的改进措施则根据回收年限长短考虑是否执行，多数能源管理人员均有节约能源的观念，但由于经费问题未能采纳改进措施，导致节能措施未能落实。

第三，检验查看能源大户历年核查申报的节能率，2012 年的节能率由 2006～2010 年的平均节能率0.8%提高至1.02%，节能率大幅提高，主要通过能源核查制度、辅导及节能技术服务，协助能源大户建立节约能源目标及执行计划，落实能源管理制度，达到提升能源使用效率的目的。

（二）集团用户能源管理辅助

“能源局”通过辅助计划进行连锁商店节能检测辅导，推动集团用户自愿节约能源，同时协助企业内部成立节能服务团及落实节能种子教育培训。自 2006 年起已成功推动便利店、超市等 15 个行业 151 家集团企业参与自愿节能活动，依据后续跟踪调查结果，均获得良好的节能效果。2014 年将扩大邀请与百姓日常生活息息相关、经营网点众多的百货集团公司参加自愿节约能源活动，并配合政府推动下列节能措施的实施：落实冷气不外泄；特定区域冷气温度不低于 26℃；空调设备定期维护保养；骑楼和招牌灯白天不开灯；遵循台湾地区的光照强度标准；采用高效率能源设备及节能标识产品。

以 2006 年为节约能源基准年，15 大行业 151 个集团总用电量为 830456 万度，集团签署三年的节能目标量为 45034 万度，累计至 2012 年 15 大行业总节能量为 120938 万度，平均节能率达 14.6%，节能金额达 278601 万元新台币（约合 57605.6 元人民币），投资金额达 627151 万元新台币，换句话说，大约两年即可回收节能投资，累计二氧化碳减排量为 66 万吨。

（三）连锁商店节能检测辅助

第一，历年辅助的行业集团单位面积耗电量以电信机房、便利商店及超市为最高。除已参与自愿节约能源、接受节能辅导的企业外，还将重点节能技术推广至连锁商店集团，以协助企业减少能源浪费。

第二，通过现场节能诊断技术服务、节能信息网站推广及办理相关研讨会等活动，已有效加强了相关从业人员对未来各项节能改进措施的设计规划观念，并使他们能够了解政府为推动为节能所做出的努力。

第三，商店集团式能源用户节能推广服务：2009～2013 年累计完成 75 个集团，节能潜力 6.2 万公秉油当量，节约能源费用约 187188 万元新台币/年，平均节能率 6.2%，投资费用约 411814 万元新台币，平均回收年限约为 2.2 年。

（四）集合住宅节能推广服务

第一，通过集合住宅现场节能诊断技术服务，直接与小区用户交流与沟通，搜集评析现场相关资料，来研究拟定符合未来相关能源效率的指标、节能措施与策略规划等，并提供查询与应用服务。

第二，通过节能信息网站推广及办理相关研讨会等活动，有效加强集合住宅相关从业人员对未来本小区推动各项节能措施的设计规划方法的观念的落实。

第三，现场演示小区成功改进的案例，使集合住宅相关从业人员了解其集合住宅公共设备耗能与节能改善方法，建立一个良好的经验改善交流分享平台。

第四，2009～2013 年共完成 38 个集合住宅现场节能技术辅导，发掘的节能潜力为 822 公秉油当量，节约能源费用约 2466 万元新台币/年，平均节能率 12.7%，投资费用约 5425 万元新台币，平均回收年限约为 2.2 年。

三　政府机关、学校节能减碳措施与成效

为促进政府机关及学校更积极地规划节能减碳措施，“行政院”于 2008

年8月6日核定《政府机关及学校全面节能减碳措施》，并于2009年12月16日第一次修订实施，现已见节约能源的成效。

据统计，自推动全面节能减碳措施后，政府机关和学校的能源用量已连续3年负增长，至2010年累计节电7.01%，并可于2015年前提前达到总体节电7%的目标，经估算节电3.38亿MWh；2010年节油3.50%，节油0.38万公秉（同期减少2.39%）；另累计至1999年节水8.25%，可节水0.11亿吨（同期增长0.18%），合计约可减少21.5万吨二氧化碳排放，相当于约577座大安森林公园的二氧化碳吸附量。

为了促进政府机关及学校更积极地规划节能减碳，进一步推动政府机关及学校落实四省（省电、省油、省水、省纸）项目计划，以巩固增强政府机关及学校节约能源的成效，要求中央或地方政府机关及学校在提交各年度经费预算时，核实评估已达到淘汰年限的设备的使用情况，如经过审查确实有提高能源使用效率及淘汰需要者，应依据相关规定程序申报核实后，编入预算办理淘汰更换，并应优先采购具有节能标识、环保标识或省水标识的用电、用水设备、器具、车辆及其他事务性产品；淘汰更换设备的相关预算经审核后，应落实执行。实施的整体目标与个别单位的目标如下。

（一）总体“四省”目标

第一，每年的用电量、用油量及用水量以负增长为原则，其中用电量、用油量及用水量以2007年为基准年，并分别以至2015年总体节约用电、节约用油及节约用水10%为目标。

第二，配合“行政院”核定的《电子公文节能减纸推动方案》，2012年相关单位（学校除外）公文在线签核绩效指标为30%，另制定公文在线签核绩效指标的积极目标，于2015年达到40%。

（二）个别执行单位“四省”目标

第一，节约用电目标。执行单位每年的用电量以比上一年减少1%，并依据执行成效逐年检查核对年度节约用电目标。其中执行单位的用电指标（EUI）如果高于同类型机关学校的EUI的基准值，应积极实行各项可行措施，最迟于2015年前将EUI降至基准值；如执行单位为中学、小学、幼儿园、托儿所等，每年用电量以不增长为原则。

第二，节约用油目标。执行单位每年的用油量以比上一年减少1%，并依据执行成效逐年检查核对年度节约用油目标；执行单位为警勤、消防、医疗救护、工程、国防战备训练、检察、调查、矫正、关税及稽查取缔等单位的除外。

第三，节约用水目标。执行单位每年的用水量以比上一年减少2%，并依据执行成效逐年检查核对年度节约用水目标。

第四，节约用纸目标。执行单位应扩大实施公文电子化处理及逐年减少采购公文用纸及影印用纸的数量，其中属于“行政院”核定的《电子公文节能减纸推动方案》实施范围者，除应于2012年底完成建设公文在线签核系统外，以《电子公文节能减纸推动方案》的公文在线签核绩效指标2012年达30%、2015年达40%为目标，并逐年进行检查核对。

各级机关、学校的执行重点如下：

第一，各级行政机关及学校已到使用年限的空调及照明设备，应编入足额预算淘汰更换；“行政院”的主计处应该协助规划各级行政机关及学校相关的预算筹编，并鼓励机关及学校加速淘汰更换设备。

第二，无法编入足额预算进行节能改造工程时，需导入民间能源技术服务业，以改造后所节省的能源费用分期偿还服务费用的方式办理采购，执行单位须评选采用最有利的方案。

“四省”计划预计节省4.74亿MWh电、0.14亿吨水、1.08万公秉油，约减少32.6万吨二氧化碳排放，相当于875座大安森林公园的二氧化碳吸附量。

四　能源技术服务产业推动成效

在推动节能减碳的过程中，除健全的政策与辅助措施以外，要落实碳减排量还必须依赖能源技术服务产业，“能源局”自2006年开始逐年编入经费补助政府部门机关、学校推动节能减碳，至2013年已补助99个方案，共计4.2

亿元新台币，节能率平均54.5%，节能量合计1.93万公秉油当量，二氧化碳减排量约4.8万吨。

为扶植能源技术服务产业发展，推动节能减碳工作，依据“行政院”可持续能源政策纲领及各部门相关会议决策，应积极推动能源技术服务产业的发展，相关的推动策略有：

（一）2008年可持续能源政策纲领－节能减碳行动方案

第一，动员民间节能技术能量，开创新兴能源技术服务业。

第二，推动节能绩效保证示范计划。

第三，在500亿元新台币贷款总额内，提供能源技术服务业及公司购置节能设备优惠贷款：通过节能设备政策性项目贷款，为2011年前购置节约能源设备的能源技术服务业及公司提供前3年2%的利息折扣。

（二）2009年台湾能源会议

第一，推动政府公务机关的办公处所进行节能评估工作，以创造节能服务业的商机。

第二，提供中小型企业节能减碳的奖励及辅导措施。

第三，协助中小企业进行节能绩效测量考核，推动节能绩效保证项目，以落实具有经济效益的节能改进措施。

第四，在中小企业辅导体系中纳入节能减碳的技术服务及专业人才培育，以培养中小企业节能减碳的能力。

第五，推动节能技术服务业，推行节能绩效保证项目，并建立节能绩效测量考核机制，协助能源用户节能减碳。

（三）2010年台湾工业发展会议

加速能源技术服务产业发展，建议从系统整合的层面提升能源效率，扩大节能减碳管理、维护等服务范畴。但现阶段能源技术服务业的主要应用对象以医院、饭店与旅馆、电机电子业、商业办公大楼和学校等为主。由产业对能源技术应用重点的需求分析可知，除了基本空调、照明、电力系统节能技术以外，凡是工厂、电机电子业、钢铁业、化工业，仍然依赖积极导入能源技术服务来协助产业界降低耗能成本，减少碳排放量。故未来必须扩展技术服务的广度和深度，扩充技术服务的能量，协助台湾推进节约能源的工作。

五　政策建议

台湾节能减碳的工作已经在公共部门积极展开，并且初见成效。然而，近年来经济持续发展，加上电费仍低于其他标准，产业界与普通百姓没有节能减碳的迫切需求，笔者建议在未来除了尽快健全法律规范外，还应强化优惠奖励措施，并扶植能源技术服务产业的发展。此外，《台湾节能减碳总行动方案》于2010年5月11日经“行政院”核定，由各相关部门分年制定工作计划及二氧化碳减排量、节油、节电的年度目标，并由“行政院”经济建设委员会负责定期考核。笔者有幸参与每次的执行检查考核会议，深刻体会到了各部门推动十大标杆方案所做出的努力，其中有许多项目的达标率远超过预期，着实值得肯定。与此同时，笔者也领悟到政府在制定节能减碳目标与执行政策时应遵循的几点原则，在此逐一说明，希望能为今后进一步开展节能减排工作提供借鉴。

此外，在制定节能减碳目标与政策时，更应遵循如下原则。

（一）滚动式考查节能减碳的总体目标

目前《台湾节能减碳总行动方案》的二氧化碳减排目标是在2020年回到2005年的排放水平，2025年回到2000年的排放水平；节能目标则是降低能源强度，2015年比2005年下降20%以上，2025年下降50%以上。自该方案实施以来，在各部门的努力推动下，所有工作项目大多能达到预定的年度目标。不过，这并不足以确保节能减碳总目标得以落实，这是因为所有工作项目的减排效果可能低于当年整体经济的规模效果（主要由于收入、产出、人口等因素的成长引起）的增量。换而言之，即使年度目标均能达成，也并不意味着同年度的能耗总量及碳排放总量必然减少，即使总量得以减少，其减排量也未必等于所有工作项目的减排量总和。因此，未来各年度的减排目标的达成并不一定能够保证总体减排目标的落实。

根据相关研究结论，在既定期间要达到方案的节能减碳总目标，其技术可行性与经济可行性均不高，这足以反映原定目标并不够现实，甚至好高骛远，因此，在制定节能减碳目标时，必须进行可行性评估，并以逐渐强化的趋势进行滚动式考查。例如，英国政府的减排目标相当明确，其相关文件所宣告的目标更是展现出与日俱增的雄心：在 1998 年《京都议定书》通过时，英国根据《欧盟责任分担协议》宣布的减排目标为“在 2012 年减排 12.5%”；在《2000 年气候变迁方案》（*2000 Climate Change Program*）宣布的减排目标为“在 2010 年减排 19%”；在 2003 年能源白皮书宣告的减量目标为“在 2050 年减量 50%”；在《2008 年气候变迁法案》（*2008 Climate Change Bill*）宣布的减排目标则为“在 2050 年减排至少 80%”。这种与时俱进的策略性目标宣布方式值得参考。

（二）兼顾节能减碳目标与人均 GDP 增长的兼容性

为有效节能减碳，掌握能源需求及碳排放量的驱动力是当务之急。文献上常以 Kaya 方程式的分解分析（Decomposition Analysis）来评估各项驱动力（例如能源的碳强度、GDP 的能源强度、产业结构、人均 GDP、人口数等）的贡献度，其结果大都显示人均 GDP 对能耗量及碳排放量的贡献度占了最大比重，这也是当各驱动力发挥减碳效果之际总排放量仍旧增加的原因，但以降低人均 GDP 作为减碳的策略，应该不会是大家所希望的。

节能与减碳这两个目标与未来经济成长（或人均 GDP 增长）的兼容性是必须重视的课题之一。假设第 t 期的碳排放量 $C(t)$ 与同期的能耗量 $E(t)$ 的变动比例如下：$C(t) = \beta(t) \cdot E(t)$，其中 $\beta(t)$ 代表能源的碳强度，可以通过各种低碳技术创新（包括可再生能源发展）或能源结构调整而随时间递减（即 $\partial \beta(t)/\partial t < 0$）。为同时达成上述节能减碳目标，则 GDP 水平与 $\beta(t)$、节能目标及减碳目标必须维持一定关联；换言之，不能符合此关系的 GDP 增长均属缘木求鱼。因此，在兼顾可持续发展的三大支柱（经济、环境与社会）的平衡发展下，确保节能减碳目标与人均 GDP 增长的兼容性是极为重要的课题，否则还是会落入“无法面对的真相”的泥沼之中。

（三）坚持节能减碳的成本有效性原则

“成本有效性原则”是指通过可行措施的组合选择，以可能的最低成本达到既定的节能或减碳目标，这是《京都议定书》揭示的减碳准则之一，也是降低减排成本的基本准则。然而，目前各工作项目的考查重点均在于二氧化碳减量、节油及节电的年度目标是否达成，并未考查为达成各项目标所支出的成本。就已有的工作项目而言，其单位减排成本存在显著的差异，不仅不符合这一基本原则，而且单位减排成本之高，更令人有“为达目标，不计代价”之感。

为确保成本有效性原则，最基本且最重要的课题在于充分掌握各种潜在可用的节能减碳技术与措施的边际减排成本（Marginal Abatement Cost，MAC）。目前台湾主管科学发展工作的机构及台湾综合研究院都曾以不同方法估算过各部门的节能减碳的MAC，其重要性不言而喻。不过，估算结果不仅因方法及其假设不同而异，其经济意义与政策意义更是相去甚远，因此，估算结果在政策制定过程中的角色与功能自然有所不同，这是决策者不可不察的关键，以免错用结果而导致过度的成本负担。

（四）重视政策工具的整合性和协调性

目前的十大标杆方案确实已涵盖了各个关键领域，其中“法规体制”的建立也属于其中一环，但与节能减碳有关的两大法案《能源税条例》及《温室气体减排法》迄今未获通过。以开征能源税为例，虽然这是历届台湾能源会议的共识，但对其立法目的、必要性、效率性（包括税收运用配置）及成本有效性均有所争论，其与相关政策工具［如排放交易、空污费（温室气体已经被相关部门公告为空气污染物，依相关规定必须征收空污费）、节能减碳的各式补贴等］的整合性和协调性更面临严峻挑战。

整合性侧重于各相关政策工具在制定过程中的同步兼顾，并能制定适当的政策水平（如税率），并避免双重负担，而协调性则侧重于避免各政策工具的节能减碳效果的矛盾性或相互抵消的后果。鉴于此，未来各年度的工作项目有必要就其协调性先行讨论，并在各部门之间做必要的协调后再进行规划。

参考文献

[1] 谢维晃、林文祥、余腾耀：《台湾产业节能推动策略》，《两岸节能减碳之技术创新与产业发展研讨会论文集》2012 年第 11 期。

[2] 台湾“经济部”：《永续能源政策纲领》，2008。

[3] 台湾“经济部能源局”：《“经济部”能源局 2011 年年报》，2012。

[4] 台湾“经济部工业局”：《推动制造业节能减碳技术辅导成效》，节能减碳信息网，http：//proj. moeaidb. gov. tw/ghg/page9 –5. asp，2012 年 8 月。

[5] 台湾“经济部工业局”：《推动区域能资源整合成效》，节能减碳信息网，http：//proj. moeaidb. gov. tw/ghg/page9 –6. asp，2012 年 8 月。

[6] 台湾“经济部工业局”：《推动产业自愿减量成效》，节能减碳信息网，http：//proj. moeaidb. gov. tw/ghg/page9 –2. asp，2012 年 8 月。

[7] 黄宗煌：《执行“国家”节能减碳总行动方案的原则》，《台湾经济论衡》2013 年第11 期。

B.12

台湾的电力价格与可再生能源发展

庄建铧　张哲维　杨晴雯*

摘　要：

为促进能源多元化，改善环境质量并达到节能减碳目的，台湾制定可再生能源发电设备生产电能的批量购买奖励制度①，在核定的推广目标下，促进可再生能源的发展。然而面对台湾电价调整困难的现况，批量购买制度对整体财政与经济效率的负担，成为台湾未来发展可再生能源的障碍；而技术成本的快速下降，预期将提早实现可再生能源发电成本与电价的黄金交叉，在此情况下批量购买制度应思考建立退出机制，并改善过度集中的可再生能源发展模式。

关键词：

可再生能源电能批量购买制度　电力价格　可再生能源发展

为促进能源多元化，改善环境质量并达到节能减碳目的，台湾于2009年制定再生能源发展条例，期望以再生能源发电设备生产电能的批量购买奖励制度，在核定的推广目标下，促进可再生能源的发展。

世界各国推动可再生能源发展所使用的政策工具繁多，包括数量工具（如核定再生能源配额、发电量标售）、价格工具（如Feed-in-Tariffs，FIT）及

---

* 庄建铧，台湾综合研究院副研究员；张哲维，台湾综合研究院助理研究员；杨晴雯，台湾综合研究院副研究员。

① 台湾的可再生能源电能批量购买制度效仿德国的做法，设置一个以长期且固定的趸购费率的再生能源电能固定价格强制收购（Feed-in Tariffs，FIT）制度，并利用奖励示范及法令松绑等方式，增加百姓与企业使用可再生能源的动力。

财政工具（如投资奖励、税负减免）等。台湾过去曾实行的策略包括对设备投资补贴、设定可再生能源占比目标等，结果造成可再生能源设施运转效率过低的问题，目前则改为以批量购买费率搭配装置容量标售机制。

然而面对台湾电价调整困难的现况，批量购买制度对台湾财政与经济效率的负担，成为台湾未来发展可再生能源的障碍；而技术成本快速下降，预期将提早实现可再生能源发电成本与电价的黄金交叉，在此情况下批量购买制度又该如何建立退出机制？本报告从台湾能源结构与可再生能源现况出发，探讨能源价格体系及电力价格机制对可再生能源发展的影响，并说明目前面临的诸多问题与挑战。

一　台湾的能源结构与可再生能源的角色

台湾因自然资源匮乏，能源需求几乎全部依赖国外进口。《台湾能源统计手册》（2012 年）的数据显示，台湾进口能源依存度（Dependence on Imported Energy）高达 97.49%，能源进口值占台湾地区国内生产总值（Gross Domestic Product，GDP）的将近 15%；换句话说，平均每人每年需负担的能源进口金额将近 9 万元新台币（约合 18592 元人民币）。一旦国际初级能源价格大幅波动，将进一步促使台湾能源市场价格变化，间接影响经济体系的物价稳定性。

至于进口能源的种类分布，则集中于原油、石油产品与煤及煤产品，约占总能源进口的 80%，其中又以原油及石油产品为主，约占 50% 以上（见图 1）。近年则因原油价格高涨、燃油发电量逐年缩减及运输工具的燃料需求逐年下降，油品所占比重已逐渐下降。煤及煤产品主要用以发电，在燃煤电厂未有扩增情况下，进口比重相对稳定。而液化天然气则在燃气发电机组不断扩增的情况下，进口量及进口所占比重节节高升，至 2012 年约达 12.12%。

电力及石油产品为台湾最终能源消费的主要项目，分别占总消费量的 47.5% 和 41.8%。而台湾所使用的发电类别包括燃煤发电、燃油发电、燃气发电、核能发电、抽蓄水力发电与可再生能源发电等。而可再生能源则囊括水力发电、风力发电、太阳光电、生质能发电及废弃物能发电。1992 年至 2012 年总装置容量由 20.80GW 持续扩增至 48.49GW，其中，燃煤及燃气发电装置

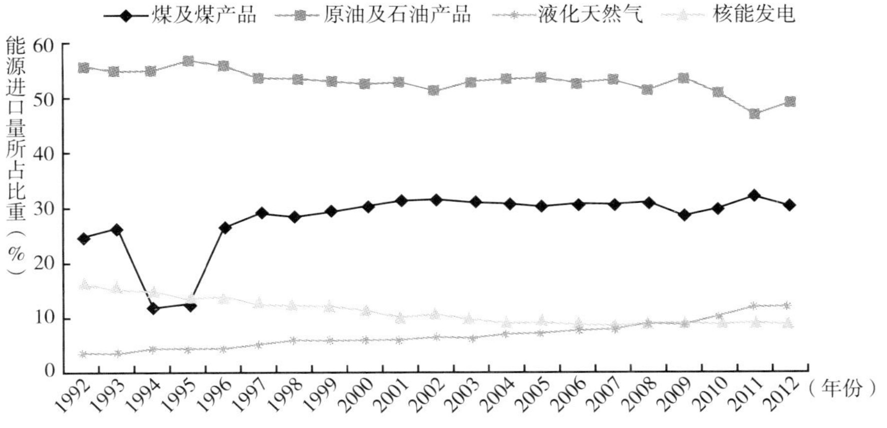

图1　能源进口结构

资料来源：《台湾能源统计手册》（2012 年），本文作者绘制。

容量在过去 20 年快速扩张，直到 2007 年后，为避免温室气体排放对环境与可持续发展的危害，燃煤装置容量已无大规模扩增现象，至 2012 年约占总装置容量的 36%。核能则因近 20 年来没有机组商转或退役的情况，装置容量所占比重由 1992 年的 25% 大幅降至 2012 年的 11%。至于可再生能源，得益于政策的积极推广，装置容量由 1992 年的 1.74GW 迅速扩增至 2012 年的 3.62GW，年均增长率约为 3.93%，约占总装置容量的 7%，其中以太阳光电的增长最为迅速，至 2012 年装置容量所占比重约为 0.46%，达 0.22GW，陆地风力发电约占 1.18%，达 0.57GW。

随着装置容量的逐年扩增，发电量也由 1992 年的 106GkWh 增至 2012 年的 205GkWh。虽然 2012 年燃煤装置容量所占比重仅为 36%，但其发电量所占比重却高达 49%，天然气发电量所占比重约 27%，核能发电则约占 16%，其中天然气发电量及其所占比重仍快速增长。2012 年可再生能源发电量所占比重约为 4%，其中风力发电量所占比重约 0.56%，太阳光电所占比重约 0.07%，风力及太阳光电近 3 年发电量均呈现快速增长趋势，平均增长率分别为 17% 和 160%（见图 2）。

对仍以火力发电为主的台湾电力结构，在面临能源永续与节能减碳任务时，不免受到重大挑战。特别在 2008 年《永续能源政策纲领》颁布后，

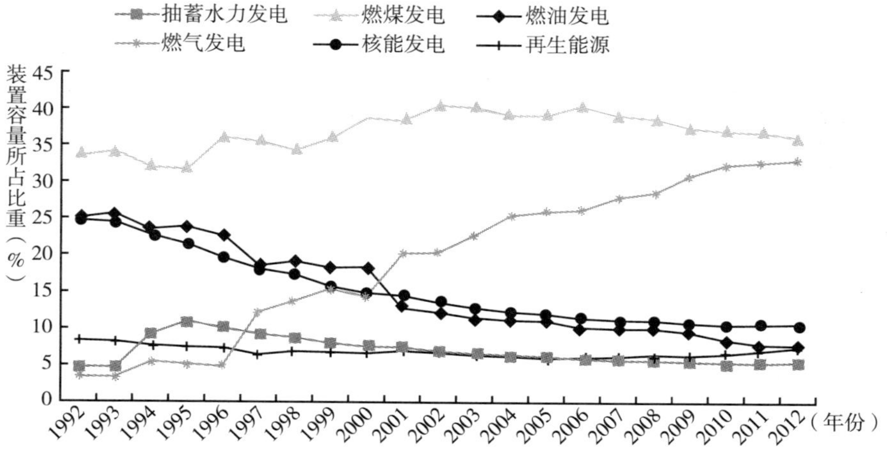

图2　发电装置容量结构（按燃料区分）

资料来源：《台湾能源统计手册》（2012 年），本文作者绘制。

“2020 年回到 2005 年排放水平”“2025 年回到 2000 年排放水平”的减排目标，使得发电结构面临转型的压力，而日本福岛核灾后，对核能安全的疑虑及社会氛围，使发电转型的选择越来越少。于是可再生能源发展成为未来能源规划的重要对象。台湾 2012 年发电量结构状况见图 3。

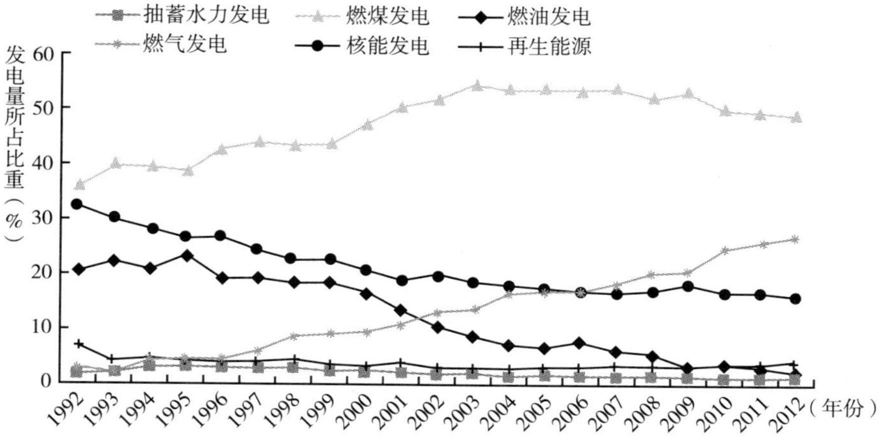

图3　发电量结构（按燃料区分）

资料来源：《台湾能源统计手册》（2012 年），本文作者绘制。

为鼓励可再生能源电业发展，通过发展目标设定、法律政策修订、奖励制度施行乃至示范计划推广，台湾希望采取多方面措施有效提升设置量以达到推广目标。2011 年，在《打造绿能低碳环境》的新能源发展愿景中，设定至 2025 年与 2030 年可再生能源发电装置容量将达 9952MW 与 12502MW。但随着可再生能源批量购买费率的实施，可再生能源设置情况快速增长，在需求的推动下，2013 年重新考查可再生能源的发展目标，预计至 2030 年，太阳光电累计目标量将由原来的 3100MW 提升为 6200MW。届时，台湾整体可再生能源发电装置容量将提升为 9983MW 与 14000MW。

二　能源价格体系的形成与变化

由于 97% 以上的初级能源都依赖进口，因此台湾境内的能源价格理应与国际市场紧密接轨，然而电力市场的复杂性，以及牵动民生物价的特殊性，使得电力价格始终处于争论未休的氛围中。

图 4 说明台湾电力价格体系形成的过程，以及在此过程中现行政策及未来政策规划对电价的影响途径。原则上电力价格体系的形成，从进口初级能源开始，中间受到进口能源价格、发电燃料结构、外部成本、可再生能源政策、电力市场及电价政策等多层面因素的影响。由于每一阶段都受到不同程度的政策干预，因此电价机制因为高度的政策不确定性而存在争议。

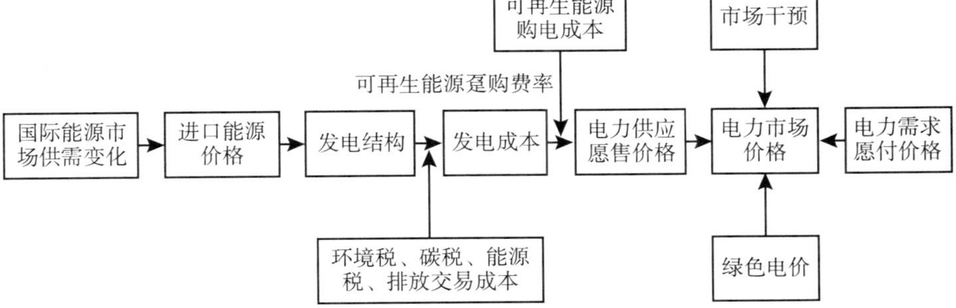

图 4　电力价格体系

以政策及温室气体减排目标为主导的发电结构，在面对初级能源进口价格变化时缺乏调整的空间，因此发电成本完全取决于进口能源价格趋势。台湾近10年的燃料煤、原油与天然气进口价格除了在2008～2009年因国际经济形势影响产生巨幅震荡外，持续呈现长期增长趋势。此趋势在图5的电价变化中并未出现，从长期来看，电价维持在相当平稳的水平，并未反映燃料成本的变化，直到2008年在政策主导下，才有机会进行调整。未来，核能政策将成为改变发电结构的不确定因素，预定于2015年与2018年商转的第四核能电厂若未能如期运转，据推算将对电价产生近16%的上涨压力。

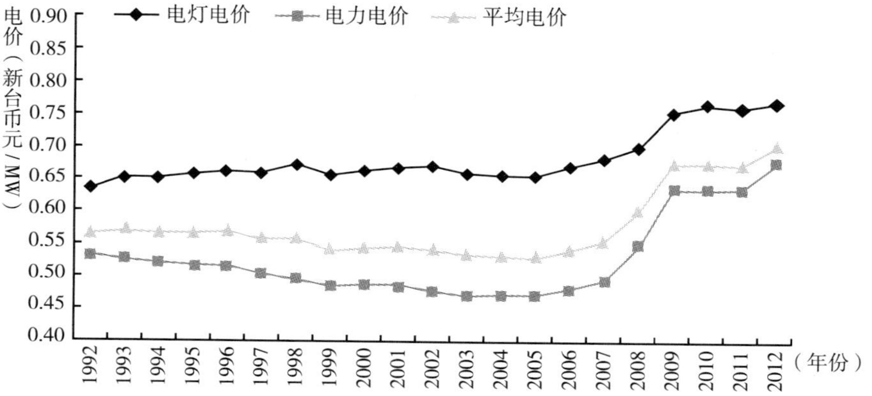

图5　历年电价变化情形

资料来源：《台湾能源统计手册》（2012年），本文作者绘制。

由于目前电力输配业务仍是垄断事业（台湾电力公司），在区域能源供应网络及智能电网尚未商业化的情况下，即使民营发电厂及可再生能源发电装置容量持续扩增，终究仍需合并到台湾电力公司的输配网络，而台湾电力公司肩负推动可再生能源的政策使命，任何形式的补贴或收购成本，都将成为其供电成本的一部分。

为促进能源多元化，达成可持续发展的目标，2009年7月公布施行的《再生能源发展条例》，已明定采取保障收购电价作为发展可再生能源的诱导工具，自此台湾电力公司应以固定价格收购可再生能源发电设备装置者的电能。表1与表2即为自2010年以来，可再生能源发电设备电能批量购买费率的变化。随着太阳光电技术与产业的日渐成熟，单位设置成本也快速下降，批量购买费率正反映了这项趋势。在电价可适度反映化石能源成本的情况下，批量购买费率的下降与化石能源成本的增长，应能及早达到两趋势线的黄金交叉点，让批量购买机制退出并回归电力市场运作，但在目前的电价公式修订规范下，电力价格已失去揭示市场信息的功能，且为追求民生物价的稳定，电价的调整速度始终无法赶上供电成本的变化，在此期间产生的差距与财政负担，终将由台湾百姓买单。

表 1　历年可再生能源发电设备电能批量购买费率（太阳光电除外）

再生能源类别	分项	装置容量级距	电能趸购费率(元/度)			
			2010 年	2011 年	2012 年	2013 年
风力	陆域	1 千瓦以上不及 10 千瓦	7.2714	7.3562	7.3562	7.3562
		10 千瓦以上 *	2.3834	2.6138	2.5971	2.6258
	离岸	无区分	4.1982	5.5626	5.5626	5.5626
川流式水力	无区分	无区分	2.0615	2.1821	2.3302	2.4652
地热能	无区分	无区分	5.1838	4.8039	4.8039	4.8039
生物质能	无厌氧消化设备	无区分	2.0615	2.1821	2.3302	2.4652
	有厌氧消化设备	无区分			2.6995	2.8014
废弃物	无区分	无区分	2.0879	2.6875	2.824	2.824

资料来源：台湾电力公司，本文作者绘制。

表 2　历年太阳光电发电设备电能批量购买费率

再生能源类别	分项	装置容量级距	电能趸购费率(元/度)					
			2010 年	2011 年	2012 年 1～6 月	2012 年 7～12 月	2013 年 1～6 月	2013 年 7～12 月
太阳光电	屋顶型	1 千瓦以上不及 10 千瓦	11.1883	10.3185	9.4645	9.251	8.3971	8.1836
		10 千瓦以上不及 100 千瓦	12.9722	9.1799	8.5394	8.3259	7.5432	7.3297
		100 千瓦以上不及 500 千瓦	12.9722	8.8241	8.1836	7.9701	7.1162	6.9027
		500 千瓦以上	11.119	7.9701	7.3297	7.1873	6.3334	5.9776
	地面型	1 千瓦以上	—	7.3297	6.9027	6.7604	5.9776	5.6218

资料来源：台湾电力公司，本文作者绘制。

世界各国在发展可再生能源技术时，最常使用的经济工具不外乎价格工具、数量工具及财政诱导等（见表3）。根据 IEA（2008）的分析，FIT 与财政诱导是运用得最广泛的策略，但针对处于不同开发阶段的技术而言，那些仍处于发展前期、投资成本过高的技术（如当时的太阳光电），更需要持续、稳定、低风险的诱因，因此研发奖励、投资补贴、FIT或标售机制是此阶段的重要策略。而对成本门槛较低的技术，如陆地风力及生物质能，则需要具有市场诱因的工具，如FIP或TGC。

在台湾，过去曾实行过设备投资补贴以及设定可再生能源所占比重目标等策略，结果虽然带动了装置容量的扩增，却未能引导发电量进入供电市场。目前则是技术研发及技术应用两方面同步进行，在技术研发方面，《产业创新条例》针对绿能技术的研发投资进行补贴；在发电方面，则以价格工具（如批量购买机制）搭配数量工具（如竞标机制）进行。依据台湾综合研究院的推算，在同样达到可再生能源发电占8%以上的情况下，批量购买机制比发电量补贴更能有效提升可再生能源的发电量，也更容易达到发电所占比重目标，因此对整体经济的冲击相对较小，两者造成的GDP平均损失分别为6000万元和3.3亿元。

表3　可再生能源发展策略类别

诱因机制	政策工具	说明	功能
价格市场工具	Feed-in Tariffs (FIT) Feed-in Premiums (FIP)	FIT承诺批量购买价格。 FIP则在电力市场均衡价格上加上额外补贴。	为优先考虑的策略。 可针对个别技术设定。 政府容易管理。 可鼓励特定技术发展并降低成本。 FIP可形成发电企业彼此竞争的环境。 电网的操作成本会由费率结构弥补。批量购买期通常为10~20年，承诺期越长，投资风险越低。
财政诱因	税负减免	如能源税或碳税减免	通常为辅助性政策工具，其有效性视其他政策而定，如能源税率较高的国家，因可再生能源发电所减免的能源税，其诱因较能源税率低的国家来得大。
	投资奖励		可降低投资成本，通常与价格工具配套执行。

续表

诱因机制	政策工具	说明	功能
数量市场工具	配额责任	政府设定可再生能源目标,并将目标责任分配给生产者、供应者或消费者,规定供电或用电比例。通常通过绿色交易凭证(Tradable Green Certificates,TGC)执行。	提供直接投资诱因。通过购买凭证增加可再生能源设置诱因。凭证可作为公司责任达成的依据。凭证价格由市场决定,但受到配额目标、罚责的轻重及责任要求的存续性影响。TGC 为中性技术的支持工具,可促进成本有效的技术选项发展。
	标售系统	标售特定技术发电量,由最低价者得标。	

资料来源:台湾综合研究院。

《再生能源发展条例》① 已明定采取保障收购电价作为发展可再生能源的诱导工具。台湾的可再生能源电能批量购买费率审定机制，主要由相关部门、专业领域的专家学者及团体代表组成可再生能源电能费率审定会，每年考查、修正发展各项可再生能源所需成本及合理利润，审定、公告各项可再生能源发电设备生产电能的批量购买费率（如表 1 与表 2 所示）。

由于技术尚待提升、设置地点受限与设置成本较高等因素，风力、川流式水力、地热、沼气等可再生能源无法广泛设置，例如早期提倡的陆地型风力因台湾沿岸适合大型风机的设置特点，多数已于 2010 年和 2011 年完成设置；一般屋顶型或地面型风机，则有低频噪声与外观的环境问题；川流式水力发电设备，则因在办理设备认定前先取得农田水利会或水利主管部门的同意函；地热发电设备在技术仍尚未成熟，后续维护工作困难，且不属于《非都市土地使

① 条例明定的可再生能源包括太阳能、生物质能、地热能、海洋能、风力、水力（不含抽蓄水力）、一般废弃物与一般事业废弃物等，经直接利用或处理所产生的能源。同时该条例也规定可再生能源发电奖励总装置容量为 6.5 ~ 10GW，并规划至 2020 年达成该项推广目标。届时台湾可再生能源的总装置容量所占的比重可达 12% ~ 15%，而总发电量所占比重约达 8% ~ 10%。该条例提列的推广机制包括：采取保账收购电价，规定台湾电力公司应以固定价格，于并联日后起算 20 年内，收购可再生能源发电设备装置者的电能；设置再生能源发展基金作为提供再生能源电价补贴、设备补贴、示范补助及推广利用等的重要资金来源；提供有发展潜力的可再生能源示范补助及设备补助等。

用管制规则》容许使用设置可再生能源设施项目等执行层面的问题，使发展受到限制。相较其他可再生能源的设置情况，人们对申请太阳光电发电设备的设置情况十分踊跃，以2013年为例，太阳光电推广目标容量比原目标提升了35%（由130MW提升至175MW）（见表4）。

表4 历年可再生能源发电设备核准案件与装置容量

年度＼能源类型	太阳光电		风力		生物质能		川流式水力	
	核准案件	装置容量	核准案件	装置容量	核准案件	装置容量	核准案件	装置容量
2010年	1081	155147kW	31	330295kW	1	120kW	2	1825kW
2011年	1162	75943kW	24	233805kW	—	—	1	225kW
2012年	1428	107664kW	12	16665kW	3	600kW	—	—
2013年11月	2301	178614kW	8	8052kW	4	542kW	1	165kW
合　计	5972	517368kW	75	588817kW	8	1262kW	4	2215kW

资料来源：台湾综合研究院，本文作者绘制。

国际上对可再生能源电能的批量购买制度，可区分为固定电价系统（Feed in Tariff，FIT）与再生能源配比义务（Renewable Portfolio Standard，RPS）。两者都有其相应的缺点，以德国和世界上其他采取FIT的国家为例，遭遇到多次太阳光电申请设置量过多而导致预算无法负荷的问题，而采取RPS的国家，将使电力发展着重于较低成本的可再生能源（如风力），丧失了能源多元化的来源。

台湾为稳健推广多元化可再生能源，于2011年制定了《太阳光电发电设备竞标作业要点》，在固定电价批量购买（FIT）基础上导入太阳光电竞标制度①，即每年可再生能源电能费率审定会审定太阳光电批量购买费率（见表1与表2）后，在公告的推广目标容量范围内进行竞标作业，除使设置成本透明化外，打折后的批量购买费率更可反映企业成本，并提升运转并联容量（见表5），以有效达到推广目标容量。

① 依《太阳光电发电设备竞标作业要点》规定，参与竞标作业的对象为屋顶型（装置容量30kW以上）及地面型的申请案件，得标后方可取得设置核准同意备案。

表 5 历年可再生能源推广目标容量与运转并联容量*

年 度	推广目标容量(MW)	运转并联容量(MW)	目标达标率(%)
2010 年	64	49.38	77.2
2011 年	70	68.71	98.2
2012 年	100	98.68	98.7
2013 年 11 月	175	96.27	55.0

*依据《再生能源发电设备设置管理办法》申请设置核准后，各项可再生能源发电设备约有一年的发电设备设置期间，因而递延了运转并联的时间点。

资料来源：台湾综合研究院，本文作者绘制。

三 问题与展望

为促进能源多元化，改善环境质量并达到节能减碳目的，台湾于 2009 年制定了《再生能源发展条例》，期望通过发电设备生产电能的批量购买奖励制度，在核定的推广目标下，促进可再生能源的发展。本报告梳理了台湾过去的电价与可再生能源的发展，说明了电价制度、可再生能源发展策略及可再生发展成效的关系。

在众多推动可再生能源发展的政策工具中，台湾曾经推动过设备投资补贴、设定可再生能源所占比重的目标等，结果造成设施运转效率过低的问题，目前改为批量购买费率搭配装置容量标售机制，虽然快速带动了太阳光电装置的发展，提高了发电成效，但为追求可再生能源与社会的持续发展，仍存在许多努力与进步的空间。

在财政层面，面对台湾电价调整困难的现状，批量购买制度对整体财政与经济效率的负担，将成为台湾未来发展可再生能源的障碍。太阳光电技术成本快速下降，预期将提早实现可再生能源发电成本与电价的黄金交叉，在此情况下批量购买制度应及早思考建立退出机制，将有限的资源做最有效的配置。

在技术层面，目前可再生能源技术发展过度集中于太阳光电，对尚处于技术研发初期的其他技术（如海洋能、地热等)，需要进行更多的研发工作，以促进技术早日步入应用及商业化阶段，提供多元化的可再生能源发展选择。

在经济层面，电价制度的调整与电业的自由化，将是未来长期能源供应稳定发展的基础，也是可再生能源持续发展的依据。在目前电价远低于可再生能源批量购买费率的情况下，多数发电企业将可再生能源的发电量以较高的批量购买费率出售给台湾电力公司，自用电力则依然以较低电价使用台湾电力公司提供的电能，此举等同于将可再生能源的发电成本转嫁给百姓负担，唯有电价回归市场机制，才能形成批量购买制度退出的契机，并使可再生能源发电企业基于市场诱因而非保证价格下的巨幅价差进行发电。

鉴于人类可持续发展的长远目标及能源资源极端有限的现实，可再生能源是必然的发展方向，虽然台湾当前的能源结构与能源价格制度存在诸多问题，如批量购买机制何时退出、如何由市场供需机制来决定绿色电能价格等，但通过多方的讨论与意见交流，一条虽不完美但从未停止前进的道路正在铺设。

参考文献

[1] 台湾经济部门：《能源报导》2011 年 6 月。

[2] 台湾经济部门：《台湾能源统计手册》（2012 年）。

[3] 中技社：《台湾能源及电力业的挑战与机会》，2013。

[4] 台湾电力公司：《台湾电力公司永续报告书》，2013。

[5] 台湾综合研究院：《再生能源发电设备认定作业计划》，2013。

[6] Gawande, K., Berrens, R. P., & Bohara, A. K., "A Consumption-Based Theory of the Environmental Kuznets Curve," *Ecological economics*37 (2001): 101 - 112.

[7] International Energy Agency, *World Energy Outlook*, 2008.

B.13

北京市碳排放权交易试点进展研究

佟 庆*

摘 要：

"十二五"时期是市场手段在北京市低碳发展领域发挥重要作用、与行政手段形成必要互补的一个有利时机。北京市碳排放权交易试点的第一阶段为3年（2013～2015年）。本报告根据北京市碳排放权交易体系的建设进展，对覆盖范围、交易产品、排放核算与报告方法、配额分配等关键技术问题进行了描述。北京市碳排放权交易试点具有以下特色：①进行碳排放核算、报告和接受配额分配的主体是法人企业（单位）而非发达国家所惯用的排放设施；②由于电力消费而导致的间接排放计入企业（单位）的二氧化碳排放总量之中，并接受相应的配额分配；③覆盖了服务业和轻工业的若干子行业。北京市碳排放权交易试点工作是发展中国家应对气候变化的一项有益探索，可为在未来建立全国乃至全球统一的碳市场积累有用的经验。

关键词：

北京市碳排放权交易体系 覆盖范围 碳排放核算 配额分配

一 北京市开展碳排放权交易的背景和意义

"十一五"期间，北京市在节能和低碳发展方面成效显著。到2010年，全市万元地区生产总值（GDP）能耗已降至0.582吨标煤，为全国同期最低水

---

* 佟庆，清华大学能源环境经济研究所副教授。

平。“十一五”期间全市万元 GDP 能耗年均下降 5.99%，5 年累计下降 26.59%，下降幅度位居全国首位，是全国唯一连续 5 年完成年度目标的省级地区。全市碳排放强度降低约 29%。

行政手段在全市产业结构调整、能源结构优化和节能方面发挥了决定性的作用。到 2010 年，全市第三产业增加值占 GDP 的比重已达到 75%，比 2005 年提高了 5% 以上；同期第二产业增加值比重从 29% 降至 24%，降幅约为 5%。煤炭消费比重大幅降低，占一次能源的比重由 2005 年的 42.7% 下降到 2010 年的 30%。“十一五”期间产业结构调整对北京市节能工作的贡献率约为 80%，能源结构调整对碳排放强度下降的贡献率达到 11%①。

北京市“十一五”期间在节能低碳领域取得的巨大成效，意味着未来实现低碳发展的空间已越来越有限，以传统手段推进节能减碳工作的难度和成本逐渐增大，目前正是市场机制发挥重要作用、与行政手段形成必要互补的一个有利时机。因此，《北京市“十二五”时期节能降耗及应对气候变化规划》提出了“研究制定重点企业温室气体排放总量控制目标，制定《碳交易试点实施方案》，试点开展碳排放权交易”的要求。正如北京市前市长郭金龙所说，开展碳排放权交易试点是北京市“十二五”时期控制温室气体排放的一项重要工作。

二　北京市碳排放权交易体系的建设进展和时间安排

在我国首批 7 个碳排放权交易试点省市之中，北京市是第一个启动了试点建设工作，并且第三个开市的城市。北京市发展和改革委员会（以下简称“市发改委”）作为全市节能和应对气候变化的领导机构，在“十二五”伊始即组织相关专家和研究单位进行制度和技术层面的准备工作。按照现有的制度设计，北京市碳排放权交易体系建设需要分阶段进行，试点的第一阶段为 3 年（2013～2015 年）。

① 北京市发展和改革委员会：《北京市“十二五”时期节能降耗及应对气候变化规划》，http://www.bjpc.gov.cn/fzgh_1/guihua/12_5/12_5_zx/，2011。

表1梳理了北京市碳排放权交易体系建设已经取得的一些成就及未来的主要工作安排。其中，有两项最重要的里程碑事件：一是在2012年3月28日成功举办了北京市碳排放权试点启动仪式，公布了交易试点将实行二氧化碳排放配额制度，以北京市辖区内的排放企业（单位）为交易主体，以碳排放配额和由中国温室气体自愿减排交易活动产生的中国核证减排量（CCERs）为交易产品，主要采取市场化方式交易①；二是在2013年11月28日，北京市碳排放权交易市场鸣锣开市，首个交易日实现了“开门红”，总成交量达4.08万吨，成交额达204.1万元，场外转让均价为50元/吨，线上公开交易均价为51.25元/吨②。

表1 北京市碳排放权交易试点第一阶段时间表

	时间	事项
已完成	2012年3月	成功举办北京市碳排放权试点启动仪式
	2013年8~10月	重点企业(单位)2009~2012年二氧化碳排放状况在线直报并接受核查
	2013年11月	1. 市发改委对既有设施2013年度碳排放配额进行免费核发 2. 北京市碳排放权交易市场正式开市
	2014年3~5月	1. 重点企业(单位)2013年二氧化碳排放状况在线直报与接受核查 2. 市发改委根据核查结果,免费核发个别企业的2013年度配额调整量,免费核发新增设施2013年度碳排放配额
待完成	2014年6月	1. 企业(单位)对其2013年实际排放量进行上缴(履约清算) 2. 市发改委对既有设施2014年度碳排放配额进行免费核发
	2015年3~5月	1. 重点企业(单位)2014年二氧化碳排放状况在线直报并接受核查 2. 市发改委根据核查结果,免费核发新增设施2014年度碳排放配额
	2015年6月	1. 企业(单位)对其2014年实际排放量进行上缴(履约清算) 2. 市发改委对既有设施2015年度碳排放配额进行免费核发
	2016年3~5月	1. 重点企业(单位)2015年二氧化碳排放状况在线直报并接受核查 2. 市发改委根据核查结果,免费核发新增设施2015年度碳排放配额
	2016年6月	企业(单位)对其2015年实际排放量进行上缴(履约清算)

注：作者根据相关资料整理。

---

① 新华社：《北京市28日举行仪式启动碳排放权交易试点工作》，http://www.gov.cn/jrzg/2012-03/28/content_2102055.htm，2012。

② 杜燕、曾鼐：《北京碳交易正式开市专家学者论低碳》，http://finance.chinanews.com/ny/2013/11-28/5559610.shtml，2013。

根据北京环境交易所网站上公布的数据，北京市碳排放权交易体系自2013年11月28日开市至2014年2月28日，累计成交量55550吨。其中线上公开交易成交量15550吨，成交均价51.49元/吨；协议转让成交量40000吨，成交均价50元/吨[①]。

三 北京市碳排放权交易体系的关键技术问题

在2013年4～11月北京市碳排放权交易市场正式开市前的这段时间里，市发改委陆续发布了一系列政府文件，涵盖了北京市碳排放权交易体系的主要规则和要素。本部分根据这些文件，对北京市碳排放权交易体系的一些关键技术问题进行具体论述。

（一）覆盖范围

《京都议定书》规定了包括二氧化碳、甲烷、氧化亚氮等在内的7种温室气体。然而，根据欧盟、美国加利福尼亚州、澳大利亚等发达国家和地区的碳排放权交易体系的建设经验，碳排放权交易体系的覆盖范围应该是逐步扩大的。在主要发达国家开展碳排放权交易的初级阶段，一般只覆盖二氧化碳这一种温室气体。因此，在北京市碳排放权交易试点的第一阶段，暂时也只将二氧化碳作为强制控制的温室气体种类。这种覆盖范围实际上也是与我国和本市的温室气体排放控制目标相一致的，因为在"十二五"期间，只将单位GDP的二氧化碳排放强度下降率作为约束性目标，实施温室气体排放控制。

从排放机理来看，北京市碳排放权交易体系目前包括了4类排放源：①源自能源利用（固定设施中的化石燃料燃烧和能源作为工业生产的原材料消耗）的直接排放；②源自工业生产过程的直接排放（指在工业生产活动中，除能源的使用以外所发生的物理变化或化学反应，导致温室气体排放，具体到北京市，主要是水泥熟料生产企业煅烧石灰石所导致的二氧化碳排放）；③制造业

① 北京环境交易所：《北京市碳排放权交易周报》，http://images.bjets.com.cn/www/201401/tpfjyzb140224.pdf，2014。

企业协同处置废弃物所导致的直接的二氧化碳排放（根据企业报告数据，制造业企业协同处置废弃物虽然具有环保效果，但会导致其自身能耗的小幅上升，因此为保证碳排放权交易体系的公平性，应在排放量核算和配额分配方面予以适度核增）；④企业净购入的电力消费所对应的电力生产环节产生的二氧化碳排放，属于间接排放。

在北京市碳排放权交易体系的参与主体（称为“重点排放单位”）的筛选方面，抓大放小，采用了国际通用的“规模准则”。对重点排放单位的覆盖门槛是年二氧化碳直接排放量与间接排放量之和大于 1 万吨（含），重点排放单位需履行年度控制二氧化碳排放责任①。北京市对“重点排放单位”的定义与我国对“重点用能单位”的定义具有较高的类似性，根据《中华人民共和国节约能源法》的规定，重点用能单位有以下两类：①年综合能源消费总量 1 万吨标准煤以上的用能单位；②国务院有关部门或者省、自治区、直辖市人民政府管理节能工作的部门指定的年综合能源消费总量 5000 吨以上不满 1 万吨标准煤的用能单位②。根据市发改委公布的数据，全市现有不到 600 家重点用能单位，其中约 490 家为重点排放单位。重点排放单位少于重点用能单位的主要原因是从中剔除了以移动源排放为主的交通运输企业。

从覆盖的行业范围来看，北京市碳排放权交易体系主要涵盖了三大类行业：①电力、热力生产行业，简称“能源业”，又可进一步划分为热电联产（考虑到机组效率问题，北京市没有单纯发电企业）和纯供热两个子行业；②制造业和其他工业，包括以轻工业为主的 25 个子行业；③服务业，包括批发、零售、住宿、餐饮、公共管理等 13 个子行业。

（二）交易产品

北京市碳排放权交易市场目前包括两种交易产品，即二氧化碳排放配额和核证自愿减排量。

---

① 北京市发展和改革委员会：《北京市发展和改革委员会关于开展碳排放权交易试点工作的通知》，http：//www. bjpc. gov. cn/tztg/201311/t7020680. htm，2013。

② 中华人民共和国主席令：《中华人民共和国节约能源法》，http：//www. gov. cn/ziliao/flfg/2007 - 10/28/content_ 788493. htm，2007。

二氧化碳排放配额是市主管部门为重点排放单位核发的年度二氧化碳排放总量限额，代表了相关企业（单位）的碳排放权利，是北京市碳排放权交易市场的主要交易标的。

允许参与主体通过项目交易获取核证自愿减排量（由国家发改委批准备案，简称“CCER”）。目前市发改委也在组织专家探讨开发本市特有的补偿机制的可能性。但无论是使用核证自愿减排量还是使用来自其他补偿机制的补偿量，最多只能抵扣重点排放单位5%的年度二氧化碳排放量，以促进企业（单位）自身节能减碳行动的优先开展。

（三）二氧化碳排放量核算、报告和核查

市发改委已组织开发并正式对外公布了《北京市企业（单位）二氧化碳核算和报告指南（2013版）》[①]。根据该指南要求，应在法人或视同法人单位的企业层面开展二氧化碳核算和报告工作，按排放机理划分了与北京市碳排放权交易体系覆盖范围相一致的4类排放源。由于不同行业所涵盖的排放源不尽相同，该指南提供了专门针对热力生产和供应企业、火力发电企业、水泥制造企业、石化生产企业、其他工业企业、服务业企业（单位）6个行业类型的二氧化碳排放核算和报告子方法学。

市发改委还组织开发了企业二氧化碳排放状况的网上直报系统，并已实现了与市发改委主页的链接和应用。重点排放单位仅需填报分品种的化石能源消耗、电力消耗等原始数据，即可由该系统自动计算出每个企业（单位）的二氧化碳排放总量、分排放源和主要排放设施的排放量等数据，并自动生成企业（单位）的二氧化碳排放状况报告。

每个重点排放单位填报的所有数据都须接受市发改委授权的第三方机构的核查。市发改委也在其网站上发布了《北京市碳排放权交易核查机构管理办法（试行）》[②]。

① 北京市发展和改革委员会：《北京市发展和改革委员会关于开展碳排放权交易试点工作的通知》，《北京市企业（单位）二氧化碳核算和报告指南（2013版）》（附件1），http://www.bjpc.gov.cn/tztg/201311/t7020680.htm，2013。

② 北京市发展和改革委员会：《北京市发展和改革委员会关于开展碳排放权交易试点工作的通知》，《北京市碳排放权交易核查机构管理办法（试行）》（附件2），http://www.bjpc.gov.cn/tztg/201311/t7020680.htm，2013。

重点排放单位经核查无误的二氧化碳排放量，是对其进行配额核定和履约的主要参考依据。

（四）配额分配

市发改委已组织开发并正式对外公布了《北京市碳排放权交易试点配额核定方法（试行）》①，其中包括了以下三种子方法学：

1. 基于历史排放总量的配额核定方法

适用于2013年1月1日之前投运的制造业、其他工业和服务业企业（单位）。配额核定公式如下：

$$A = E \times f$$

式中：

A 为企业（单位）既有设施二氧化碳排放配额，单位为吨二氧化碳；

E 为企业（单位）2009年、2010年、2011年、2012年二氧化碳排放总量的平均值，单位为吨二氧化碳；

f 为二氧化碳排放控制系数（以下简称“控排系数”），是市主管部门依据全市“十二五”GDP平均增速目标、各相关行业碳强度下降目标、各行业碳排放历史平均水平和年均增幅综合测算确定的，用于核定企业（单位）既有设施排放配额的参数，具体取值见表2。既有设施是指2013年1月1日之前投入运行的固定设施。下同。

2. 基于历史排放强度的配额核定方法

适用于供热企业（单位）和火力发电企业在2013年1月1日之前已投入运行的排放设施（机组）。配额核定公式如下：

$$A = (P_{电} \times I_{电} + P_{热} \times I_{热}) \times f$$

式中：

A 为企业排放设施的二氧化碳排放配额，单位为吨二氧化碳；

① 北京市发展和改革委员会：《北京市发展和改革委员会关于开展碳排放权交易试点工作的通知》，《北京市碳排放权交易试点配额核定方法（试行）》（附件3），http://www.bjpc.gov.cn/tztg/201311/t7020680.htm，2013。

表 2　各行业年度控排系数取值

单位：%

	2013 年	2014 年	2015 年
制造业和其他工业企业	98	96	94
服务业企业(单位)	99	97	96
火力发电企业的燃气设施	100	100	100
火力发电企业的燃煤设施	99.9	99.7	99.5
供热企业(单位)的燃气设施	100	100	100
供热企业(单位)的燃煤设施	99.8	99.5	99.0

资料来源：北京市发展和改革委员会《北京市碳排放权交易试点配额核定方法（试行）》。

$P_{电}$为核定年份设施的供电量，单位为兆瓦时（MWh）；

$P_{热}$为核定年份设施的供热量，单位为吉焦（GJ），若相关单位不能提供经过第三方核查的供热量计量数据，则由市主管部门按照北京市不同燃料供热设施的效率情况进行核定；

$I_{电}$为 2009 年、2010 年、2011 年、2012 年设施供电二氧化碳排放强度的平均值，单位为吨二氧化碳每兆瓦时；

$I_{热}$为 2009 年、2010 年、2011 年、2012 年设施供热二氧化碳排放强度的平均值，单位为吨二氧化碳每吉焦；

f为控排系数。

3. 企业（单位）新增设施二氧化碳排放配额核定方法

新增设施二氧化碳排放配额按所属行业的二氧化碳排放强度先进值进行核定。新增设施二氧化碳排放配额核定公式如下：

$$N = Q \times B$$

式中：

N 为新增设施二氧化碳排放配额，单位为吨二氧化碳；

Q 为新增设施二氧化碳排放对应的活动水平，包括主要产品的产量/产值/建筑面积等；

B 为新增设施二氧化碳排放所属行业的二氧化碳排放强度先进值，取值另行公布。

四 结束语

与目前主要发达国家已付诸实施的碳排放权交易体系相比，北京市碳排放权交易试点具有以下特色：

第一，进行碳排放核算、报告和接受配额分配的主体是法人企业（单位）而非发达国家所惯用的排放设施。原因有二：首先，二氧化碳排放与能源活动息息相关，以法人作为碳排放核算与报告边界与我国现行能源统计报告的制度相一致；其次，根据我国现行的能源计量强制性标准《用能单位能源计量器具配备和管理通则》（GB 17167—2006）[①]，仅在法人企业层面强制要求安装精确度较高的能源计量器具，因此无论从普及率还是从能源计量器具的准确性角度来看，目前北京市还无法做到按照设施核算和报告能源活动的水平与碳排放量。

第二，由于电力消费而导致的间接排放计入企业（单位）的二氧化碳排放总量之中，并接受相应的配额分配。目前全市约 2/3 的电力消费量是从华北电网调入的。在我国电价不可传导的现行体制下，北京市碳排放权交易体系覆盖了电力消费所导致的间接排放，有助于防范从北京市向周围省市发生碳排放转移或碳泄漏的风险。

第三，北京市已经历了一个相对较长时期的产业结构调整，第三产业和轻工业已在全市地区生产总值中占有了主导性的比重。因此，虽然目前发达国家的碳排放权交易体系一般只关注和覆盖高耗能工业行业，但是北京市碳排放权交易试点进一步覆盖了服务业和轻工业的若干子行业，目前共覆盖了 40 个子行业。覆盖的行业范围越广，意味着交易体系越复杂。在国际层面缺乏有效的经验和数据，也为北京市碳排放权交易试点工作带来了很大挑战。

总的来看，世界上每一个碳排放权交易体系的建设和运行，都需要经历一个“边干边学”的过程。无论北京市碳排放权交易试点工作成败与否，都是

① 中华人民共和国国家质量监督检验检疫总局，中国国家标准化管理委员会：《用能单位能源计量器具配备和管理通则》（GB 17167—2006），http：//www.smqi.gov.cn/Uploadfiles/20091016105417982.pdf，2006。

我们应对气候变化的一项有益探索，可为在未来建立全国乃至全球统一的碳市场积累有用的经验。

参考文献

［1］北京市发展和改革委员会：《北京市“十二五”时期节能降耗及应对气候变化规划》，http：//www. bjpc. gov. cn/fzgh_ 1/guihua/12_ 5/12_ 5_ zx/，2011。

［2］新华社：《北京市 28 日举行仪式启动碳排放权交易试点工作》，http：//www. gov. cn/jrzg/2012 －03/28/content_ 2102055. htm，2012。

［3］杜燕、曾鼐：《北京碳交易正式开市专家学者论低碳》，http：//finance. chinanews. com/ny/2013/11 －28/5559610. shtml，2013。

［4］北京环境交易所：《北京市碳排放权交易周报》，http：//images. bjets. com. cn/www/201401/tpfjyzb140224. pdf，2014。

［5］北京市发展和改革委员会：《北京市发展和改革委员会关于开展碳排放权交易试点工作的通知》，http：//www. bjpc. gov. cn/tztg/201311/t7020680. htm，2013。

［6］中华人民共和国主席令：《中华人民共和国节约能源法》，http：//www. gov. cn/ziliao/flfg/2007 －10/28/content_ 788493. htm，2007。

［7］北京市发展和改革委员会：《北京市发展和改革委员会关于开展碳排放权交易试点工作的通知》，《北京市企业（单位）二氧化碳核算和报告指南（2013 版）》（附件 1），http：//www. bjpc. gov. cn/tztg/201311/t7020680. htm，2013。

［8］北京市发展和改革委员会：《北京市发展和改革委员会关于开展碳排放权交易试点工作的通知》，《北京市碳排放权交易核查机构管理办法（试行）》（附件 2），http：//www. bjpc. gov. cn/tztg/201311/t7020680. htm，2013。

［9］北京市发展和改革委员会：《北京市发展和改革委员会关于开展碳排放权交易试点工作的通知》，《北京市碳排放权交易试点配额核定方法（试行）》（附件 3），http：//www. bjpc. gov. cn/tztg/201311/t7020680. htm，2013。

［10］中华人民共和国国家质量监督检验检疫总局，中国国家标准化管理委员会：《用能单位能源计量器具配备和管理通则》（GB 17167—2006），http：//www. smqi. gov. cn/Uploadfiles/20091016105417982. pdf，2006。

B.14

湖北省工业行业能源消费碳排放差异及其影响因素研究

张奋勤　孙永平　余珮*

摘　要：

碳排放权交易是以较低成本实现温室气体控制目标的市场化手段，湖北省是国家发改委批准的低碳省份试点和碳排放权交易试点。本文利用《湖北统计年鉴》和《中国工业统计年鉴》进行数据挖掘和数据整理，在此基础上，全面分析了湖北省重点行业碳减排差异。本文的研究结论对于提高碳排放权交易的公平性和经济性，以较低的经济代价推动湖北省低碳发展具有一定意义。

关键词：

湖北省　工业行业　碳排放　能源消耗

一　前言

经过30多年的改革开放，湖北已建成门类齐全、种类众多的工业体系。2013年湖北GDP总量达到24668亿元，居全国第9位，居中部六省第2位，整体经济仍然处在相对高位且比较健康的平稳较快增长区间，经济总量处于国内中等水平。但是，湖北经济正处于资源、环境约束最为严重的时期，碳排放总量和强度处于全国较高水平。如何化解经济快速发展对资源、能源消耗的高

* 张奋勤，碳排放权交易湖北省协同创新中心，湖北经济学院；孙永平，碳排放权交易湖北省协同创新中心，湖北经济学院；余珮，对外经济贸易大学国际经济贸易学院。作者感谢碳排放权交易湖北省协同创新中心团队项目（项目编号：13YTD003）的资助，感谢匿名审稿人的宝贵建议。文责自负。

度依赖，如何突破资源、能源的瓶颈约束，实现低碳、绿色和可持续发展，成为今后一个时期湖北发展面临的主要难题。

2010 年，湖北省被国家发改委批准为低碳试点省份。2011 年，又被批准为碳排放权交易试点省份。2012 年，国务院发布的《关于大力实施促进中部地区崛起战略的若干意见》提出，要继续推进湖北省国家低碳试点行动，支持湖北省开展碳排放权交易试点，合理确定碳排放初始交易价格。2013 年，十八届三中全会明确提出，发展环保市场，推进碳排放权交易制度，建立吸引社会资本投入生态环境保护的市场化机制。2014 年，《湖北省政府工作报告》也明确提出，“建立湖北碳交易所，为打造全国碳金融市场创造条件”。2014 年 4 月 2 日，湖北省碳市场已经启动交易。湖北省碳排放权交易体系的准入门槛为，2010 或者 2011 年任何一年综合能耗达到 6 万吨标准煤，目前这是全国准入门槛最高的碳市场。从行业结构来看，涵盖了建材、化工、化纤、电力、冶金、食品饮料、石油、医药、造纸和汽车及其他设备制造等 12 个行业，共 138 家企业。

目前，湖北省的碳排放总量和增长率以较快的速度增长。从图 1 我们可以看到，2001 ~2011 年湖北碳排放量一直呈现出上升趋势，说明就总量而言，湖北目前的碳排放仍然处于绝对排放量增加的阶段，因此实现 CO_2 总量控制目标是湖北省面临的艰巨任务。就增长速度而言，湖北省 11 年间的平均增长

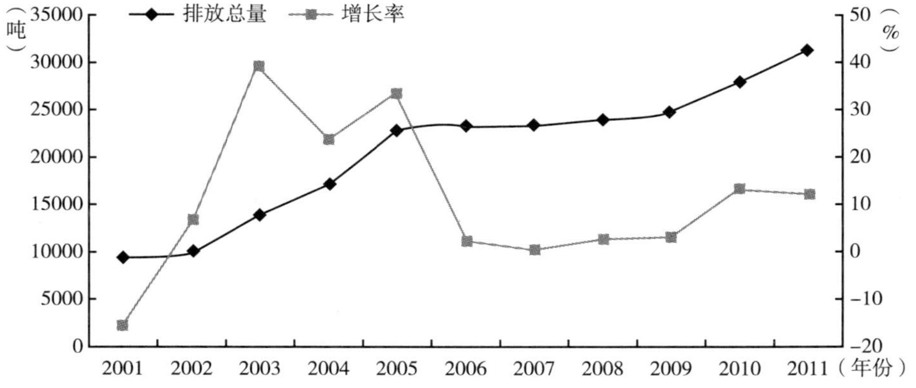

图 1　湖北省碳排放总量及其增长率

资料来源：2001 ~2012 年《湖北统计年鉴》。

率超过了10%，2003年、2004年和2005年3年的增长率超过了22%，2003年甚至高达40%。2006年由于国家在“十一五”规划中明确提出节能减排的战略目标，同时出台了一系列政策措施，包括节能补贴及加强对地方官员的节能考核等，因此湖北省开始重视CO_2的减排控制，2006年当年的排放量增长速度出现了明显下降。但是，2009开始的大规模经济刺激计划，又使增长率出现抬头趋势，以至于2010年和2011年的增长率均超过了10%。总之，无论是从总量还是从增长率来看，湖北省CO_2排放的形势都是非常严峻的，所以启动碳排放权交易试点势在必行。

二 文献综述与数据处理

Shrestha等（2009）对亚太地区15个国家电力行业的CO_2排放量变化进行分解分析，表明经济增长效应和电力强度效应是CO_2排放量增加的主导因素，而燃料强度和能源结构效应会降低CO_2排放量，但影响程度因国家而异。Fujii和Managi（2013）采用分解法探讨了23个OECD国家的木制品和纸制品产业的人均CO_2排放量影响因子，发现电力能源使用的增加可以降低CO_2强度，证实了核电和再生能源对降低CO_2的贡献。孙宁（2011）通过对中国制造业30个行业的CO_2排放分解，证实了技术进步所导致的能源强度下降具有显著的CO_2减排效应。许金华和范英（2013）对中国水泥制造业过去20年CO_2的排放因素进行分解，结果显示，产出的增长是该产业CO_2排放增加的主导原因。Zhao等（2013）则采用滞后自回归分布模型（ARDL）分析了中国电力产业1980~2010年CO_2排放的影响因素。实证结果发现，电力能源需求、短期内电力产业工业增加值是CO_2排放增加的主要的原因，Granger因果关系检验证实CO_2减排压力是促使中国电力产业技术进步的主要原因。

Liu等（2007）通过对中国36个工业产业在1998~2005年的CO_2排放因素进行分析发现，工业生产活动和能源使用强度是导致CO_2排放增加的直接原因。陈诗一（2011）通过方向性距离函数和多项式动态面板预测模型，结合行业异质性考察了中国CO_2税率设定的合理性，研究表明对某些重工业，需要把征收CO_2税和其他环境政策结合起来实施，才有利于实现碳强度减排指标。Hasanbeigi 等（2013）以中国水泥产业为研究对象，从能源和经济角度分析该产业的节能机理，通过自下而上的能源守恒曲线（CVS）演绎，纳入 CO_2 减排潜力等因素证实23 种节能技术的有效性。

既有文献从多个角度对行业层面的 CO_2 排放的相关因素进行了分析。但是，由于地区发展不平衡，不同地区拥有比较优势的产业差异较大，从而影响 CO_2 排放量的地区分布。目前，湖北经济发展所处的阶段和产业结构特征，使得湖北碳市场对国家建立全国碳市场具有极强的借鉴意义，所以分析湖北重点行业的碳排放差异也就有了现实意义。

由于中国目前缺乏 CO_2 排放统计体系，无法直接得到工业行业 CO_2 排放的准确量，只能通过能源统计体系获得工业行业能源消耗量，再根据 IPCC 或国家发改委气候司发布的各品种能源的排放系数，间接计算得到各行业的 CO_2 排放量。从《湖北统计年鉴》中可以获得湖北省工业分行业分品种的能源消费量，但是不能得到反映各行业经营状况的特征变量，《中国工业统计年鉴》中提供了各省分行业的特征变量，但是两个统计体系涵盖的工业范围并不一致。基于资料的可得性和可比性，本文选取了《中国工业统计年鉴》涵盖的26 个行业作为研究对象。由于《湖北统计年鉴》的能源消费只涵盖了原煤、汽油、柴油和电力 4 种能源，所以本文在计算各工业行业 CO_2 排放量的时候，只考虑了这 4 种能源。

关于碳排放量的计量对象问题，目前讨论的主要有三种方式：在能源开采端计量、在产品生产端计量和在产品消费端计量，究竟采取哪种方式，学术界存在不小的争议。但是，在产品生产端计量是目前各国普遍实行的计量模式。因此，本文也采取在生产端计量的方式，既考虑了原煤等一次能源，又考虑了电力等二次能源。显然，造纸、纺织、设备制造等诸多行业二次能源的消费比例远远大于一次能源，如果仅计算一次能源，在行业层面显然是不准确的。本文的最终资料来源于《湖北统计年鉴》《中国工业统计年鉴》《中国能源统计年鉴》，时间范围为 2001 ~2012 年。

三　行业结构分析

作为中部地区的湖北省具有我国典型的经济特征，目前仍处于工业化中期，产业结构不合理，第二产业占全省 GDP 的 48.7%，第一产业和第三产业的发展相对滞后。第二产业又以传统工业和重工业为主，加工组装制造业比重偏低。能源消耗强度居高不下，与东部经济发达省份相比具有较大差距，2010 年单位 GDP 能耗是同期北京市的两倍，在全国各省份中居第 19 位，与发达国家相比差距更大。即使与中部省份比较，湖北省的能源效率也很不理想，单位 GDP 能耗居第 5 位，仅比山西省的能耗略低，极大地制约了湖北省成为中部崛起的战略支点。

为了能够从宏观上厘清湖北省碳排放量的产业结构、能源结构和增长率，本文通过统计图表直观地呈现了相关信息。从表 1 中我们可以看到，电力、热力的生产和供应业是湖北省碳排放量最大的行业，占 11 年间排放总量的比重超过了 1/3，与化学原料及化学制品制造业、非金属矿物制品业、黑色金属冶炼及压延加工业一起，占 11 年间排放总量的比重超过了 3/4。而且，这四大行业 2000～2011 年的年平均增长率都超过了 11.3%。2011 年相比于 2000 年，四大行业碳排放总量分别增长了 1.95 倍、2.59 倍、1.93 倍和 2.09 倍。在所有 39 个工业行业中，前 12 个行业排放总量的比重超过了 91%。

表 1　比重超过 1%的行业的碳排放量及其增长率

行业	2000年	2001年	2003年	2005年	2007年	2009年	2011年	比重（%）	增长率（%）
电力、热力的生产和供应业	3868	2482	5191	6949	8715	7597	11423	34.11	11.44
化学原料及化学制品制造业	1533	1725	2313	5073	4040	4821	5498	18.18	13.62
非金属矿物制品业	1383	1587	1530	3010	2774	3560	4045	13.15	11.33
黑色金属冶炼及压延加工业	1100	582	1300	1838	2364	2568	3400	9.78	11.94
交通运输设备制造业	500	54	765	904	730	844	978	3.61	6.92
有色金属冶炼及压延加工业	272	53	373	891	931	731	862	3.56	12.20
纺织业	320	121	332	659	567	619	698	2.36	8.11
造纸及纸制品业	175	368	247	380	341	349	398	1.74	8.53
食品制造业	228	31	215	262	269	354	453	1.33	7.10
农副食品加工业	119	61	252	145	261	419	482	1.26	15.05
医药制造业	140	52	180	327	300	317	374	1.20	10.30
通用设备制造业	95	35	124	275	220	325	420	1.07	15.97
合　计	9733	7151	12822	20713	21512	22474	29031	91.35	10.96

资料来源：2001～2012 年《湖北省统计年鉴》。

2011年排名第一的电力、热力的生产和供应业的排放总量是排名第二的化学原料及化学制品制造业的2.1倍，是排名第三的非金属矿物制品业的2.8倍，是排名第四的黑色金属冶炼及压延加工业的3.4倍，是排名第五的交通运输设备制造业的11.7倍。可见，湖北省行业之间的碳排放规模存在较大差距。行业之间的碳排放量增长速度也有明显区别，在12个重点行业中，2001～2011年平均增长率超过15%的有2个，12%～15%的有2个，10%～12%的有4个，低于10%的4个。由于产能增加，有些行业未来面临着更为严峻的减排压力，例如化学原料及化学制品制造业。由于生产工艺、设备、能源燃烧效率、工人技术水平等多种因素都会影响不同行业的边际减排成本，因此行业之间必然存在较大差距。

四 能源结构分析

湖北省能源资源的特点是“缺煤、乏气、少油、多水”，能源一直保持供不应求的状态，对外依存度非常高，自给率较低。82%的煤炭、92%的石油及76%的天然气需要从外省输入。

在湖北省的能源消费结构中，主要以原煤为主，其次是原油和电力，天然气所占能源较少。自2000年以后能源消费总量逐年增长，但与此同时能源生产总量自2008年以后保持稳定，能源自给率逐步下降，并呈现加速下降的趋势。

从表2中我们发现，湖北省工业行业碳排放量的能源结构相对稳定，就电力、原煤、汽油和柴油4种能源而言，电力稳定在30%左右，原煤稳定在68%左右，贡献了98%的份额。所以从能源结构来说，湖北省的碳排放量主要来自电力和原煤两种能源。

在图2中，我们统计了各个行业内的能源消费结构。可以看到，大约45%的原煤被用于电力、热力的生产和供应业，大约18%的原煤被用于化学原料及化学制品制造业，大约15%的原煤被用于非金属矿物制品业，这3个行业大约占用煤总量的78%。大约19%的电力被用于化学原料及化学制品制造业，大约18%的电力被用于黑色金属冶炼及压延加工业，大约11%的电力

表 2　湖北省碳排放量的能源结构

年份	电力		原煤		汽油		柴油	
	排放量（吨）	比重（%）	排放量（吨）	比重（%）	排放量（吨）	比重（%）	排放量（吨）	比重（%）
2000	3857	34.95	7051	63.89	35	0.32	94	0.85
2001	2455	26.35	6807	73.08	14	0.16	38	0.41
2002	2741	27.64	7113	71.73	15	0.15	47	0.48
2003	4218	30.60	9444	68.50	40	0.29	83	0.60
2004	5294	31.06	11626	68.20	36	0.21	91	0.53
2005	6156	27.10	16308	71.79	82	0.36	171	0.75
2006	5863	25.29	17043	73.52	106	0.46	169	0.73
2007	6991	30.02	16112	69.19	44	0.19	141	0.60
2008	8077	33.83	15603	65.36	52	0.22	140	0.59
2009	7963	32.39	16437	66.85	49	0.20	139	0.57
2010	9913	35.57	17741	63.66	57	0.20	156	0.56
2011	11161	35.75	19870	63.65	36	0.12	149	0.48

资料来源：2001～2012 年《湖北统计年鉴》。

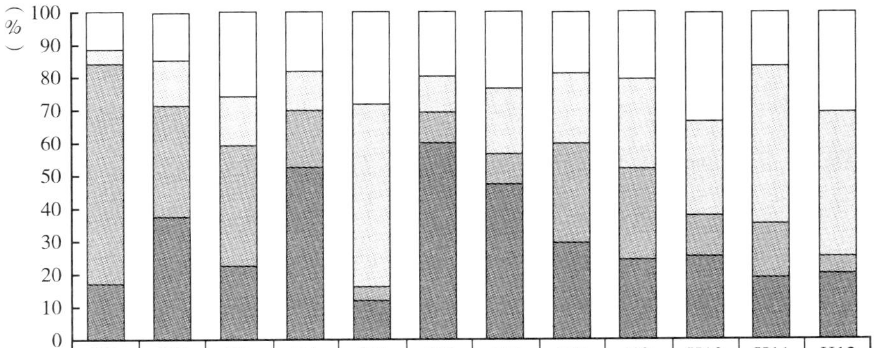

	H1	H2	H3	H4	H5	H6	H7	H8	H9	H10	H11	H12
□柴油（%）	7.67	7.53	10.59	6.23	14.56	2.79	2.61	1.11	1.03	2.58	1.15	3.26
□汽油（%）	2.78	7.18	6.29	4.23	29.08	1.52	2.17	1.28	1.41	2.21	3.37	4.61
▨原煤（%）	44.99	17.81	14.97	6.03	2.30	1.30	1.01	1.75	1.37	0.92	1.14	0.55
■电力（%）	11.37	19.28	9.33	17.98	6.04	8.46	5.26	1.73	1.23	1.95	1.29	2.11

图 2　湖北省工业行业能源消耗比例结构

注：H1 代表电力、热力的生产和供应业，H2 代表化学原料及化学制品制造业，H3 代表非金属矿物制品业，H4 代表黑色金属冶炼及压延加工业，H5 代表交通运输设备制造业，H6 代表有色金属冶炼及压延加工业，H7 代表纺织业，H8 代表造纸及纸制品业，H9 代表食品制造业，H10 代表农副食品加工业，H11 代表医药制造业，H12 代表通用设备制造业。

资料来源：2001～2012 年《湖北统计年鉴》。

被用于电力、热力的生产和供应业，这 3 个行业大约占用煤总量的 48%。大约 15% 的柴油和 29% 的汽油用于交通运输设备制造业。

五 结束语

在碳排放权交易体系中，配额的分配极为关键，因为它不仅关乎减排目标的达成，而且会在减排技术研发、现金流约束、企业文化建设等诸多企业经营决策的核心层面产生深刻影响。由于不同行业的减排规模、潜力和成本都存在较大差距，加之不同行业的行业结构和市场势力也存在较大差异，因此在配额分配中必须考虑不同行业的发展差距。另外，由于不同省份经济发展水平和资源禀赋也存在较大差异，在不同的发展阶段，产业结构具有很强的刚性，并不会因为碳排放权交易体系的引入而快速改变。

从地区层面和行业层面，审视配额分配办法具有重要意义。如果不考虑行业和地区差异，进行配额分配极有可能导致如下结果：惩罚先进企业，奖励落后企业；配额分配过多，导致交易无法顺利进行；导致产业转移和碳泄漏。欧盟的经验也表明，如果分配机制不考虑行业之间的公平性，就会阻碍对碳减排的激励。由于湖北省行业排放规模和增长速度都存在较大差异，在碳排放权交易体系中，如果在配额分配时不考虑行业特征，势必对湖北省重工业的市场竞争力产生显著影响，严重情况下就会发生产业转移。一旦发生产业转移，则不仅会造成碳泄漏，也会使湖北省的经济增长和就业面临较大压力。

湖北省目前正处于工业化中期阶段，行业结构又以重工业为主，而且在未来一段时间内，这种结构并不会发生显著改变。未来 10 年是湖北的黄金增长期（邹薇，2012），改善民生的任务非常繁重，碳排放总量仍将处于上升阶段。因此，湖北省必须基于行业特征，从行业层面出发发展出一套配额分配动态调整机制和行业援助机制，根据各行业的特征，实时调整各行业的配额分配，提高 CO_2 排放权交易的公平性和经济性。同时，必须出台基于行业特征的激励与约束政策，特别是需要出台针对民营企业的激励机制，那些认真履约减碳责任的企业，可以在绿色信贷、项目审批和环境评价等多个方面获得优先权。

参考文献

[1] Hasanbeigi et al., "Energy Efficiency Improvement and CO_2 Emission Reduction Opportunities in the cement industry in China," *Energy Policy*, 2013, Vol. 57, pp. 287 ~ 297.

[2] Liu, L., et al., "Using LMDI Method to Analyze the Change of China's Industrial CO_2 Emissions from Final Fuel Use: an Empirical Analysis," *Energy Policy*, 2007, Vol. 35, pp. 5892 – 5900.

[3] Shrestha, H. et al., "Factors Affecting CO_2 Emission from the Power Sector of Selected Countries in Asia and the Pacific," *Energy Policy*, 2009, Vol. 37, pp. 2375 – 2384.

[4] Zhao, X. et al, "Factors Influencing CO_2 Emission in China's Power Industry: Co-integration Analysis," *Energy Policy*, 2013, Vol. 57, pp. 89 – 98.

[5] 陈诗一:《边际减排成本与中国环境税改革》,《中国社会科学》2011 年第 3 期。

[6] 孙宁:《气候变化对制造业的经济影响研究》,南京信息工程大学博士论文,2011。

[7] 许金华、范英:《中国水泥行业节能潜力和 CO_2 减排潜力分析》,《气候变化研究进展》2013 年第 5 期。

[8] 邹薇:《科学把握"黄金十年"战略机遇》,《湖北日报》2012 年 7 月 4 日。

节能减排与环境治理方法

Energy-saving and Emission Reduction & Environment Control Method

B.15

用环境治理的方法节能减排

张平淡*

摘　要：

尽管节能减排在中国取得巨大进展，但排放总量依然高企，节能减排任务仍然艰巨。本报告从中国节能减排的实际情况出发，分析了环境治理的全过程管理模式与节能减排的关系，国内外研究表明，环境治理的全过程管理显著影响节能减排，然而其不同环节对节能减排的作用存在差异。在此基础上，本报告从全过程管理的源头防治、过程管理和末端治理三个重要环节入手，阐述了环境治理全过程管理模式的不同环节对节能减排的作用，并提出了综合治理的建议。

关键词：

节能减排　全过程管理　源头防治　过程管理　末端治理

* 张平淡，北京师范大学经济与工商管理学院副院长。

2012年，《节能减排“十二五”规划》及《能源发展“十二五”规划》等国家规划相继颁布实施。规划针对典型能源（如煤）的能耗和主要污染排放物（如化学需氧量和二氧化硫）的控制标准给出了目标。比如，2015年，全国化学需氧量和二氧化硫排放总量分别控制在2347.6万吨、2086.4万吨，比2010年各减少8%。而2012年，全国化学需氧量排放总量2423.7万吨，比2010年下降5%；二氧化硫排放总量2117.6万吨，2010年排放量是2185.1万吨，下降3.1%。与此同时，根据环保部公布的2012年各省、自治区、直辖市和八家中央企业主要污染物总量减排核查工作的结果，各省、自治区、直辖市和其中六家央企主要污染物总量减排目标基本顺利完成，仅中石油未完成化学需氧量减排目标，中石化未完成氮氧化物减排目标。尽管节能减排在中国取得巨大进展，但排放总量依然高企，节能减排任务仍然艰巨。在这里，主要探讨环境治理的全过程管理与节能减排的关系及治理方法。

一 环境治理的全过程管理

早在2002年就有观点在分析中国加入世贸组织对企业环境保护与环境管理的影响时提出要以预防为主，进行全过程控制和综合治理[①]。在2006年中国也已经有学者开始研究环境管理模式从末端控制到全过程管理的转变。环境污染产生于生产的全过程。因此，有效的环境治理并不是单纯处理已经排放出来的污染，更应该从生产全过程入手，节约能源并降低可能产生的污染并及时治理，这便是环境保护的全过程管理[②]。环境治理的全过程管理涉及企业整体流程的各个活动与环节，在每个环节都需要采取有效的预防与控制手段。

环境保护的全过程治理包括源头防治、过程管理和末端治理三个重要环节，以大气污染防治为例。源头防治指的是使用更多的清洁能源，减少污染排

① 王权典、周珂：《入世对企业环境保护与环境管理的影响》，中国民商法律网，http：//www.mofcom.gov.cn/aarticle/s/200209/20020900042171.html，2002年9月30日。

② 王能民、汪应洛、杨彤：《从末端控制到全过程管理：环境管理模式的演变》，《预测》2006年第3期。

放的可能；过程管理指的是减少能源使用，以减少污染的产生；末端治理指的是通过污染治理设备和设施清除已经排放出来的污染物[①]。在三个重要环节中，有效的措施和方法都可以实现节能减排水平的提高。

二 国外全过程管理与节能减排的关系研究

从全球来看，末端治理是环境治理第一阶段的主要措施。在这一阶段，企业通常被动对待环境问题。虽然它们也会改进产品和生产流程，但是目的是达到相关法律法规的要求[②]。而随着政府规制的日趋严厉（如加拿大的“加拿大绿色计划”、美国的“能源之星”计划和德国的“循环经济法”），环境管理技术的进步和全球资源的匮乏，末端管理逐步向全过程管理演变[③]。

在国外的研究中，不同学者/组织采用不同标准对环境管理进行了分类，基本分为过程控制和末端管理两大类。例如，OECD（1995）[④] 的分类即清洁生产和末端管理，其中清洁生产关注的重点是无害的原料替代、工艺设备更新、流程重组、产品再设计和日常的运作管理，而末端管理的关注重点是剔除和控制污染物。

在国外的研究文献中，不少学者研究了环境保护的不同管理模式与节能减排的关系。例如，Lee & Rhee（2005）[⑤] 发现从 20 世纪 90 年代初期起，韩国企业已经开始积极应对环境问题，采取预防措施和过程管理而不是消极应对的末端治理方式。他们还发现，预防措施和过程管理的节能减排水平要明显优于

---

① 杜雯翠：《中国工业 COD 全过程管理效果检验——来自 LMDI 的分解》，《中国软科学》2013 年第 7 期。

② Buysse, K. & Verbeke, A., “Proactive Environmental Strategies: A Stakeholder Management Perspective”, *Strategic Management Journal* 24（5）（2003）: 453 - 470.

③ 王能民、汪应洛、杨彤：《从末端控制到全过程管理：环境管理模式的演变》，《预测》2006 年第 3 期，第 55 ~ 62 页。

④ OECD. Technologies for Cleaner Production and Products. Paris: OECD, 1995.

⑤ Lee, S. & Rhee, S., “From End-of-pipe Technology towards Pollution Preventive Approach: The Evolution of Corporate Environmentalism in Korea”, *Journal of Cleaner Production*, 13（4）（2005）: 387 - 395.

末端治理。Frondel，Horbach & Rennings（2004）① 基于 OECD 国家采集的问卷信息发现相对于末端治理，76.8% 的企业选择清洁生产，而且更注重在生产过程中降低污染排放。Fresner（1998）② 指出作为一个系统的有效途径，清洁生产可以帮助企业提高原材料和能源的使用效率，节约能源并减少污染物的排放，从而在帮助企业节约成本的同时降低环境影响。

Vachon & Klassen（2007）③ 强调供应链管理与环境治理的有机结合，指出与供应商的战略合作可以从原材料的采购开始，从而把节能减排的环境管理延伸到企业上游，实现源头预防。而环境保护过程管理环节对实现节能减排也很重要。例如，基于一些环境管理和运作管理研究者的发现，Angell & Klassen（1999）④ 指出，环境过程管理的技术和水平影响环境绩效和节能减排的水平。

三　中国全过程管理与节能减排的关系研究

国内学者的研究认为环境治理全过程管理在中国已经出现了好的转变。例如，Zhang & Wen（2008）⑤ 指出，中国的环境治理模式已经开始从末端治理向源头防治转变。也有研究发现，从“十五”到“十一五”，中国开始了从末端治理向全过程管理的转型，实现全过程管理的地区从“十五”期间的 8 个增加至“十一五”期间的 18 个⑥。

---

① Frondel, M., Horbach, J., Rennings, K., End-of-Pipe or Cleaner Production? An Empirical Comparison of Environmental Innovation Decisions Across OECD Countries, (ZEW Discussion Papers, No. 04 - 82, 2004).

② Fresner, J., "Cleaner Production as a Means for Effective Environmental Management", *Journal of Cleaner Production*, 6 (1998): 171 - 179.

③ Vachon, S. & Klassen, R. D., "Supply Chain Management and Environmental Technologies: The Role of Integration", *International Journal of Production Research*, 45 (2) (2007).

④ Angell, L. C. & Klassen, R. D., "Integrating Environmental Issues into the Mainstream: An Agenda for Research in Operations Management", *Journal of Operations Management*, 17 (5) (1999): 575 - 598.

⑤ Zhang, K. & Wen, Z. "Review and Challenges of Policies of Environmental Protection and Sustainable Development in China", *Journal of Environmental Management*, 88 (4) (2008): 1249 - 1261.

⑥ 张平淡、何晓明：《环境技术、环境规制与全过程管理——来自“十五”与“十一五”的比较》，《北京理工大学学报》（社会科学版）2014 年第 1 期。

在目前中国的环境治理阶段，全过程管理对节能减排的重要性日益突出。毛显强等（2011）评价了技术减排措施对 SO_2、NO_x、CO_2 的协同控制效应，结果表明，末端治理措施的效果靠后，而前端控制和过程控制措施效果优先。张平淡等（2012）[①] 发现在 2005~2009 年，政府主导的环保投资推动了企业生产工艺的进步，从而在生产全过程中降低了污染排放强度，进而证明了生产全过程治理优于末端治理。又如，张平淡等（2013）[②] 通过对 2001~2010 年工业 COD 排放强度的分析发现，中国工业 COD 排放强度降低主要源于以政府为主的环境基础设施（环保）投资，其次是污水处理效应。因此，为推动工业 COD 减排，环境保护的重点应该从末端治理向全过程治理转变。再如，杜雯翠（2013）[③] 从全过程管理的角度研究发现，2001~2010 年中国工业 COD 排放强度降低主要因源头防治，其次是末端治理，过程控制对工业 COD 排放强度降低的贡献较小。这些研究结果都说明了环境保护全过程管理对节能减排的重要性。

学者们也从源头防治实现节能减排方面进行了积极研究。朱宏飞等（2007）指出，印染废水是公认的难处理的工业废水之一。目前中国印染废水仍以末端处理为主。如前所述，末端处理的弊病在于污染物只是状态转移而没有消除。而从源头预防的角度，清洁生产可以不产生二次污染，减少有害物质的排放，主要体现在印染原料的选择和回收利用、工艺的改进和设备的更新上。这样的废水深度处理回用及废物料的回收再利用，既可以实现水资源和原料的节约，还可以有效减轻印染废水对环境的污染。张新勇等（2012）[④] 从硼酸生产的基本原理出发，说明采用双加压工艺技术改造相关设备并优化生产工艺，可以使 NO_x 未经处理就很好地达标排放，从而变末端尾气治理为清洁生产控制。这些案例说明了源头治理的可行性和有效性。

---

① 张平淡、朱松、朱艳春：《中国环保投资的技术溢出效应——基于省级面板数据的实证研究》，《北京师范大学学报》（社会科学版）2013 年第 3 期。

② 张平淡、韩晶、杜雯翠：《工业 COD 排放强度的技术效应分析》，《中国人口·资源与环境》2013 年第 4 期。

③ 杜雯翠：《中国工业 COD 全过程管理效果检验——来自 LMDI 的分解》，《中国软科学》2013 第 7 期。

④ 张新勇、李帅军、郑明慧：《硝酸尾气源头治理的原理和方法》，《化肥工业》2012 年第 2 期。

过程控制在节能减排中的作用也越来越受到重视。研究表明，基于1998~2009年的数据，中国SO_2减排还主要依赖于末端治理，其次才是过程控制[①]。然而，毛显强等（2012）[②]认为，从电力行业“十一五”期间节能减排工作及其成效来看，现行的以末端治理为主的减排措施很难实现电力行业大气污染物的协同减排。作者构建了大气污染物协同减排当量指标，并在此基础上对电力行业技术减排措施和结构减排措施进行成本-效果评价和敏感性分析。研究结果表明，末端治理措施在削减某一特定污染物的同时，由于耗能增加而导致其他污染物的排放上升；以节能为主的技术减排措施、前端和生产过程控制措施，以及以新发电技术替代为主的结构减排措施可以实现SO_2、NO_x和CO_2的协同减排且减排潜力较大。另外，来自钢铁行业的单位污染物减排成本评价的研究也表明，末端治理措施优先度排序靠后，而过程控制措施排序靠前。[③]

四　用环境治理的全过程管理模式节能减排

国内外研究表明，虽然中国的全过程管理与国外的环境管理在理解上不完全一致，但是核心理念是一致的，即基于环境技术进步和政府规制日趋严厉及全球资源匮乏的环境治理管理模式的创新。综合前述的研究，环境治理的全过程管理显著影响节能减排，然而其不同环节对节能减排的作用存在差异。

虽然末端治理有利于消除污染，并在一定程度上减缓了生产活动对环境的污染和破坏，但是在目前中国进入工业化中后期阶段，随着工业化进程的加快，能源匮乏和污染严重的状况非常突出，因此日益凸显出末端治理的局限性[④]。首先，末端治理的设施投资大、运行费用高，使企业生产成本上升，经济效益下降；

① 张平淡、朱松、朱艳春：《中国环保投资的技术溢出效应——基于省级面板数据的实证研究》，《北京师范大学学报》（社会科学版）2013年第3期。

② 毛显强、邢有凯、胡涛、曾桉、刘胜强：《中国电力行业硫、氮、碳协同减排的环境经济路径分析》，《中国环境科学》2012年第4期。

③ 毛显强、曾桉、刘胜强、胡涛、邢有凯：《钢铁行业技术减排措施效应评价研究》，《环境科学学报》2012年第5期。

④ 高迎春、佟连军、马延吉、李名升：《清洁生产和末端治理环境绩效对比分析》，《地理研究》2011年第3期。

其次，末端治理往往不是彻底治理，而是污染物的转移，如烟气脱硫、除尘形成大量废渣，废水集中处理产生大量污泥等，所以不能根除污染；最后，末端治理没有涉及资源的有效利用，不能制止自然资源的浪费。在对比末端治理和其他全过程管理方法时，结果一般表明，末端治理的环境效果劣于其他方法。这也说明，末端治理的边际效应在递减，而中国目前面临严峻的环境问题，要实现节能减排的目标，仅仅靠末端治理是远远不够的。

节约能源和减少污染物排放不是简单地减少使用，而是从根本上通过采用先进技术等方法提高能源利用效率和水平并减少污染物排放。在中国目前的发展阶段，由于末端治理具有局限性，更应该重视和强调环境治理全过程管理的三个重要环节中源头防治和过程管理对节能减排的作用。

中国各省市地区的很多企业已经采取了积极的行动：通过源头防治来实现节能减排。比如吉林石化公司染料厂通过对苯酚、丙酮生产废水治理技术的对比，在2008年实施了装置内部工艺源头优化措施，既回收了苯酚、丙酮等资源，降低了装置成本，又大幅度降低了生产废水中污染物的浓度，提高了企业节能减排的水平，也取得了较好的经济效益和环境效益①。而吉林省整体清洁生产的控污效果要优于末端治理的减排效果②。清洁生产主要通过技术进步来实现节能减排，而技术进步也可以降低末端治理排污强度，从而也提高了末端治理的效果。这些实践结果表明，中国各省市地区的企业应该在源头预防的策略指导下积极进行环境保护的全过程管理，提高节能减排水平。

环境保护的过程管理同样可以提高节能减排效果。2013年年中，审计署公布了对晋、辽、蒙、宁等10个省区市1139个节能减排项目的审计结果③。其中，42家单位（企业）实施的44个项目未达到预期节能减排效果，涉及专项资金15.87亿元，35家主管部门和项目实施单位违规管理使用专项资金2.7亿元。对这类能源项目，仅依靠源头防治和前端补贴往往不能实现项目预期目

① 杨芳、付江海、曲凤华、巍井江、董武：《从源头治理苯酚丙酮生产废水的技术措施》，《化工科技》2009年第6期。

② 高迎春、佟连军、马延吉、李名升：《清洁生产和末端治理环境绩效对比分析》，《地理研究》2011年第3期。

③ 王秀强：《应对节能减排投资实行全过程管理》，中国石油新闻中心，http://news.cnpc.com.cn/system/2013/06/18/001432895.shtml。

标。因此，对节能减排项目的管理应该从前端向后端转移，严格实行项目全过程管理，对能源项目建设、管理、运营实行全生命周期管理，注重项目在节能减排中的实际成效，清理未能取得预期目标的能源项目，研究激励与约束并举的方法。比如，对光伏电站补贴，应该以度电补贴方式取代前端补贴，以电站发电量为补贴基准，并辅以价格政策。

五　政策建议

国家环境保护“十二五”规划指出“坚持从源头预防，把环境保护贯穿于规划、建设、生产、流通、消费各环节，提升可持续发展能力”。党的十八大三中全会也首次确立生态文明制度体系的建设，要“从源头、过程、后果的全过程，按照‘源头严防、过程严管、后果严惩’的思路”，探索环境保护的新道路，即环境保护的全过程管理，进而通过环境全过程管理来提高节能减排的水平。因此，在目前中国环境治理现状下，应该强调全过程管理，尤其是源头预防和过程管理，而末端治理处于辅助的地位。

在提高节能减排水平方面，发达国家，如欧洲国家、美国、日本，在完善法律框架、确立清晰目标、加强制度建设、实行优惠政策、利用市场机制、发展循环经济、依靠科技创新等方面积累了许多经验，对中国通过环境保护的全过程治理实现节能减排有一定借鉴意义①。

首先要充分发挥政府的主导作用。中国目前环境保护背后有着体制不完善和机制不健全的深层次制度原因，这些都表明“政府不是干预太多了，而是干预太少了，不是政府越位而是远没有到位”。中国政府应该发挥积极主动的引导作用，完善全过程管理所需的体制、机制和法制来提高节能减排的水平。

其次是加快节能减排的技术创新。研究表明，有别于“十五”期间工业粉尘全过程管理效果主要源自环境技术转移的增加和环境执法力度的强化，

① 刘助仁：《部分发达国家推动节能减排的主要经验及对中国的启示》，《中国发展观察》2007年11月6日。

“十一五”期间主要归功于环境自主技术创新①。因此，要鼓励全过程管理中各个环节的技术创新，建立技术创新体系，完善技术成果转化体系，搭建技术服务平台，从而加快技术成果的推广。

再次是积极发展清洁生产，做好源头防治工作。发展清洁生产可以把发展经济与节约能源和减少污染排放有机结合在一起。通过运用市场机制和经济手段鼓励企业发展清洁生产，把节能减排与企业经济效益联系起来。

最后是注重过程管理，建立过程严管制度。对节能减排项目，“在发展和开发过程中，建立一套制度约束地方和企业行为，包括划定生态红线、实行资源有偿使用和生态补偿制度等，充分发挥税收和价格的杠杆作用”，从过度重视“事前管理”向“事中管理”“事后管理”转变，从经济性监管向以环境、安全为主的社会监管转变②。

参考文献

［1］张平淡、何晓明：《环境技术、环境规制与全过程管理——来自“十五”与“十一五”的比较》，《北京理工大学学报》（社会科学版）2014 年第 1 期。

［2］王权典、周珂：《入世对企业环境保护与环境管理的影响》，中国民商法律网，http：//www. mofcom. gov. cn/aarticle/s/200209/20020900042171. html，2002 年 9 月 30 日。

［3］王能民、汪应洛、杨彤：《从末端控制到全过程管理：环境管理模式的演变》，《预测》2006 年第 3 期。

［4］杜雯翠：《中国工业 COD 全过程管理效果检验——来自 LMDI 的分解》，《中国软科学》2013 年第 7 期。

［5］Buysse，K. & Verbeke，A.，“Proactive Environmental Strategies：A Stakeholder Management Perspective”，*Strategic Management Journal* 24（5）（2003）：453 – 470.

［6］OECD. *Technologies for Cleaner Production and Products*，（Paris：OECD，1995）.

［7］Lee，S. & Rhee，S.，“From End-of-pipe Technology towards Pollution Preventive

① 张平淡、何晓明：《环境技术、环境规制与全过程管理——来自“十五”与“十一五”的比较》，《北京理工大学学报》（社会科学版）2014 年第 1 期。

② 王秀强：《应对节能减排投资实行全过程管理》，中国石油新闻中心，http：//news. cnpc. com. cn/system/2013/06/18/001432895. shtml。

Approach: The Evolution of Corporate Environmentalism in Korea", *Journal of Cleaner Production*, 13 (4) (2005): 387 - 395.

[8] Frondel, M., Horbach, J., Rennings, K., End-of-Pipe or Cleaner Production? An Empirical Comparison of Environmental Innovation Decisions Across OECD Countries, (ZEW Discussion Papers, No. 04 - 82, 2004).

[9] Fresner, J., "Cleaner Production as a Means for Effective Environmental Management", *Journal of Cleaner Production*, 6 (1998): 171 - 179.

[10] Vachon, S. & Klassen, R. D., "Supply Chain Management and Environmental Technologies: The Role of Integration", *International Journal of Production Research*, 45 (2) (2007).

[11] Angell, L. C. & Klassen, R. D., "Integrating Environmental Issues into the Mainstream: An Agenda for Research in Operations Management", *Journal of Operations Management*, 17 (5) (1999): 575 - 598.

[12] Zhang, K. & Wen, Z. "Review and Challenges of Policies of Environmental Protection and Sustainable Development in China", *Journal of Environmental Management*, 88 (4) (2008): 1249 - 1261.

[13] 张平淡、朱松、朱艳春:《中国环保投资的技术溢出效应——基于省级面板数据的实证研究》,《北京师范大学学报》(社会科学版) 2013 年第 3 期。

[14] 张平淡、韩晶、杜雯翠:《工业 COD 排放强度的技术效应分析》,《中国人口·资源与环境》2013 年第 4 期。

[15] 杨芳、付江海、曲凤华、巍井江、董武:《从源头治理苯酚丙酮生产废水的技术措施》,《化工科技》2009 年第 6 期。

[16] 高迎春、佟连军、马延吉、李名升:《清洁生产和末端治理环境绩效对比分析》,《地理研究》2011 年第 3 期。

[17] 张新勇、李帅军、郑明慧:《硝酸尾气源头治理的原理和方法》,《化肥工业》2012 年第 2 期。

[18] 毛显强、邢有凯、胡涛、曾桉、刘胜强:《中国电力行业硫、氮、碳协同减排的环境经济路径分析》,《中国环境科学》2012 年第 4 期。

[19] 毛显强、曾桉、刘胜强、胡涛、邢有凯:《钢铁行业技术减排措施效应评价研究》,《环境科学学报》2012 年第 5 期。

[20] 刘助仁:《部分发达国家推动节能减排的主要经验及对中国的启示》,《中国发展观察》2007 年 11 月 6 日。

[21] 王秀强:《应对节能减排投资实行全过程管理》,中国石油新闻中心,http://news.cnpc.com.cn/system/2013/06/18/001432895.shtml。

B.16

日本的碳税与可再生能源价格政策

植田和弘*

摘　要：

建设低碳社会的主要环境政策包括碳税、上网电价补贴制度、碳排放交易制度。其中前两项制度仍有需要改善的地方，但是大体框架均已形成；东京作为试点地区已经实施了排放量交易制度，但今后政府应该在其基础之上进行更具体的规划。不久前发布的能源基本计划旨在保障能源供给的稳定以及廉价，是不利于防止温室效应的。如何将福岛核事故带来的能源危机转化为建设节能低碳社会的机会，是日本的重要课题之一。

关键词：

低碳社会　环境政策　日本

一　低碳社会所需的环境政策

日本低碳社会的建设有几个标志性的事件。其中，国际社会的动向尤为具有代表性，例如 1992 年在巴西里约热内卢举行的联合国环境与发展大会期间签署了《联合国气候变化框架公约》；1997 年在京都召开的《联合国气候变化框架公约》缔约方第三次会议中，各国签署了《京都议定书》，这对日本来说是尤其具有标志性意义的。《京都议定书》规定了温室气体的减排目标，即日本 2010 年排放量比 1990 年削减 6%，日本政府也针对该目标制定实施了相应的减排政策。

那之后最有代表性的事件，便是 2009 年日本首相鸠山由纪夫在联合国宣

---

* 植田和弘，日本京都大学经济学院院长、教授。
　译者：史芯瑜，名古屋大学经济学院硕士研究生。

布了日本2020年的减排目标，即比1990年减排25%。这一目标受到福岛核电站核泄漏事故及首相更换等事件的影响，减排量被大幅修改，但是针对减排实施的相关政策框架没有发生任何改变。

削减温室气体排放量的政策手段主要有以下三种：全球温室效应对策税、碳排放交易制度、上网电价补贴制度（以下简称FIT制度）。其中碳排放交易的导入制度还不完善，具体如何导入也还无法确定。但是与此相对，全球温室效应对策和FIT制度都已于2012年开始导入。

二 全球温室效应对策税

图1是全球温室效应对策税的示意。

关于“全球温室效应对策税”

- ○ 针对化石燃料排放二氧化碳征收附加税率（289日元/t）
- ○ 从2012年10月开始实施，自实施日起3年半内，阶梯式提高税率
- ○ 所征收税款用于减少温室气体排放，减排目标覆盖了日本全国9成的CO_2排放

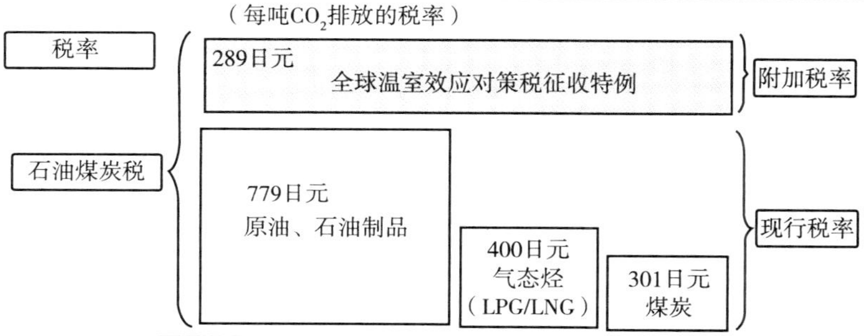

阶梯式实施

征税对象	现行税率	2012年10月1日	2014年4月1日	2016年4月1日
原油、石油制品（kl）	2040日元	+250日元（2290日元）	+250日元（2540日元）	+260日元（2800日元）
气态烃（t）	1080日元	+260日元（1340日元）	+260日元（1600日元）	+260日元（1860日元）
煤（t）	700日元	+220日元（920日元）	+220日元（1140日元）	+230日元（1370日元）
注：括号内为分石油、煤炭的税率				

税收

第一年：391亿日元/一般年度：约2600亿日元

第一年：400亿日元一般年度：约2623亿日元

⇨ 可用于推进可再生能源的导入、强化节能政策

图1 全球温室效应对策税

全球温室效应对策税（正式说法为“为实施全球温室效应对策征收的税”）从2010年10月1日开始阶梯式征收，意在实现低碳社会，通过导入可再生能源及节能对策，强化全球温室效应对策（减少来自能源消耗的碳排放量）。

日本将实现低碳社会作为一个重要课题，因此积极导入了全球温室效应对策税。具体而言，在2012年4月27日第4次环境基本计划中，日本内阁制定了减排目标，即到2050年为止削减80%的温室气体排放。温室气体约9成来自能源利用时产生的二氧化碳，福岛核电站核泄漏发生事故以后，针对能源消耗产生碳排放的减排对策变得更为重要。

全球温室效应对策税针对使用石油、天然气、煤炭等化石燃料对环境造成的负担进行全面公平的征税，具体细则如下：不同化石燃料的征税价格不同，但均以燃料产生的CO_2为原单位，意在使每种燃料排放的CO_2所征收的税款为289日元/t。而且，为了防止造成过大的负担，税率在3年半内分成3个阶梯逐步提高。全球温室效应对策税以所有的化石燃料作为征税对象，在现行的石油煤炭税的征收模式基础之上，加入上述的税率而形成的一个税种。

2012年10月~2014年4月的征税价格为：石油250日元/kl，天然气260日元/t，煤炭220日元/t；2014年4月~2016年4月的征税价格为：石油500日元/kl，天然气520日元/t，煤炭440日元/t；2016年4月以后的价格为：石油760日元/kl，天然气780日元/t，煤炭670日元/t。

全球温室效应对策税带来的CO_2减排效果预计主要有以下两种：一是价格效果，即通过征税减少二氧化碳的排放；另一个是政府的财政收入效果，即积极将税收运用于二氧化碳减排的各项政策中，从而实现二氧化碳减排。政府充分利用全球温室效应对策税的税款，着力实施二氧化碳减排的各项政策，例如节能对策、可再生能源的普及、化石燃料的绿色化和效率化等。“3·11”日本大震灾以来，核电站的一大半都处于停止发电状态（2014年4月，核电站发电量为0），发电对石油及煤炭等能源的依赖比例有所增加。因此，石油煤炭税的税收也比福岛核电站泄漏事故发生以前增加了2成。

全球温室效应对策税的税收是石油煤炭税的一部分，用途受到了广泛关注。2014年环境省的预算共有220亿日元用于“绿色新政策基金”（Green

New Deal)。具体实施的情况如下，在全国范围内推进锂电子电池等创新型低碳技术密集型产业的发展；推进中小企业节能设备的导入；活用绿色新政策基金，配合地方特点，推进可再生能源的导入等。基金的具体使用由各都道府县支配，资金来自市町村及民间。如何能够更有效率地使用基金成为现在很重要的课题。

根据某研究机构的计算，全球温室效应对策税带来的两种二氧化碳减排效果，会使2020年的二氧化碳排放量比1990年削减0.5%～2.2%，即减排600万～2400万吨。

有人担心全球温室效应对策税有可能给家庭带来更多的负担，但是根据现在能源使用量进行计算会发现，即便将所有的赋税都加在消费者身上，税率在进行3个阶梯调整、达到最高值之后，平均每个家庭的负担额度为每个月100日元，每年也仅为1200日元。同时，为了避免某个行业及产业的税负负担过重，政府还针对特定行业制定了免税、退税等政策。

全球温室效应对策税于2014年4月1日开始调整为第2阶梯，税率有所提高，而在同一天日本全国的消费税税率也从5%提高到8%。也就是说，全球温室效应对策税和消费税的增税是同时实施的。因此，资源能源厅在4月3日公开的4月1日标准汽油零售价格在全国范围内均有所提高，全国平均比上一周上涨5.1日元，达到164.1日元，成为2008年以来的最高值。

三　可再生能源上网电价补贴政策

2012年7月基于《可再生能源特别措施法》，日本导入了FIT制度。该制度的效果极为显著，导入至今仅有1年半多，对可再生能源发电的投资得到明显增加，图2显示了可再生能源上网电价补贴政策。

FIT制度是指针对利用可再生能源进行的发电，国家规定电力公司在一定时期内以固定价格进行回购。由于产品（发电）会以固定的价格卖出，因此发电行业的收入是稳定且可以计算的，从而使得生产者即发电者投资回报的确定性大幅上升。由于投资收益率的确定性提高，加入发电产业的企业和人数也急剧增加。

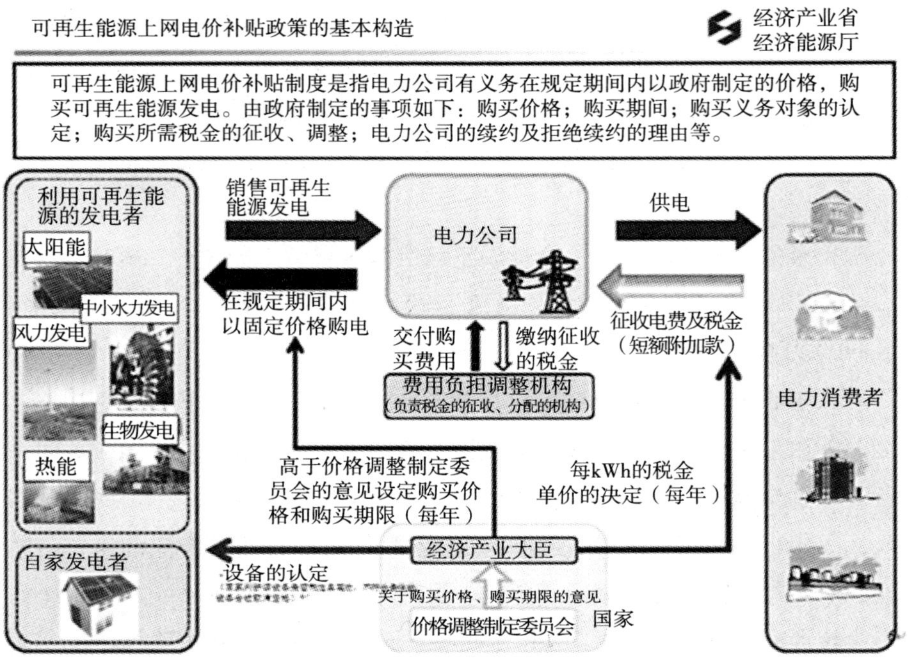

图2　可再生能源上网电价补贴政策

导入 FIT 制度正是为了刺激发电产业的发展，政策在短期内效果明显，证明 FIT 制度是一个强有力的政策。利用强有力的政策促进可再生能源发电的普及不仅可以实现低碳社会，还具有更大的意义。

《可再生能源特别措施法》第一条指出“使用可再生能源，不仅符合国内外的经济社会环境的要求，可以保证能源稳定且适量的供给，还能降低能源供给对环境造成的负担。针对可再生能源发电制定价格、时间等特别政策，调配可再生能源发电量，促进可再生能源在发电产业的利用，从而强化日本的国际竞争力，振兴日本的电力产业、刺激地区经济发展，保证国民经济的健康发展”。《可再生能源特别措施法》第一条就说明了使用可再生能源的原因和目标。

总而言之，《可再生能源特别措施法》意在促进可再生能源发电，从而提高国际竞争力，振兴电力产业、刺激地区经济发展，保证国民经济的健康发展。也就是说，可再生能源发电并不只是核电的替代品，也不是实现低碳社会的手段，而是振兴产业刺激地区经济发展所必需的产业。

FIT 制度导入之前，在日本可再生能源发电所占整体发电量的比例不过 1.1%，因此，各种可再生能源发电并没有被区分得很清楚，但其实可再生能源有很多种，而且各自特性也各不相同，应该加以细分，例如地热发电、风力发电、水力发电、生物质能发电、太阳能发电等。并且可再生能源不仅可以用于发电，也可以用于其他地方，例如热利用及废料利用等，这些都是有待普及的。观察日本的能源最终消费形态，我们不难发现比起发电更多的能源用于热利用，可再生能源被广泛用于热利用将有利于温室气体的减排。

可再生能源发电的决定性优势在于放射性废弃物及二氧化碳的零排放，这样就不必担心发电过程中产生的废弃物的处理，在今后的限制废弃物处理的大环境背景下有很大的意义，也可以说在强调减排的时代，可再生能源发电是唯一能够达到无废弃物排放标准的发电方式。

FIT 制度的导入正是为了达成减排的目标。政府设置购买价格（正式称为调整价格）的根据为：购买价格 = 发电所需的一般成本费用 + 正常利润 + α。α 是指对发电者的优惠，即根据《可再生能源特别措施法》附录第 7 条“为了促进可再生能源发电的集中利用，经济产业大臣将于本法律实施之日起 3 年内，在制定调整价格时，尽可能多地考虑特定的发电者的利益”的规定，可再生能源发电者将会得到更多的利润，也因此对可再生能源发电的投资急速增加。但是在制定购买价格时，也需要注意加诸电力使用者的税负是否过多，还需考虑在法律层面可再生能源发电的目标和预计导入量。

FIT 制度的实际成果是非常显著的。例如太阳能发电，由于从投资到实际投产所需时间较短，因此已得到迅速发展；投资到实际投产需要很长周期的其他发电方式（地热发电大约需要 10 年，风力发电环境测评手续需要 3 ~ 4 年）也已开始大规模启动。

FIT 制度自 2012 年 7 月导入以来，取得了十分明显的效果，基本完成了当初导入该制度的目标。各种可再生能源发电的发展都非常显著，这已经实现了制定法律促进可再生能源发电的意义。

但是也有一些值得注意的地方。首先是北海道地区太阳能发电设备急剧增加，出现了泡沫。从日照的角度来说，北海道的日照条件并不算良好，但是因为土地成本相对较低，利于建设大面积的太阳能设备，因此太阳能发电设备急剧增加。其次，北海道地区管内的可再生能源发电的总输电量有限，太阳能发电量过多会限制其他可再生能源的利用。北海道是一个多风、生物能源丰富、地热资源丰富的地区，在充分利用太阳能之外，也应该充分利用这些能源进行发电。

北海道的例子说明 FIT 制度对发展可再生能源发电是必不可少的，并不是单纯地促进可再生能源的利用，更要注重基础建设，例如增大输电能力、进行必要的制度改革等。综合推进可再生能源利用的体制构建，是充分活用 FIT 制度的必要条件。

FIT 制度的另一个问题便是税负对国民造成的负担。这是一个世界范围的问题，西班牙的上网电价补贴政策无疾而终，德国也因为太阳能的急速发展带来了电价大幅上涨的问题。而日本现在发展最迅速的也是太阳能发电。

为了促进可再生能源发电，一方面需要征收足够的税款，但是另一方便也需注意税负不能过重，以免造成纳税人即电力使用者过重的负担。征税额度是否适度，并不是靠制度来决定，而应在民意的基础上进行政治性判断。在进行判断时值得参考的一个观点就是性价比，每单位税负金额可以产生的可再生能源发电量会成为关键指标。政府是否采取了有效措施使性价比达到最大成为人们关注的焦点。从中长期的角度来分析性价比的话，创新是极为重要的。

总的来说，可再生能源发电 FIT 制度是实现低碳社会的制度基础。亚洲及非洲地区将来会取得飞速的发展，在这些地区 FIT 制度将会成为实现经济发展的技术基础，同时也会为全人类的可持续发展做出贡献。同时对日本来说，大规模推广 FIT 制度也使得日本技术拥有更大的市场。促进可再生能源发电不仅为防止全球温室效应提供了技术基础，而且可以作为一项产业，发挥技术优势、开拓市场。

四　日本建设低碳社会的课题

日本为了建设低碳社会制定了几项环境政策，其中包括全球温室效应对策税和上网电价补贴政策。要想充分发挥这几项政策的作用，仍待解决的问题有很多，这些问题在前文也有所提及，但是单纯地从制度制定的角度来进行评价，我们可以说制度的基本框架已经形成。我们期待今后，碳排放交易制度能够在东京等试点地区的基础上取得更大的进展。

受到福岛核电站事故的影响，对今后核电、能源政策的讨论会一直持续下去。日本内阁虽然已经制定了能源基本计划，但是如果过于强调能源供给的稳定和廉价，会对防止全球温室效应、建设低碳社会造成阻碍。日本在 20 世纪 60 ~70 年代克服环境公害和石油危机的时候，大幅发展了环保、节能技术，现在是否也能够以福岛核事故为契机，极力建设节能、低碳社会，将成为日本当今的重要课题。

注：本文中全球温室效应对策税的效果及影响相关的数值均来自环境省的公开资料。

参考文献

［1］西冈秀三、植田和弘、森山芳寿、损害保险 JAPAN、损保 JAPAN 环境财团、损保 JAPAN 日本兴亚 RISK　MANAGEMENT 编著《气候变化风险以及如何应对——企业、行政、市民的应对良策》，《金融财政事情研究会》，2014。

［2］植田和弘：《全球温室效应的防止和能源政策》，载环境法政策学会编《能源政策与法律》，2013，第 56 ~75 页。

［3］植田和弘：《绿色能源原论》，岩波书店，2013。

［4］植田和弘、梶山惠司：《为了国民的能源原论》，日本经济新闻出版社。

B.17

日本的低碳节能减排行动

雪原千里*

摘　要：

低碳社会是指二氧化碳排出量很少的社会，也可以说是低碳型社会或脱碳社会。为何全世界都在提倡和强调低碳社会，原因是人类的生活和生产活动造成了二氧化碳的大量排出，引起大气层的温室效应，从而使气温和海水温度上升促使地球温暖化，地球温暖化问题已成为世界性课题。对大量生产、大量消费和大量废弃型的现代社会模式进行变革，提倡节能减排，保持可循环可持续发展的生产模式已势在必行。本报告介绍了日本的环境教育和实现低碳社会的一些具体行动及其成效。

关键词：

节能减排　环境教育　低碳行动　新能源汽车

一　日本国民的环保意识和环保教育

日本是一个非常重视环境保护的发达国家，日本政府在制定和推进环境保护政策和策略时，实行了各种各样的措施。由于日本国民接受了环境保护教育，全体国民的环境保护意识很强，尤其在政府的《环境基本法》及《第四个环境基本计划》的指导下，国民展开了许多环保活动。各级政府部门和日本国民对新的《第四个环境基本计划》（2012 年 4 月 27 日制定）的执行起到了积极的推动作用。

* 雪原千里，日本椙山女学园大学非常勤讲师。

时隔6年出台的《第四个环境基本计划》以环境政策为中心，强调政府各部门协同，从政府到地方，从企业到国民，发挥各个企事业单位的重要作用，提倡全民参与。其主要内容如下：

首先，在“低碳”“循环”“自然共生”各方面协同的前提下，创立以确保“安全”为基础的社会。

其次，为实现可持续发展社会，提出了以下4点重要措施：

第一，建立政策领域统合的可持续发展社会；第二，强化配合切实可以应对国际形势需要的战略；第三，保护可持续发展社会基础的国土、与自然共存；第四，推进社会各界的参与、企划和协调行动。

最后，“绿色社会绿色经济”“推进切实能够应对国际形势的战略配合”“为实现可持续发展社会，推进地方建设、国民教育、基础整备”。又提出了9个方面的优先重点项目等，自日本大地震以后，对震后的重建和复兴政策以及关于放射性物质对环境污染的对策等各方面都提上了议事日程。①

但是，在日本大地震后，日本的环境问题尤其是发生在福岛的东京电力公司的受损核设施的核安全问题、核污染问题、核污染后的冷却水的处理问题，使得日本的环境保护遭受重创，也为今后日本政府环境保护政策的执行埋下伏笔，成为今后日本政府亟待解决的重大课题。

1. 国民的环保意识

日本是环境保护的先进国家，从政府环境政策的制定、落实，到全体国民环境意识的提高，各方面都能体现出日本国民对环境保护的重视。保护环境，遵守环境保护的各项法律法规是每个国民的职责和义务，尤其是日本有各种严格细致的法律规定，对遵纪守法的日本人来讲，自觉遵纪守法已蔚然成风。

日本吉田秀雄纪念事业财团2007年的调查显示：在环境问题中，日本国民最关注的是“地球温暖化问题”，占调查总人数的80%以上。关注度相对较低的问题为：恶臭、人口膨胀和噪声问题，约占调查人数的10%。该财团

① 资料来源：http//www. env. go. jp/policy/edu。

2009年的《日本社会问题及环境问题的意识调查报告》[①] 显示，日本国民对社会问题的关注度由高到低排序为：振兴经济的对策，缓解失业的对策，年金制度改革，以及环境问题。日本国民对环境问题的具体内容的关注度依次为：地球温暖化77.2%，二氧化碳减排49.1%，垃圾问题47.5%，大气污染45.6%，森林砍伐44.8%。

日本政府的环境教育政策主要有：在提高国民环境保护意识的基础上，首先重视环保教育。1972年，日本根据联合国人类环境会议精神制定了行动计划。行动计划的目的是以环境教育为主，主要教育国民“从自身做起，在自己可能的范围内，管理和规制好自己的行动。培养国民养成以环保为重的生活习惯和切实履行环保义务”。日本政府认为培养国民环境保护的活动能力尤为重要。

2. 国民的环保教育

环境教育的具体实施内容是：环境教育从学校、家庭、地域开始，尤其是从学校教育、从儿童抓起，这是环境教育的重中之重，它对实现环保社会有着极大的影响力。环境教育的目的是使全民重视环境问题，提高应对环境问题的能力，特别是提高应对和解决新的环境问题的能力。个人和团体都应该具备知识、技能、意愿和积极参与的主动性。

本着从基层开始、从娃娃抓起的方针，设立儿童生态俱乐部，对孩子们开展的地区环保活动给予支援，并通过“我家的环境大臣”等活动，支援以家庭为中心的生态、生活活动，并为其提供信息及资料。

为人才培养提供支援：设立环保顾问制度，注册具有环保专业知识及丰富经验、可以对各社会主体活动提供建议的人才库，并向相关机构推荐介绍。同时，帮助学校教师及地区辅导员等学习环保基础知识并参加环保实践活动，以及开设环境教育骨干基础知识培训讲座等。发布了向国民介绍环境现状和环保对策实施情况的年度报告《环境白皮书》。除此之外，还编辑出版了《图解环境白皮书》和《儿童环境白皮书》，为普及国民的环境保护知识及环境教育，实施了切实可行的计划方针和措施。

---

① 齐藤昭雄：《日本人的社会问题、环境问题意识2009》，吉田秀雄纪念事业财团。

3. 学校的环保教育

日本从20世纪60年代环境公害问题发生以后，开始在学校教育中利用社会课、理科课对学生进行“公害学习”和环境教育指导。1975年，日本国内的环境运动增强了国民对环境意识的重视，学校的环境教育也由此得到加强和提高。1991年3月实施了新学习指导要领，并汇编了《环境教育指导资料》，帮助学生综合理解及认识人类活动与环境的关系，提高环境保护意识，学习知识、技能，提高思考判断力，调动学生参加环保和环境创造活动的积极性。

另外，环境教育会受周围环境的影响，因此，对学生来讲，家人、朋友、学校老师都会对其起到重要的影响作用，人人以身作则是学校环境教育的重要环节。

4. 市民团体的环保活动

为了提高国民的环保意识，2003年7月日本政府制定了《有关增进环保意愿以及推进环保教育的法律》，2004年9月内阁审议通过了政府根据该法制定的基本方针。全国上下包括学校、地区、工厂、家庭等都根据该法律和基本方针，开展了推进环保教育和环保知识学习的活动。

从2005年起，全国开始开展“联合国可持续开发十年教育”活动，这项活动从环境、经济和社会综合视点出发推进环境教育。

为了建设可持续发展的低碳环保社会，以学校、家庭、市民团体、NPO、企业等为主体，在日本全国展开了防止地球温暖化活动。在日本环境部的支持下，民间团体“全国防止地球温暖化联合会”组织了“低碳杯”活动，2014年的“低碳杯”活动有1620个团体参加。

二　日本国民的低碳生活

在日本，低碳社会的概念已经深入人心。与此同时，从我做起，率先改变自己衣食住行中的生活习惯和消费方式，响应国家和地方的号召，积极参与环保活动，力行节能低碳，已形成社会风气，并成为一个国民应尽的义务和职责。低碳社会的主要内容有以下方面。

低碳社会（Low-carbon Society）：是指二氧化碳少的社会，也称低碳型社会、脱碳社会。

低碳经济（Low-carbon Economy）：是指减少高碳能源消耗的经济发展模式。

低碳生活（Low-carbon Life）：是指人们在衣食住行中减少能源和资源的消耗、损耗以及减少碳排放的一种生活方式。

日本国民的“低碳生活”主要是通过提倡日常生活中的节约、废物回收利用、利用高科技改变现有的生活方式等行动来逐步实现的。通过以减少碳排放、保护资源、保护大自然为目的的各种活动，使得从学校到企业，从家庭到社会，“低碳生活”都成为一种时尚、一种精神。无论在日本的什么地方，都可以看到宣传板、宣传册，甚至经常可以看到一张纸的底端写着“此纸是再生利用纸”，或在包装用品上印上提醒消费者再利用的字样等环保标识。各地区的市政部门都将以废品回收的可利用家具再次免费发给需要者。各地都有再利用品商店，商品价格极为低廉。勤俭节约的日本人有句口头禅叫“太可惜”，在日常生活中经常能够听到，这也是日本国民的生活习惯和低碳生活的起点。

低碳生活不仅改变着国民的生活态度和方式，同时也使城市和建筑物发生了很大的改变。利用高科技、环保建材建造的宽敞明亮的现代化公共设施、舒适快捷的交通工具、结构合理的低碳住宅等，使人们在享受生活的同时能够为防止地球温暖化做贡献，使国民增强了为人类、为子孙后代造福的历史使命感。

日本是一个资源匮乏的国家，也是一个能源消耗高的国家。1997 年日本作为《京都议定书》的发起国和倡导国，投入巨资开发利用太阳能、风能、光能、氢能、燃料电池等代替能源和可再生能源，并积极开展潮汐能、水能、地热能等方面的研究。利用高科技技术逐步改变着现有的社会环境和能源结构，使国民生活包括公共设施逐步向节能环保的低碳社会迈进。

日本政府也制定了一系列政策来推进低碳社会的建设。

1. 低碳住宅减税政策

首先，在住房上提倡节能减排的低碳住宅，政府在税制上进行改革，制定税收优惠政策。

日本政府对认定达标的低碳住宅给予税收上的优惠，新建住宅和改建住宅在税收优惠政策上有所不同。低碳住宅的税收优惠和政府补贴如下所述：

（1）所得税、个人住民税减免

比如，以新建住宅在2017年12月31日搬入为对象、享受住宅贷款减税制度的高额贷款者，可享受以下优惠（见表1）。

表1　住宅减税政策

	贷款减税	
	低碳住宅及新建的长期优良住宅	一般住宅及低碳住宅的全面改建
	以下借款等(偿还期限10年以上)的年末余额	以下借款等(偿还期限10年以上)的年末余额
税收扣除对象		
借款等金额	(1)住宅的新建费用 (2)新建住宅的购置费用 (3)和购置新建住宅同时发生的用地获取费用	(1)二手住宅的购置费用* (2)现有住宅的大规模改建费用
对象住宅	(除居住用为主之外) (1)低碳住宅及长期优良住宅 (2)套内面积在50m^2以上 (3)套内面积的1/2以上为居住用途	(除居住用为主之外) (1)套内面积在50m^2以上 (2)套内面积的1/2以上为居住用途 (3)现有住宅房龄为20年以内
所需条件	合计取得金额在3000万日元以上	

入住时间	住宅的种类	扣除对象的借款限额	扣除期间	扣除率	累计最大扣除额
2014年3月31日前	低碳住宅/新建的长期优良住宅	3000万日元	10年	1.0%	300万日元
	一般住宅/全面改建的住宅	2000万日元	10年	1.0%	200万日元
2017年12月31日前	低碳住宅/新建的长期优良住宅	5000万日元	10年	1.0%	500万日元
	一般住宅/全面改建的住宅	4000万日元	10年	1.0%	400万日元

* 在满足一定条件的情况下。

资料来源：日本国土交通省。

（2）住房登记税减免（新建住房）

被认定为低碳住宅者，其所有权的保存登记及转卖登记，登记税均可享受0.1%的优惠和税费扣除（见表2）。

表2　住房登记税减免

2014年3月31日前

一般住宅特例	
保存登记	0.15%

▼

低碳住宅	
保存登记	0.1%

一般住宅特例	
转卖登记	0.3%

▼

低碳住宅	
转卖登记	0.1%

自己出资获取住宅情况下的特例
（新建的情况下）

居住年份	对象住宅	扣除对象的金额限度	扣除率	扣除金额限度
2014年4月1日至2017年12月31日	已认定的低碳住宅/长期优良住宅	650万日元	10%	65万日元

资料来源：日本国土交通省。

（3）旧房改造装修优惠

为了减少二氧化碳的排放量，加强旧住宅的各项改造装修，日本国土交通省制定了减税和补助金制度。在享受政府补贴的同时，也可享受地方的住宅修缮补贴和减税优惠政策。

2. 住宅的能源消费

日本的国土面积约37.78万平方公里，人口约1.27亿。日本国内能源蕴藏量少，属资源稀缺国家，但日本却是世界能源消费大国之一。

日本地处温带，四季分明，住宅能源消耗高。台湾综合研究院2004的研究资料表明：2004年日本住宅部门的能源消费约占全年能源消费总量的14%，并呈现逐年递增趋势。利用高科技开发智能节能住宅是缓解能源不足、节能减排的重要的能源战略之一，加之现代家庭生活的现代化水平不断提高，各种家庭设备、家电产品涌向市场，使日本的家庭能源消费呈逐年上升趋势，住宅的节能低碳设计已成为当务之急。家庭部门内部能源消费的用途如图1所示。

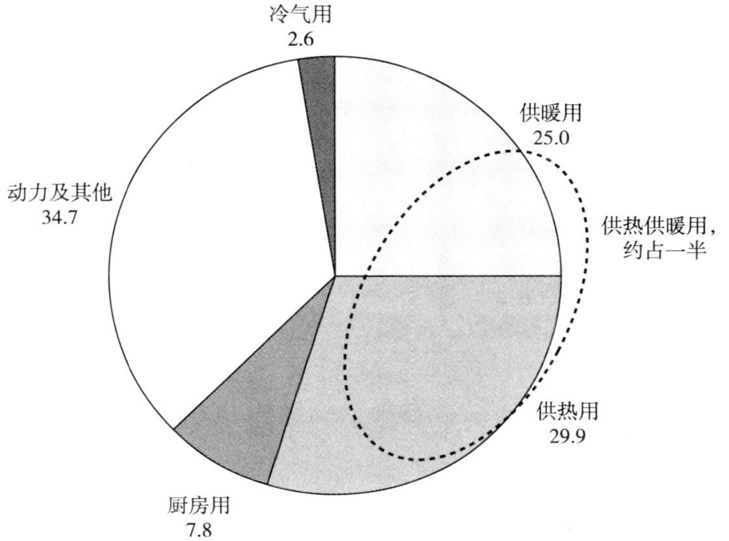

图1　家庭主要能源消费用途

资料来源：http//www.osakagas.co.jp/company/efforts/rd/technical/1191098_3909.html。

3. 智能节能住宅

智能节能住宅是利用3种电池（燃料电池、太阳能电池、蓄电池）作为主要动力，负荷、能量、消耗集中管理，在电力消耗利用的同时，结合热能使住宅内的能源利用达到最佳设定，保持用户的便利性、舒适性、安全性。在保障用户利益的基础上，达到大幅度节能减排的目的，实现家庭住宅低碳化。在建筑材料上，使用高密封、高断热等环保材料和双重隔热隔音的门窗等，在设计上利用自然通风和采光的科学设计，达到节能减排的目的，实现住宅低碳化。智能节能住宅的设计如图2所示。

4. 制定合理的低碳城市规划

日本的城市建设有其独特的风格和特点。高度经济增长方式决定了超高度集中发展的城市建设模式，集聚性城市建设发展以后，对城市周边进行了再城市化建设。全国的道路交通非常完整发达，已基本修建完成了市与市、村与村、宅与宅相连的发达交通网。高质量、高利用率的道路值得借鉴，而高质量、低利用率的道路使人感到资源的浪费。因此，科学的城市规划、合理的城

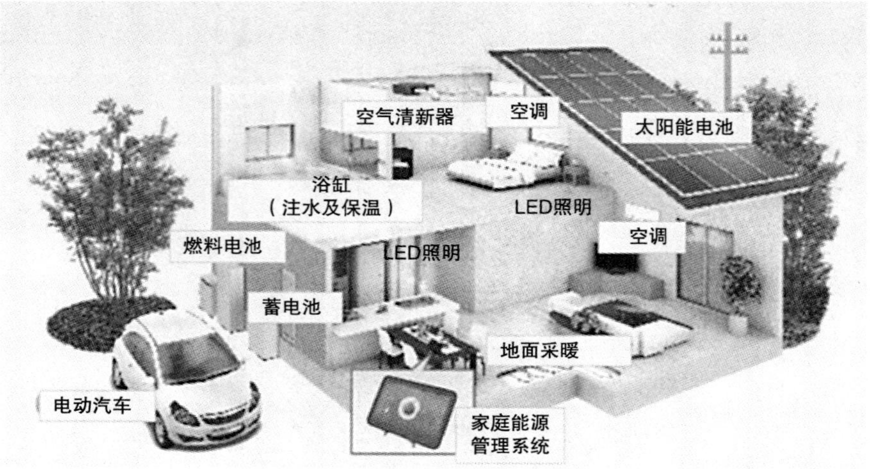

图 2　智能节能住宅图解

资料来源：http//www. osakagas. co. jp/company/efforts/rd/technical/1191098_ 3909. html。

市建设是低碳城市的标准，是节能减排的目标。

近年来，日本提出了建立低碳城市的方案，提倡人和自然共生，城市绿化，建立理想的智能低碳城市，城市建设逐步走向合理化、科学化，使市民的出行距离缩短，减少了对交通工具的依赖，从交通上减少了城市人口的移动，逐步起到节能减排的作用。

在普及节能减排汽车的同时，不断增建混合动力汽车和电动汽车的充电设备、设施，促进城市交通低碳化。

另外，日本为达到城市的低碳标准，利用高科技使非化石能源和化石燃料实行高效率低排放使用，城市间、地域间能源的共享，使城市能源结构实现高利用低排放运转。

由此可见，城市交通、住宅市场、能源利用等的低碳化，不但能改善大气环境污染，也可以促进地域经济的发展。城市的集约化，建筑的低碳化，公共交通利用和能源管理的合理化，已成为低碳城市的象征。

自日本大地震以来，由核电产业的调整而引起的能源需求和结构变化，对日本今后的城市建设规划、道路交通、国民生活等将会有不同程度的影响。同时，也会促使日本更加注重新能源开发和新能源技术革命。

5. 日本交通和汽车保有量

衣食住行是人类生存之本。建立低碳型社会，不仅要在城市建设和住宅建筑上进行改革，“行”也是重中之重，还需要在城市交通、能源利用管理等各方面实行规划。

（1）日本的汽车保有量

日本是汽车制造大国和使用大国，与汽车匹配的城市交通非常便利。日本的主要道路修建，是借助1964年东京奥林匹克运动会之风，陆续修建开通了东名高速道路、东京都市高速道路、东海道新干线等，以东京为中心延伸到全国。2012年4月又开通了新东名高速道路。地方各城市的交通也很完善。道路管理井然有序，标记清晰。道路的修建延伸和时代的变迁，使日本的汽车拥有量不断上升。1971年，日本乘用车的保有量为1000万辆；2011年，汽车的保有量为7551万辆；2014年1月，汽车保有量已达到8052万辆。根据日本汽车登记协会的统计，比2011年增加了501万辆[①]。在人口密集的关东地区（以东京为主），汽车的保有量已达到1712万辆。

根据国土交通省2011年末的统计，日本的汽车保有量远远超过了除美国以外的其他先进国家的保有量（如欧洲最高保有量国家德国的汽车保有量为4598万辆）[②]。

拥有大量汽车的日本，在汽车节能减排方面，利用高科技技术、高资金投入、高环保材料，不断研发和生产出新型环保汽车。目前，发展新能源汽车已成为汽车制造业的主流。推广使用BEV（纯电动车）、HEV（混合电动车）、FCEV（燃料电池车）、PHV（插电式混合动力汽车）活动已拉开帷幕，并走向竞争性的销售之路。使用新能源的节能减排车、电动车等的前景令人期待。

然而，日本的总人口却呈下降趋势。日本总务省统计局2014年3月20日发布的报告显示，截至2014年3月11日，日本总人口为1.2712亿，比2013年10月1日的1.27298亿人减少约18万人。虽然日本的人口减少了，但汽车

① 资料来源：http://www.ja.wikipedia.org/wiki/日本交通。

② 资料来源：国土交通省Ward's等。

保有量却在增加。其原因是随着社会发展和国民生活水平不断提高，日本政府在税收、车检、贷款等各方面给予了汽车保有者政策优惠。如：汽车保有者在对汽车进行法定车检时，对所持汽车超过12年的，从第13年开始，会增加车检费用。这一制度促使汽车保有者考虑更换新车，享受购买节能减排等环保车的补贴、减税、贷款等政府的优惠政策。

车辆的增加必然带来能源消耗量的上升。由汽车尾气排放造成的城市空气污染，不得不引起社会关注。因此，日本政府倡导和鼓励国民使用环保汽车，减少二氧化碳排放量。为保护生存环境、保护大自然而低碳出行。

（2）日本的交通碳排放量

日本的新干线、地铁、公共汽车都很方便、快捷、安全、准时。主要城市的公共汽车站都设有站台电子指示板，会提供路线信息和到站时间，乘客可根据信息选择最佳线路，乘车后车内会放送各站台的周边的具体信息，方便乘客尽早到达出行目的地。

虽然日本提倡尽量利用公共交通工具绿色出行，但是在城市结构、交通网的覆盖面和人们的生活习惯等因素的影响下，使用私家车出行是不可避免的。如何达到节能减排目的，引导市民低碳出行，是对政府工作部门的挑战。

在日本的二氧化碳排放量中，运输部门的排放量约占20%，机动车全体的总排放量占运输业的87.8%，占日本总排放量的16.3%，货物机动车为运输部门排放量的34.2%，占日本总排放量的6.3%（见图3）。

（3）爱知县的电动车、插电式混合动力汽车保有量

日本政府对新能源汽车的发展予以支持和鼓励。日本国土交通省正在逐步普及和促进电动车和插电式混合动力汽车的发展。经济产业部也以爱知县名古屋市、冈崎市、丰田市、安城市为中心，从2009年开始推进“爱知EV·PHV城市”活动。为实现运输部门低碳化，电力公司和汽车制造公司联手，对电动汽车和插电式混合动力汽车进行技术研发。2009年电动汽车和插电式混合动力汽车的开发使用，使二氧化碳的排放量减少了约219吨。随着电动汽车和插电式混合动力汽车的普及利用，2012年二氧化碳的排放量减少了约3629吨。

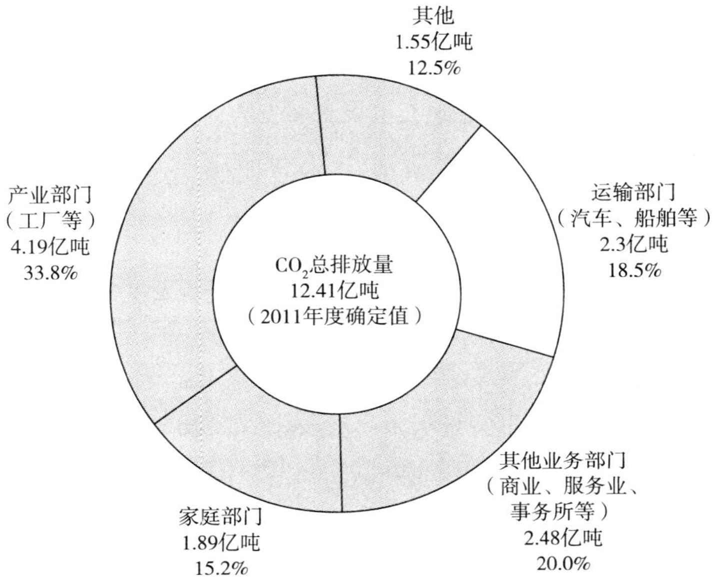

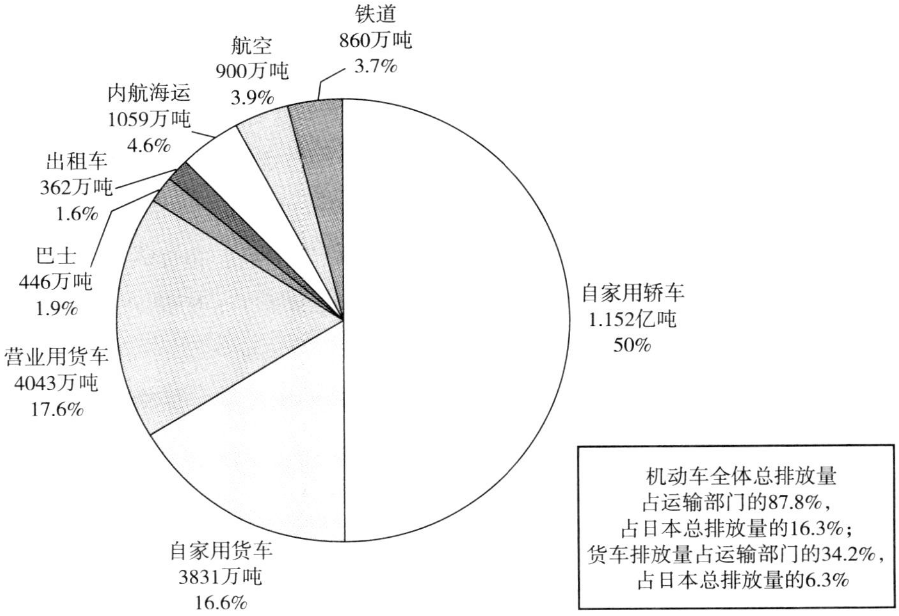

图3　日本各部门二氧化碳排放量和运输部门二氧化碳排放量

资料来源：国土交通省，http：//www. mlit. go. jp/sogoseisaku/environment/sosei_ environment_ tk_ 000007. html。

爱知县丰田市是日本丰田汽车制造公司的大本营。2012 年，爱知县累计拥有电动车、插电式混合动力汽车共 3952 辆，其中电动车 2367 辆，插电式混合动力汽车 1585 辆。同年，急速充电设备装备数为 85 台，普通充电设备装备数为 478 台，总共为 563 台，在 2011 年 233 台的基础上增加了 330 台，电动车、插电式混合动力汽车呈现令人欣喜的发展前景（见表 3）。

表 3　爱知县全体电动车、插电式混合动力汽车普及台数

年　份	合计	电动车	插电式混合动力汽车
2009 年末	203	132	71
2010 年末	579	500	79
2011 年末	1060	915	145
2012 年末	3952	2367	1585

资料来源：爱知县（2013）《爱知县 EV · PHV 城市推进计划》（实施报告和今后的执行方针），爱知县环境部大气环境科的地球温暖化对策室。

（4）日本的电动车、插电式混合动力汽车保有量

日本全国的新能源汽车的发展也很乐观。全国有 2 个都县、16 个府县推广实行“EV · PHV 城市”活动。

根据 2013 年 1 月“日本次世代机动车振兴中心”的《2012 年电动汽车、充电装备普查资料报告书》的调查统计：自 2010 年以后，电动车生产销售量与上年相比呈上升趋势，生产量为 5.7 万辆，销售量为 1.8 万辆，保有量约为 3.2 万辆。

2011 年日本的次世代汽车的总生产量约为 108.8 万辆，销售量约为 65.3 万辆，年度末保有量约为 206.1 万辆。

2012 年日本电动汽车的充电设备装备数为 6900 台，急速充电设备装备数为 1381 台。目前，已完成政府 2020 年达到 5000 台目标的 28%①。

6. 购买节能减排汽车享受政府优惠政策

日本各级政府为促进国民积极购买节能减排汽车，制定了针对购车、贷款

① 日本次世代机动车振兴中心：《2012 电动汽车、充电装备普查资料报告书》，http://www.cev-pc.or.jp/chosa/pdf2012-1-honpen.pdf。

的优惠政策。

国家导入支援制度概要为：实施绿色节能汽车导入促进对策补助及其他3类补助制度、汽车重量税和购买税减税措施、政策金融公库低利息融资制度。

地方的优惠政策为：在政府优惠政策的基础上，减免小型汽车税，以经营者为中心实行低利息融资制度。

各级政府的税收优惠政策是促进低碳社会发展的动力。国民在税收政策的优惠下，购买积极性不断提高。因此，国家政策的推广执行，需要国民的理解和支持。

三　日本国民的低碳出行

日本的交通道路不算宽敞，车流量非常大。但是，即使出行高峰期或节假日，也不会因混乱堵车而影响人们的出行和心情。其安全畅通的交通秩序，来源于科学合理的交通管理。比如，交通信号的安置科学合理并定期检修保养，将机动车道和自行车道、自行车道和人行道（包括残疾人道）划分开。交通车在到站的停留与交通流量的考量等方面非常科学合理，各行其道，互不干扰，交通井然有序。其中也得益于市民的自觉习惯和协作精神，城市的交通堵塞不仅是车流量的问题，还包括行人等因素对交通的压力。

日本的道路基本上是不分宽窄都设置交通信号灯，设置鲜明的学生上学专用通道和残疾人专用通道。经常可以看到在非常狭窄的道路上也设置交通信号灯，市民都能自觉遵守交通规则。

在偏远地区的道路上，如果没有设置交通信号灯，市民会自制交通小旗摆放在道路两侧，如需要过马路，可高举小旗通过，过马路后则将小旗放置在已过马路的地方。如遇到没有设置交通小旗的道路，可举起右手通过。汽车在运行中如看到有行人举手，要立即减速停车，以行人优先，让步行者先过马路，如不遵守规则会受到交通处罚。此举将会被扣分1点，罚款6000日元。严格的交通法规，减少了交通事故，保障了交通通畅，同时也减少了因交通堵塞而产生的汽车尾气排放，从而减少二氧化碳排放量。另外，政府部门也采取了交通管理方面的许多措施，使城市交通达到安全、畅通、便利，为市民的低碳出行创造了有利条件，逐步达到节能低碳的效果。

日本在交通管理上，体现了道路、车、人三方面的协作配合，基本实现了出行安心、安全、低碳的和谐社会。

1. 城市的交通管理

（1）京都市公共交通管理措施

京都市是著名的观光城市，交通压力很大。京都市为了减少私家车出行，开展“通勤管理日”活动，除约30%的私家车通勤以外，对具一定规模的700个单位（职工总数约19万人）和市内200个与政府机关相关联的部门实施推行了“低碳通勤”活动。这一举措大大减少了私家车的使用量，缓解了上班高峰期的交通压力。

京都市有合理的机动车道路空间，在通勤高峰期实行公共交通车优先通行制度。在高度密集区导入高规格的公共汽车，市公共汽车的燃料使用高净化率的汽油，改善了因公共汽车的运行带给城市的环境污染状况。

（2）名古屋市公共交通管理措施

名古屋市为了保护城市环境，保障城市交通的正常秩序，实现节能减排、低碳环保城市规划，制定措施鼓励市民尽量利用公共交通工具。

名古屋实行“一日乘车券”和“假日环保乘车券”制度。利用“一日乘车券”可在一日内自由乘坐市内公共汽车和地铁。平日乘车票价分3种：市公交汽车一日票价为600日元/人；地下铁一日票价为740日元/人；公交车和地铁连乘一日票价为850日元/人。利用“假日环保乘车券”在每月8日、周六、周日和节假日可享受一人600日元公交车和地铁连乘的优惠票。

“一日乘车券”和“假日环保乘车券”不仅可在一日内自由换乘公共汽车和地铁，还可以享受市内各个博物馆、美术馆、收费的楼堂馆所的门票折扣优惠。比如，参观著名的名古屋城堡，原价每人500日元，使用乘车优惠券可享受门票优惠，团体优惠更多。如果多参观几处景点，交通费相当于免费。办事或出游时，买此券乘车非常方便。

2. 旅游业的二氧化碳排放量

旅游业的二氧化碳排放量也不可忽视。各旅客输送单位的二氧化碳排放量和旅客输送量的比率，以单位输送量的二氧化排放量计算，单位输送量的二氧化碳排放量（旅客）如图4所示。

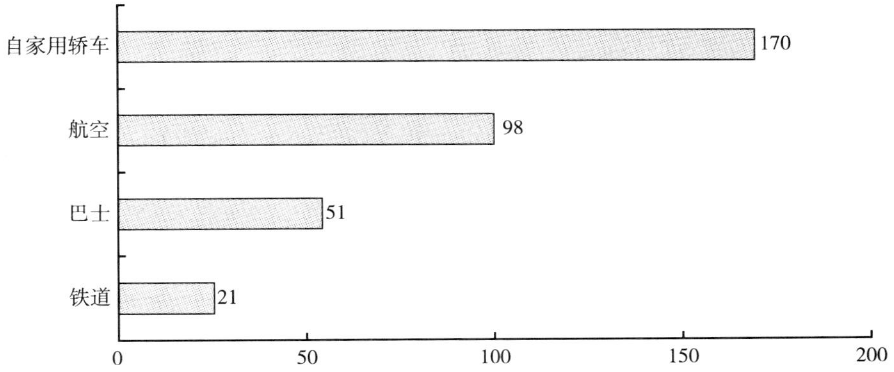

图4　单位输送量的二氧化碳排放量（旅客）

注：碳排放克/（人·公里）（2011年）。

资料来源：国土交通省HP，http：//www. mlit. go. jp/sogoseisaku/environment/sosei_environment_ tk_ 000007. html。

由上图可见，利用私家车出游的二氧化碳排放量，超过利用公共交通工具出行的二氧化碳排放量。提倡利用公共交通工具，控制和减少私家车旅游，是缓解空气污染、逐步达到低碳城市标准的重要措施。

在日常生活中，号召和鼓励市民步行或骑自行车出行，短途乘用公共交通车，长途乘用火车等公共交通工具。交通省按照不同季节、时期、时间段、学生、老人、集体等情况，实行不同票价。比如，新干线的快车和慢车票价大有不同；夜间的长途汽车非常便宜，使用者可根据自己的情况选择便利的出行方式。

3. 家庭生活的低碳行动

日本国民在出行时很注意环保，比如在参加大型社会活动时（观赏樱花、文体活动、集会等），大家都会利用公共交通工具，尽量不开私家车，不违章停车，不因交通堵塞而增加空气污染，在暂时停车时尽量关停汽车引擎减少汽车尾气排放，公交车在等交通信号时也要关停引擎。

近年来，日本的家庭能源消费正在逐年上升，政府对家庭二氧化碳排放量的削减问题也颇为重视。政府为了减少二氧化碳排放量，发展和普及风力、太阳能、地热能等自然能源的开发利用，对低碳节能产品实施各种政策上的优惠。日本国民在享受国家和地方的节能环保补贴的基础上，以购买新的节能减排产品（如节能减排汽车、节电家用电器、保健医疗器械等）和家庭设备（如购置新住宅、翻新改造旧住宅、安装太阳能等新能源发电设备、装置节能管理系统及更换节能的 LED 电灯等）等环保行动，有力地支持和推进日本走向低碳社会的进程。

四 结束语

综上所述，建立和发展低碳城市、低碳社会，不仅需要政府的各项政策措施，更需要社会各阶层的配合，特别是全民参与显得尤为重要。逐步改善现有的社会状况，从改善社会环境、改变人们的生活观念和生活习惯开始，实施环境教育，提高环保意识，人人从我做起，从零做起，遵纪守法，履行国民义务，这是防止地球温暖化的基本对策。

如何发展低碳社会，使市民拥有绿色环境低碳生活？对政府而言，需要从以下几个方面着手：

在交通方面，逐步限制高燃油、高排放汽车的使用，支持和发展节能减排汽车和新能源汽车等。发展适于发展新能源车的基础设施、社会环境等，从而提高纯电动车、混合电动车、燃料电池车、插电式混合动力汽车使用的便利程度。

在能源方面，以地区为中心，实现地区间能源、热能协同利用，实现能源的高效使用和低排放，进一步开发新能源、高科技产品等。

在家庭生活方面，鼓励和教育国民改变传统的生活习惯，树立低碳环保观念，以实际行动参与环保活动，从“我家先低碳”开始。

日本政府曾向国际社会承诺，到 2020 年要将二氧化碳排放量在 1990 年的基础上削减 25%，但在日本大地震后，由于福岛核电站事故的原因核电停运，产生了电力不足问题，而利用火力发电弥补电力不足使得碳排放增加，因此，日本政府拟放弃 25% 的碳减排目标。但是，这并不意味着日本要放弃低碳社会计划和节能减排行动，事实上，节能减排、新能源发展、低碳技术开发等行动正在日本加速进行。但是，还有很多问题没有解决，比如，在建设风力和太阳能发电站等设施上，需要周边居民的支持和协助。日本是一个资本主义私有制国家，除国家持有地以外，多数土地属私人所有，持有个人所有权的土地者，在土地的征用和使用用途问题上，经常会与使用方或建设方产生不同程度的摩擦（如征用后土地的利用问题，已建成使用的风力、电力、太阳能发电设备的噪声等问题），因此，推进低碳社会、发展新能源，不仅需要政府科学合理的规划和政策、高瞻远瞩的视野，更需要市民的行动和支持。

现在日本面临的重大问题是如何解决福岛东京电力公司的核设施、核污染问题，这已成为日本政府的长期棘手课题。

参考文献

[1] 爱知县环境部大气环境科的地球温暖化对策室：《爱知县 EV·PHV 城推进计划》（实施报告和今后的执行方针），2013。

[2] 国土交通省：《关于促进低碳城市的法律问题》（2012 年法律第 84 号），2012。

[3] 日本资源能源厅：《关于“走向低碳社会的住宅及使用”推进政策中间报告》。

[4] 环境省综合环境政策局，环境计划科发展低碳地域事业推进室：《低碳社会、低碳地域低碳社会、创造低碳地域计划实施》，2013。

[5] 齐藤昭雄：《日本人的社会问题、环境问题意识 2009》，吉田秀雄纪念事业财团。

[6] 渡边昂希、赤石泽三乡、天笠康平、有野萌，栗田知代子：《关于环境教育和教员的环境意识的研究》，ISFJ 政策论坛，2007。

[7] 土井美枝子：《在我国的环境教育中关于意识和行动的既往研究系谱》，广岛大学经营管理学会，2011。

[8] http：//www. env. go. jp/policy/edu.

[9] http：//www. cev – pc. or. jp/chosa/pdf2012 – 1 – honpen. pdf.

[10] http：//www. pref. aichi. jp/0000024415. html.

[11] http：//www. jccca. org/daisakusen/pdf/shokaisasshi_ 2010_ 36. pdf?.

[12] http：//zasshi. news. yahoo. co. jp/article? a = 20140218 – 00010001 – alterna – env.

[13] http：//blog. canpan. info/dede/archive/899.

[14] http：//www. osakagas. co. jp/company/efforts/rd/technical/1191098_ 3909. html.

[15] http：//www. mlit. go. jp/sogoseisaku/environment/sosei_ environment_ tk_ 000007. html.

[16] http://www.team-6.jp/teitanso/project/model/kyoto.html.
[17] http://www.env.go.jp/recycle/circul/3r_ visu-tool/attach/method.pdf.
[18] http://okaimonokakumei-pj.com/uny2.html#uny02-01.
[19] http://www.ristex.jp/env/02project/2-7.html#.UwaP4WfNtjp.

国际贸易与碳排放

International Trade and Carbon Emissions

B.18

出口结构变动与碳排放：基于指数分解的分析*

裴建锁　王春华**

摘　要：

2013年，我国贸易总量突破4万亿美元，成为第一大贸易国，同时也是CO_2排放大国。最新的《政府工作报告》再次强调"从战略高度推动出口升级""发展清洁生产、绿色低碳技术和循环经济，提高应对气候变化能力"。最新研究显示，1/5～1/4的碳排放由贸易生产引致，而我国作为第一大出口国，研究出口对碳排放的影响至关重要。出口升级的一个方面是出口结构的优化调整。为了研究出口结构变动对出口隐含碳的影响，本报告应

* 本文受国家自然科学基金（41205105）、对外经济贸易大学"优秀青年学者培育计划"（2013YQ01）和对外经济贸易大学中国WTO研究院重点研究基地课题（13ZXWTO04）的资助，特此感谢。

** 裴建锁，对外经济贸易大学副教授；王春华，对外经济贸易大学讲师。

用 WIOD 公布的中国非竞争型投入产出表（1997～2009 年），测算了各行业出口总的隐含碳，并基于 Fisher 指数分解方法，将出口隐含碳的变动分解为三种因素：总量、效率和结构。研究结果显示，出口结构的调整降低了 CO_2 的排放；而效率提升的作用则不太显著；出口总量的增长是贸易隐含碳增加的主要因素。

关键词：

出口结构　投入产出　指数分解

一　研究背景

气候变化已成为全人类面临的一项巨大挑战。由温室气体排放过量而造成的气候变化对人类的环境、经济和社会生活造成了严重的影响。在当今全球化时代，大量的碳排放发生在贸易品生产过程中，贸易隐含碳已成为学术研究和全球气候变化谈判的热点之一。研究显示，2008 年进出口产品生产造成的碳排放占全球碳排放总量的 26%（Peters 等，2011）。2013 年，我国货物进出口总额超过 4 万亿美元，达到 41600 亿美元（同比增长 7.6%，同期全球贸易增长约 2.7%），其中，出口额为 2.2 万亿美元。

当前，国际社会陆续实施碳关税，对我国经济的发展既是挑战也是机遇。如澳大利亚出台了政策征收污染税；在 2009 年 6 月 26 日美国众议院通过的《美国清洁能源安全法案》中规定，从 2020 年起对不接受污染物减排标准的国家实行贸易制裁；此外，法国和加拿大也纷纷酝酿相关政策。中国作为世界第一大出口国和第二大进口国，国际贸易对我国经济社会影响显著。

值得注意的是：一方面，碳排放有着明显的行业差异，而经济系统存在复杂的产业关联；另一方面，污染减排将对高污染、高耗能产业的发展形成约束，但同时为其他行业带来新的发展机遇。研究显示，贸易结构调整和污染减排之间存在着既互相制约，又互相促进的关系。在此背景下，中国需要调整产业结构尤其是对外贸易结构，为发展低碳经济、提升在世界舞台的话语权助力。将来谁能够在低碳经济方面做得更好，谁就能在这场国际气候变化大博弈中更为主动。

因此，本报告将紧密结合“十二五”规划目标和十八届三中全会决定，适应我国低碳经济发展的需要，对贸易结构调整的碳减排效应进行准确核算，为促进产业结构调整和节能减排提供定量参考。本报告其他部分安排如下：第二节将介绍十八届三中全会关于碳减排的相关内容和最新的《政府工作报告》关于贸易结构调整的相关表述，结合相关数据简单阐述出口增长与碳排放增长之间的关系；第三节介绍出口隐含碳的测量方法和资料来源及处理；第四节是 Fisher 分解分析模型介绍及结果分析；最后是结束语。

二　碳排放与出口结构

十八届三中全会强调要推行碳排放权交易制度，发挥市场机制的作用，以控制碳排放总量的增长和降低我国经济的碳强度。在最新的《政府工作报告》关于 2014 年重点工作中，提出“从战略高度推动出口升级和贸易平衡发展”。

此前的 2010 年 8 月，国家发改委启动低碳试点省市计划，将广东、辽宁、湖北、陕西、云南 5 省和天津、重庆、深圳、厦门、杭州、南昌、贵阳、保定 8 市列为首批试点省市。2011 年 10 月，国家发改委确定在北京、天津、上海、重庆、广东、湖北、深圳 7 省市开展碳排放权交易试点工作。从 2013 年 6 月开始，目前已有 5 个省市的碳排放权交易逐渐展开。国家发改委要求 2015 年基本形成碳交易市场雏形。据预测，通过 7 省市试点，我国有望成为欧盟的碳排放交易之后的全球碳排放权交易第二大市场，覆盖 7 亿吨碳排放额度。碳排放交易试点的成效如何，还有待观察和研究。但是，无疑将能逐步建立起市场，发挥价格机制的作用，从而约束有关企事业单位的碳排放行为。

就各地已经公布的交易方案来看，涉及的行业主要是电力、钢铁、水泥、石化等工业行业，北京和深圳两地都要求碳排放量较大的服务业企业也参与交易，深圳还为建筑和交通行业另行设置了交易板块。在试点省市中，只有北京市对既有设施提出了年度绝对减排量的要求，但这样的要求只涵盖了制造业和服务业。虽然深圳没有绝对量的减排要求，但要求有关企业在未来 3 年将单位增加值碳排放降低 32%，并且排放量的绝对值年增长率不超过 10%。

交易试点省市是我国经济比较发达的地区，也是出口企业相对集中的地区。尽管这些重点行业并非出口的主要行业，在短期限制排放的政策所带来的成本压力，有可能传递到有关出口行业，但从长远来说，控制碳排放的政策将能促进产业结构的优化，在低碳背景下，进一步发挥我国产业在全球经济中的比较优势。

随着这种市场化机制向更多地区和行业的推进，需要进一步合理设定排放总量（或减排）的目标，并准确测算各地区和各行业的碳排放，合理协调能源消耗、碳排放与经济发展三者间的相互关系。已有的实践也要求出台配套完善的制度措施，以调动有关企业参与碳交易。

图1给出了出口增长与全国 CO_2 排放增长趋势的相关关系图：横轴是年份，从1997至2009年；左边纵轴是出口值（1995年价格，亿美元），右边纵轴是 CO_2 排放量（百万吨）。显然，两者存在很强的正相关关系，这符合我们的预期。但是，出口引致的 CO_2 排放可能由如下几个不同的因素共同引起：总量增长对排放是正的作用（即总量越大引起的排放越多）、结构变化对排放的作用不定（可正可负，如果我们的目标是更低的排放，则结构调整的优化意味着更少排放的出口所占比重更高）、效率提升对排放有负的影响（生产效率越高或排放系数越低，同样的产出排放越少）。为了得出可操作的政策建议，需要将上述几个指标进行分解，得出每个组分各自的贡献，以此对出口结构的变动引起的 CO_2 排放变化做出定量分析。

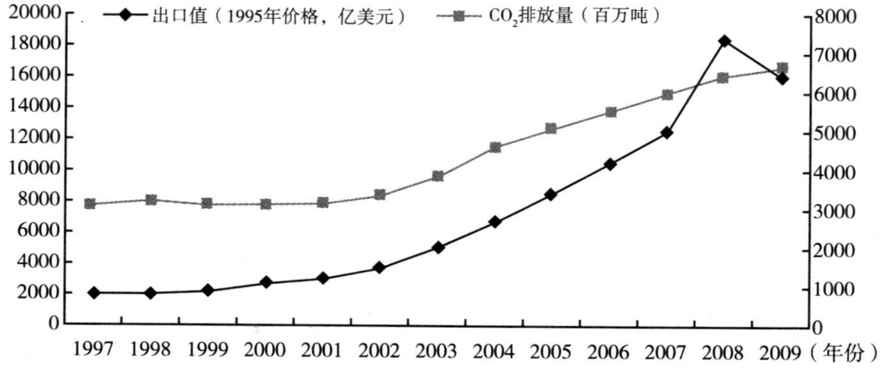

图1　1997～2009年出口增长与全国 CO_2 排放增长趋势

三　出口隐含碳的测算

当衡量出口或消费等生产活动产生的某种影响（如 CO_2 排放）时，投入产出方法显示出其独特优势。该方法具有涉及生产过程的技术联系，而且不需要对经济行为建模或仿真。另外一个主要优势在于许多国家均编制投入产出表，并包含详细的部门分类及在这些分类下可获得的翔实的数据，如环境方面的数据。

（一）投入产出与出口隐含碳

本文的出发点是中国非竞争型投入产出表，它的结构见表1（Miller 和 Blair，2009；陈锡康等，2012）。

表1　非竞争型投入产出表结构

	中间使用	最终需求		*TOT*
		DFD	*EXP*	
	$\mathbf{Z}$	$\mathbf{f}$	$\mathbf{e}$	$\mathbf{x}$
IMP	$\mathbf{M}$	$\mathbf{f}^M$	$\mathbf{0}$	$\mathbf{x}^M$
VA	$\mathbf{v}'$			
TOT	$\mathbf{x}'$			

注：*IMP* = 进口；*VA* = 增加值；*TOT* = 总投入/产出；*DFD* = 国内最终需求；*EXP* = 出口。

定义矩阵 $\mathbf{Z}$ 为中间流量矩阵，其元素 z_{ij} 表示部门 i 对部门 j 的中间投入量①。向量 $\mathbf{f}$ 的元素 f_i 定义为部门 i 的产品用于最终需求的量：最终需求由农村居民消费、城镇居民消费、政府消费、固定资产形成总额及库存变化构成。向量 $\mathbf{e}$ 的元素 e_i 表示部门 i 的产品出口；向量 $\mathbf{x}$ 的元素 x_i 表示部门 i 产品的总产出。向量 $\mathbf{v}'$ 的元素 v_i 表示行业 i 的增加值；增加值包括劳动者报酬、固定资

① 矩阵表示为黑体大写字母（如 $\mathbf{Z}$）；向量定义为列向量，表示为黑体小写字母（如 $\mathbf{x}$）；而标量（包括矩阵或向量的元素）用斜体的小写字母（如 c 或 α）表示。上角标的一撇表示转置（如 $\mathbf{x}'$）；而角帽表示对角矩阵（如 $\hat{\mathbf{x}}$），该矩阵的元素由向量 $\mathbf{x}$ 的元素作为主对角阵而其他元素为零所组成。

产折旧、生产税净额及营业盈余。进口包含两种类型：矩阵 $\mathbf{M}$ 的元素 m_{ij}，表示部门 j 对进口的产品 i 的直接消耗量；而向量 $\mathbf{f}^M$ 的元素 f_i^M，表示进口的产品 i 中直接进入最终消费领域的数量。

投入系数矩阵可通过以下方式得到：对一般的投入产出表，有 $\mathbf{A}=\mathbf{Z}\hat{\mathbf{x}}^{-1}$，它的元素 $a_{ij}=z_{ij}/x_j$ 表示部门 j 单位产出所需要的 i 产品的投入量。由表 1 可得横向恒等式：$\mathbf{x}=\mathbf{A}\mathbf{x}+(\mathbf{f}+\mathbf{e})$，或 $\mathbf{x}=(\mathbf{I}-\mathbf{A})^{-1}(\mathbf{f}+\mathbf{e})=\mathbf{L}(\mathbf{f}+\mathbf{e})$。其中，$\mathbf{L}=(\mathbf{I}-\mathbf{A})^{-1}$ 是 Leontief 逆矩阵。为满足国内最终需求以及出口所需要的产出分别为 $\mathbf{Lf}$ 和 $\mathbf{Le}$。

令行向量 $\mathbf{r}'$ 的元素 r_i 表示部门 i 所产生的 CO_2 排放，则直接排放系数可表示为 $\boldsymbol{\mu}'=\mathbf{r}'\hat{\mathbf{x}}^{-1}$，其元素 $\mu_i=r_i/x_i$ 表示部门 i 生产单位产品所产生的排放量。那么，对于出口所产生的污染物排放总量，可以由 $\hat{\boldsymbol{\mu}}\mathbf{Le}$ 计算得出，其第 i 个元素表示部门 i 出口所产生的 CO_2 排放总量（包含所有为生产该出口品所产生的前向联系的间接排放）。记为：$\mathbf{g}^{(e)}=\hat{\boldsymbol{\mu}}\mathbf{Le}$。

为了计算各年度不同类型生产活动各自产生的排放量，我们采用 WIOD 数据库中的中国非竞争型投入产出表和排放数据。主要理由有三个：第一，该数据库根据各国统计机构提供的供给表（Supply Table）和使用表（Use Table），结合国民经济核算数据，编制了产业乘产业部门（35 部门 × 35 部门）的投入产出表，数据跨度为 1995 ~ 2011 年①。第二，经济普查数据对之前年份经济总量调整的情况在数据库中得到充分反映，比如中国 2008 年经济普查数据对之前年份的 GDP 总量等进行了大幅度上调，这些变动在 WIOD 数据库中的中国表上都得到体现。为了便于分析，该数据库提供两种投入产出表价格，当年价和不变价。第三，该数据库公布了相同分类口径的社会经济数据和环境账户数据。

（二）出口隐含碳

根据 WIOD 提供的中国 1997 ~ 2009 年可比价投入产出表，对出口隐含碳

---

① 详见 http://www.wiod.org。因为 2010 年和 2011 年数据中环境账户数据未更新，因此本文的研究截止时间为 2009 年。另外，由于 1995 年和 1996 年投入产出表的基础数据欠佳（1997 年是基准投入产出表），会对后续分解结果产生干扰，最终本文选取的时间段为 1997 ~ 2009 年。部门分类见附录。

进行了计算[①]。结果如表 2 所示：出口列是以 1995 年亿美元计价的出口值，出口隐含碳为通过投入产出模型测算的出口生产的 CO_2 排放量（百万吨），全国总排放由 CO_2 总排放列给出，最后一列是出口生产造成的碳排放占总排放的比重（出口隐含碳/CO_2 总排放）。首先，出口总量的持续增长，对 CO_2 排放的增加作用明显，从 1997 年的 18.8%，增长至 2002 年的 20.9%，进一步攀升至 2008 年的 36.1%。其次，总体趋势是出口增长与出口隐含碳正相关，即出口越多，出口隐含碳越多。事实上，出口结构变动与出口隐含碳排放关系并不明确。

表 2　1997～2009 年出口隐含碳及出口隐含碳对 CO_2 排放的贡献率

	出口(1995 年价格,亿美元)	出口隐含碳（百万吨）	CO_2 总排放（百万吨）	出口对 CO_2 排放贡献率(%)
1997	2006.8	581.3	3093.2	18.8
1998	2061.3	588.0	3206.9	18.3
1999	2224.1	543.2	3098.6	17.5
2000	2810.7	601.2	3100.8	19.4
2001	3029.8	599.6	3150.0	19.0
2002	3778.6	704.5	3377.2	20.9
2003	5081.6	926.4	3893.5	23.8
2004	6759.0	1207.2	4623.2	26.1
2005	8537.4	1429.2	5082.5	28.1
2006	10505.5	1642.2	5524.3	29.7
2007	12492.3	1793.3	5962.4	30.1
2008	18351.5	2309.0	6397.8	36.1
2009	16111.3	2020.4	6691.6	30.2

资料来源：作者基于 WIOD 公布的中国投入产出表和环境账户数据计算得出。

图 2 给出了出口隐含碳的结构变动情况，纵轴是各行业部门在不同年度所占出口隐含碳的比重，横轴是所占百分比（%）。在此，我们选取了三个年份做比较，分别为 1997、2002 和 2007 年，注意到这三个年份是投入产出表的基

① 值得注意的是，因为没有区分加工贸易，该结果高估了出口隐含碳的贡献（见 Dietzenbacher 等 2012 年对该问题的讨论）。但总体的趋势，仍然是随着出口总量的增长，增加了 CO_2 排放总量。

准年，并且涵盖了中国入世前后，因此有一定的代表性。首先，各个行业对出口隐含碳的贡献率有不同的变动趋势：对于电力供应部门（secE），其出口隐含碳所占比重在持续增加，从 1997 年的 41% 增长至 2007 年的 55%，主要原因之一是中国的一次能源结构（煤占 70% 以上）；而化学制品行业（sec24）则出现相反的趋势，从 1997 年的 10.69%。下降至 2007 年的 5.99。其次，出口结构的变动对于出口隐含碳的增长产生的影响在理论上可正可负，有待进一步实证研究。

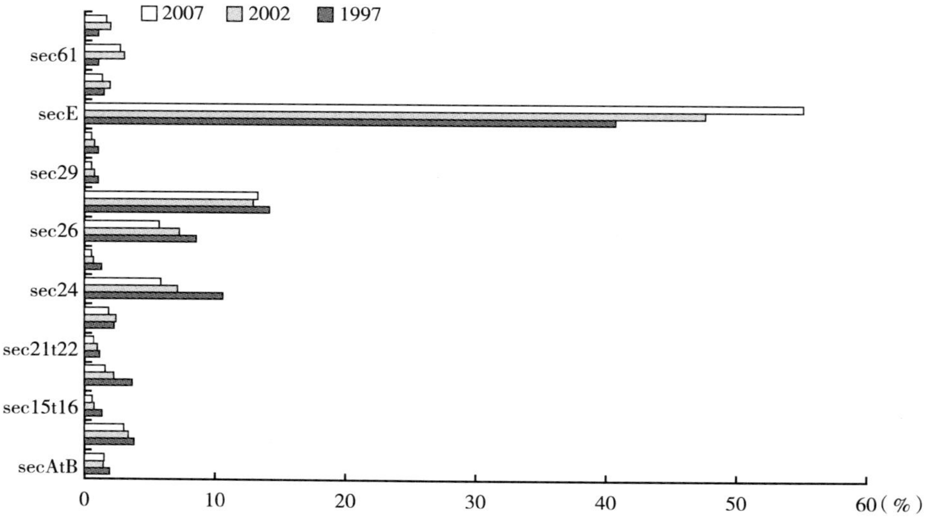

图 2　1997、2002 和 2007 年出口隐含碳结构变动

四　Fisher 指数分解分析

为了测算出口的结构及总值以及各个出口部门的单位出口值所含碳的变化给隐含碳总量带来的影响，本节借助一个指数分解方法，给出定量结果。在年份 t，出口隐含碳的总量 CO_2^t，可以写成

$$CO_2^t \equiv Y^t \times \sum_s \left[\left(\frac{CO_2^{s,t}}{Y^{s,t}} \right) \times \left(\frac{Y^{s,t}}{Y^t} \right) \right] \equiv Y^t \times \sum_s (c^{s,t} \times y^{s,t}) \quad (1)$$

其中，s 代表的是出口部门，$Y^{s,t}$ 是该部门在本年度的出口总值，Y^t 是所有

部门的出口总值。$c^{s,t}$ 是该部门每单位出口值的隐含碳，$y^{s,t}$ 代表的是该部门出口值在出口总值中所占的比重。

用 CO_2^0 来表示基期年份的出口隐含碳的总量，那么其在两年间的变化可以写成

$$\frac{CO_2^t}{CO_2^0} \equiv \frac{Y^t}{Y^0} \times F^{t,eff} \times F^{t,comp} \tag{2}$$

上述分解中，第二项因子的表达式为 $F^{t,eff} \equiv \sqrt{\frac{\sum_s (c^{s,t} \times y^{s,0})}{\sum_s (c^{s,0} \times y^{s,0})} \times \frac{\sum_s (c^{s,t} \times y^{s,t})}{\sum_s (c^{s,0} \times y^{s,t})}}$，第三项因子的表达式是 $F^{t,comp} \equiv \sqrt{\frac{\sum_s (c^{s,0} \times y^{s,t})}{\sum_s (c^{s,0} \times y^{s,0})} \times \frac{\sum_s (c^{s,t} \times y^{s,t})}{\sum_s (c^{s,t} \times y^{s,0})}}$。在式（2）中，第一项因子（规模因素）$\frac{Y^t}{Y^0}$，表示的是出口总值变化带来的对出口隐含碳总量的影响；第二项因子（效率因素）$F^{t,eff}$，表示的是效率变化所带来的影响（假定了各部门在出口总值中所占的比重在这两年不变，但各部门每单位出口值所含的碳发生变化）；第三项因子（结构因素）$F^{t,comp}$，测算的是出口结构的变化所带来的影响（假定了各部门在出口总值中的占比在这两年间发生变化，但每单位出口值所含的碳没有变化）。以上每个因子，如果其数值大于1，说明该因素在这两年间使得出口隐含碳增长；反之则相反。与此类似的分解方法所得出的费雪理想指数（Fisher ideal indexes）在有关能源消费和 CO_2 的分解分析中得到了广泛的应用（如 Ang 和 Zhang，2000；Metcalf，2008；Wang，2011 等）。

借助这个分解框架及利用前文计算得出的数据，我们计算得出影响出口隐含碳总量的各个因素的贡献，结果如表 3 所示。

从表 3 可以看出，在 1997～2009 年，除了 1999、2001 及 2009 年，出口隐含碳总量都比上一年度有所上升。出口总值的增加能够带动出口隐含碳的上升。在其间的大多数年份，效率的提升及出口结构的变动对出口隐含碳的下降都有促进作用。总体来看，在平均意义上，效率的提升对减缓出口隐含碳的上

升趋势作用更大。但是也必须注意到，在12个对相邻年份的分解中，效率的改善在7个年份降低了碳排放，却在5个年份增加了碳排放。

表3　分解结果：规模、效率和结构

年份	出口隐含碳变化	规模因素	效率因素	结构因素
1997～1998	1.012	1.027	1.072	0.919
1998～1999	0.924	1.079	0.907	0.944
1999～2000	1.107	1.264	0.931	0.941
2000～2001	0.997	1.078	0.955	0.968
2001～2002	1.175	1.247	0.888	1.061
2002～2003	1.315	1.345	1.078	0.907
2003～2004	1.303	1.330	0.999	0.981
2004～2005	1.184	1.263	1.092	0.858
2005～2006	1.149	1.231	1.195	0.781
2006～2007	1.092	1.189	0.566	1.623
2007～2008	1.288	1.469	0.762	1.150
2008～2009	0.875	0.878	1.137	0.876

五　结束语

十八届三中全会决定将碳减排和贸易结构调整作为改革的重点。以此为背景，本文首先阐述了相关的政策背景，并根据出口增长与碳排放变化的相关关系，从概念上提出出口结构调整可能的碳减排效应。为了进一步研究出口结构变动对我国碳排放的影响，本报告应用WIOD数据库的年度投入产出表和环境账户数据，估计了出口隐含碳。与以往研究相比，本报告的针对性强，借助投入产出模型，专门研究出口隐含碳问题。进而应用Fisher分解分析模型，将出口隐含碳分解为三个组分：总量、结构和效率。

第一个主要结论：以碳减排为目标，我国的出口结构经历了优化调整的过程，即出口结构的变动（给定其他不变）有助于碳减排。具体而言，从1997年至2009年，有9个（共12个）分解结果显示，出口结构的调整降低了碳排放。另外，效率的提升（包括单位产出的排放系数和生产技术）也减缓了碳排放增长的趋势，但其作用在各年份不太一致。换句话说，效率的变动方向对碳减排的影响不完全确定。碳排放增长的主要因素来自于出口总量的增长。从这个意义上讲，《政府工作报告》关于“从战略高度推动出口升级和贸易平衡发展”的工作部署恰逢其时。

第二个主要结论：作为对策，一方面，从源头上对高污染行业实行强有力的管制，如电力、热力的生产和供应业部门延续着以煤电为主导的发电方式（从 1970 年以来，大概 70% 的一次能源以煤为基础），以及化工品等排放较高的部门。另一方面，继续优化调整出口结构，进一步控制“两高一资”（高能耗、高污染和资源性）产品的出口，并通过政策倾斜如税收优惠及关税补贴等，鼓励“干净”的部门扩大生产和出口；增加能源、资源类产品的进口，促进贸易平衡。为节能减排目标提供更多的渠道和保障。

附录：

投入产出表 35 部门分类

部门代码	部门名称	部门代码	部门名称
secAtB	农林牧渔业	sec50	机动车辆销售、维修及燃油零售
secC	采掘业	sec51	批发及代理（机动车辆除外）
sec15t16	食品、饮料及烟草制品	sec52	零售（机动车辆除外）及家用品维修
sec17t18	纺织业	secH	餐饮住宿业
sec19	皮革及制鞋业	sec60	陆路运输
sec20	木材及木材制品	sec61	水路运输
sec21t22	纸业及印刷出版	sec62	航空运输
sec23	焦炭、精炼油及核燃料	sec63	其他运输相关业务及旅行社
sec24	化学工业及化工制品	sec64	邮电业
sec25	橡胶及塑料产品	secJ	金融中介
sec26	其他非金属矿物	sec70	房地产
sec27t28	金属及金属制品	sec71t74	设备租赁及其他商业服务
sec29	其他机械	secL	公共管理及国防，社保
sec30t33	电气及光学设备	secM	教育业
sec34t35	运输设备	secN	卫生与社会工作
sec36t37	其他制造业及废品回收	secO	其他社区、社会或个人服务
secE	水电气供应	secP	其他私人服务
secF	建筑业		

参考文献

[1] 陈锡康、杨翠红主编《投入产出技术》，科学出版社，2011。

[2] Ang, B. W., Zhang, F. Q., "A survey of Index Decomposition Analysis in Energy and Environmental Studies," *Energy* 25 (2000): 1149 - 1176.

[3] Dietzenbacher, E., Pei, J., Yang, C., "Trade, Production Fragmentation, and China's Carbon Dioxide Emissions," *Journal of Environmental Economics and Management* 64 (2012): 88 - 101.

[4] Metcalf, G. E., "An empirical analysis of energy intensity and its determinants at the state level," *Energy Journal* 29 (2008): 1 - 26.

[5] Miller, R., Blair, P., *Input-Output Analysis: Foundations and Extensions*, (Cambridge: Cambridge University Press, 2nd edition, 2009).

[6] Peters, G., Minx, J., Weber, C., "Growth in emission transfers via international trade from 1990 to 2008," *PNAS* 108 (21) (2011): 8903 - 8908.

[7] Wang, C., Changing energy intensity of economies in the world and its decomposition. *Energy Economics* 40 (2013): 637 - 644.

B.19

国际贸易与消费碳排放：基于WIOD数据库的分析

赵忠秀　闫云凤*

摘　要：

全球消费水平的提高是引起温室气体排放增加的主要原因之一，全面了解消费碳排放的增长趋势及其影响因素有利于气候政策的设计。本报告采用WIOD数据库的区域间投入产出表及部门碳排放数据，建立多区域投入产出（MRIO）模型，构建消费碳排放核算目录，分析全球消费碳排放及国际贸易中的转移碳排放量。研究结果表明：2009年全球消费碳排放为28850百万吨（Mt），其中国际贸易所隐含的碳排放占全球的20%，而这些贸易隐含碳主要是从中国生产和出口，由北美和欧元区消费引起的。如果考虑国际贸易的影响，到国际地区间碳强度的差距将缩小，人均消费碳排放从2.4t到14.7t不等。进口隐含碳分别占北美和欧元区的33%和17%，而中国碳排放的29%是由其他国家消费引起的。因此，消费碳排放核算体系的建立对国际气候谈判日益重要，在生产者和消费者之间分配碳排放责任从而改变全球消费模式将有助于减排。

关键词：

消费碳排放　溢出效应　WIOD数据库　MRIO模型

* 赵忠秀，对外经济贸易大学副校长、教授、博导；闫云凤，首都经济贸易大学讲师，对外经济贸易大学博士后。

一 引言

随着全球消费水平的提高，全球温室气体排放也显著增加，如果不改变消费模式，就难以控制温室气体排放的增加，过去对减排的关注主要集中在生产领域，忽略了消费领域和消费者责任，国界或关境割裂了减排政策的适用空间，使得政策效果大打折扣。因此，在实施生产减排政策工具的基础上，制定和实施改变消费模式的政策工具也迫在眉睫，这就需要测度全球每个国家、每个部门的消费排放，这是制定全球气候政策工具的基础。全面了解消费碳排放的增长趋势及其影响因素有利于气候政策的设计，减少国家利益和全球减排效率的冲突，同时减少全球减排失败的风险（Schweitzer 等，2009）。发展权的权衡也成为制约《京都议定书》效力的关键因素。但是，联合国气候变化框架公约（UNFCCC）下的国家排放目录只核算一个国家领土范围内的排放，忽视了国家之间的联系，从而可能导致对全球、地区和国家排放趋势和减排政策的错误分析（Peters 等，2011a）。尤其是基于生产者的碳排放核算和减排责任政策设计，将全球的生产网络分割成碎片，从生产和消费两个方面都降低了碳减排的意愿和效率，使得《京都议定书》的有效实施困难重重。因为意识到生产排放目录可能会带来的负面影响，最近学者们开始关注基于受益者付费原则的消费碳排放。根据这一原则，消费者应该为其使用的产品和服务的碳排放负责。在此基础上，有些学者研究了生产排放和消费排放的关系，并提出生产者和消费者应该共同分担排放责任（如：Peters 和 Hertwich，2008a；Lenzen 等，2007；Andrew 和 Forgie，2008；周新，2010）。有些学者计算了全球各个国家的消费碳排放（如：Gavrilova 和 Vilu，2012；Erickson 等，2012；丛晓男等，2013；闫云凤和赵忠秀，2014）。这些研究认为消费排放有利于从全球视角全面了解每个国家的温室气体排放，也为构造 2020 年以后全球气候政策法律框架奠定更稳固的基础。

从理论上讲，一个开放的多区域连接的世界经济存在着瓦尔拉斯一般均衡，全球商品与服务的生产与消费最终是实现均衡的，均衡的实现有赖于均衡价格体系的存在，尽管这个均衡价格的比价关系可能对发展中的生产国大为不利，导致发展中的生产国生产大量的低价制成品，实现货物贸易盈余，并用这种货物贸易盈余来补偿服务贸易逆差，这种全球价值链模式主导了冷战后的世界经济，尽管全球经济危机使得这种模式发生了拓扑变形，但其逻辑结构并没有解体，而是更为强化。碳足迹可以刻画商品与服务的生产过程，呈现一种对偶关系。相对于发达经济体，发展中国家的碳排放效率要低很多，因而存在着严重的碳泄漏。从全球经济一体化的角度来看，全球的生产账户与消费账户是平衡的，但是由于均衡价格的比价关系严重失衡，并且这种贸易条件的恶化趋势将长期存在，全球商品和服务的生产和消费在地理分布上也是严重失衡的，作为一种对偶关系，从生产排放和消费排放对比来看也是严重失衡的。

从技术上讲，生产排放目录的核算只需要国内投入产出统计数据和一定技术下的排放因子等较少数据投入，而消费排放目录的核算需要国际投入产出表等更多数据。也就是说，在全球经济一体化下，建立消费排放目录需要消费、生产和国家间的贸易数据。研究者需要依据各个国家的投入产出表和国际贸易数据建立相应的数据库。有些学者已经采用 GTAP（如：Bang 等，2008；Peters 和 Hertwich 2008b；Baiocchi 和 Minx，2010；Peters 等，2011b；Chen 和 Chen，2011；Atkinson 等，2011）或 OECD（如：Ahmad 和 Wyckoff，2003；Nakano 等，2009；Yan 等，2011）数据库中的数据计算国际贸易中的碳排放。这些研究表明国际贸易是联系生产排放和消费排放的纽带，同时这些研究也为多区域经济条件下采用投入产出模型研究消费排放提供了基础。

本文采用 WIOD 数据库中的数据建立多区域投入产出（MRIO）模型分析全球经济一体化下的消费碳排放，对比中分析排放失衡的程度。WIOD 数据库中包含了各国的投入产出表、双边贸易数据和生产要素数据。比较全球、各部门和各国的消费排放可为减排领域的国际合作提供研究基础，同时可为特定国家制定相应的气候变化政策从而改变消费模式提供坚实基础，也有助于进一步厘清国际交换比价关系，进一步研究以中国为代表的生产国国内投入要素价格机制改革和贸易条件改善的路径。

二　方法和数据

（一）多区域投入产出模型

从生产到消费的排放分配需要了解整个供应链的情况，这一研究主要采用投入产出法，扩展的 MRIO 模型可以刻画区域间的贸易。无论是被其他地区消费的最终产品还是作为国际生产链的中间投入品，MRIO 模型都可以将产品排放追溯到其原产地。这一模型可以根据最终产品的消费分配全球排放到各个国家和产业部门。根据投入产出分析，一个地区 r 的总产出可表示为：

$$x^r = Z^r + y^r + \sum_s e^{rs} - \sum_s e^{sr} \tag{1}$$

其中，x^r 是地区 r 的总产出列向量，它可分为中间消费和最终消费。中间投入矩阵可表示为 Z_{ij}^r，其元素表示地区 r 的从部门 i 到部门 j 的国内和进口中间投入。最终需求列向量为 y_i^r，其元素表示部门 j 对部门 i 的国内和进口最终消费。e_i^{rs} 表示从地区 r 到地区 s 的出口量，e_i^{sr} 表示从地区 s 到地区 r 的进口。

仅从国内生产来看，式（1）可表示为：

$$x^r = Z^{rr} + y^{rr} + \sum_s e^{rs} \tag{2}$$

其中从地区 r 出口到地区 s 的 e_i^{rs} 可分解为中间消费和最终消费两部分：

$$e^{rs} = Z^{rs} + y^{rs} \tag{3}$$

按照 Leontief 固定生产比例的假定，Z^{rs} 可表示为：

$$Z^{rs} = A^{rs}x^{rs} \tag{4}$$

其中，Z_{ij}^{rs} 表示地区 s 的部门 j 从地区 r 部门 i 的投入，于是，式（2）可表示为：

$$x^r = A^{rr}x^r + y^{rr} + \sum_{s\neq r} A^{rs}x^s + \sum_{s\neq r} y^{rs} \tag{5}$$

于是，MRIO 模型用矩阵可表示为：

$$\begin{pmatrix} x^1 \\ x^2 \\ x^3 \\ \vdots \\ x^m \end{pmatrix} = \begin{pmatrix} A^{11} & A^{12} & A^{13} & \cdots & A^{1m} \\ A^{21} & A^{22} & A^{23} & \cdots & A^{2m} \\ A^{31} & A^{32} & A^{33} & \cdots & A^{3m} \\ \vdots & \vdots & \vdots & \ddots & \vdots \\ A^{m1} & A^{m2} & A^{m3} & \cdots & A^{mm} \end{pmatrix} \begin{pmatrix} x^1 \\ x^2 \\ x^3 \\ \vdots \\ x^m \end{pmatrix} + \begin{pmatrix} \sum_r y^{1r} \\ \sum_r y^{2r} \\ \sum_r y^{3r} \\ \vdots \\ \sum_r y^{mr} \end{pmatrix} \tag{6}$$

其中，模块矩阵表示部门和国家之间产品的相互流动，对角矩阵是国内部门间的产品流动，非对角矩阵表示不同国家之间的贸易流动。

如果向量 e^r 表示地区 r 单位产出的 CO_2 排放系数，I 是单位矩阵，A 是式（6）中的模块矩阵，y^r 是向量

$$y^r = \begin{pmatrix} y^{1r} \\ y^{2r} \\ y^{3r} \\ \vdots \\ y^{mr} \end{pmatrix} \tag{7}$$

则每个地区 r 的消费碳排放可表示为：

$$E^r = e^r (I - A)^{-1} y^r \tag{8}$$

（二）数据

贸易隐含碳的测算需要的数据包括：各国投入产出表、国际贸易数据和部门 CO_2 排放数据。本文采用 WIOD 数据库中 1995 ~ 2009 年的地区间投入产出表（WIOT_ Regs），该表分为 6 个地区，包括欧元区、欧盟非欧元区、北美、中国、东亚和 BRIIAT（澳大利亚、俄罗斯、印度等其他重要国家）（见表 1），剩余的地区用“其他地区”（RoW）表示。WIOD 数据库中的 CO_2 排放数据分为 35 个部门。GDP 和人口来源于 IMF。因为该数据库中最新可得数据是 2009 年的数据，所以本文的所有计算和分析都指 2009 年。

表1　WIOT_ Regs 中的地区分类

欧元区	奥地利、比利时、塞浦路斯、爱沙尼亚、芬兰、法国、德国、希腊、爱尔兰、意大利、卢森堡、马耳他、荷兰、葡萄牙、斯洛伐克、斯洛文尼亚、西班牙
欧盟非欧元区	保加利亚、捷克、丹麦、匈牙利、拉脱维亚、立陶宛、波兰、罗马尼亚、瑞典、英国
北美	加拿大、墨西哥、美国
中国	中国
东亚	日本、韩国、中国台湾
BRIIAT	澳大利亚、巴西、印度尼西亚、印度、俄罗斯、土耳其

资料来源：WIOD，2012。

三　计算结果和讨论

（一）全球碳排放

从表2的计算结果来看，2009年全球商品和服务隐含 CO_2 排放达28850百万吨（Mt），但生产碳排放（PE）和消费碳排放（CE）的分布却有所不同。从消费角度来看，北美（6635 Mt，23%）的消费碳排放排在第一位，接下来是中国（5215 Mt，18%）、BRIIAT（4413 Mt，15%）、欧元区（3291 Mt，11%）、东亚（2111 Mt，7%）、欧盟非欧元区（1409 Mt，5%）。然而，从生产角度来看，最大的排放地区却是中国（6696 Mt，23%），接下来依次是北美（5981 Mt，21%）、BRIIAT（4659 Mt，16%）、欧元区（2678 Mt，9%）、东亚（2000 Mt，7%）、欧盟非欧元区（1343 Mt，5%）。由此可以看出，消费碳排放和生产碳排放的排名是不同的，例如，北美是最大的消费碳排放地区，中国第二；但是从生产排放来看，中国排在第一位，北美排在第二位。

生产碳排放和消费碳排放的差额是贸易碳平衡（BE），也就是出口隐含碳与进口隐含碳的差额。差额为正表示隐含碳净出口地区，差额为负表示隐含碳净进口地区。从表2可以看出，北美是最大的隐含碳净进口地区（-654 Mt），而中国是最大的隐含碳净出口地区（1481 Mt）。

表 2　分地区的消费和生产 CO_2 排放（Mt）

	CE		PE		BE = PE - CE
欧元区	3291	11%	2678	9%	-613
欧盟非欧元区	1409	5%	1343	5%	-66
北美	6635	23%	5981	21%	-654
中国	5215	18%	6696	23%	1481
东亚	2111	7%	2000	7%	-111
BRIIAT	4413	15%	4659	16%	246
RoW	5776	20%	5494	19%	-282
合　计	28850	100%	28851	100%	1

从单位 GDP 的生产碳排放来看（见图 1），中国和 BRIIAT 等发展中地区的碳排放强度较高，如中国的生产碳排放强度高达 1.34 $kgCO_2/USD$，而欧元区的生产碳排放强度只有 0.22 $kgCO_2/USD$，东亚的是 0.32 $kgCO_2/USD$。从中可以看出中国的生产碳排放强度是欧元区的约 6.1 倍。然而，从消费碳排放强度来看，中国的消费碳排放强度（1.0 $kgCO_2/USD$）仅是欧元区（0.26 $kgCO_2/USD$）的 3.9 倍，这一差距的缩小说明发达国家从发展中国家进口使得全球消费碳排放强度有趋同趋势。

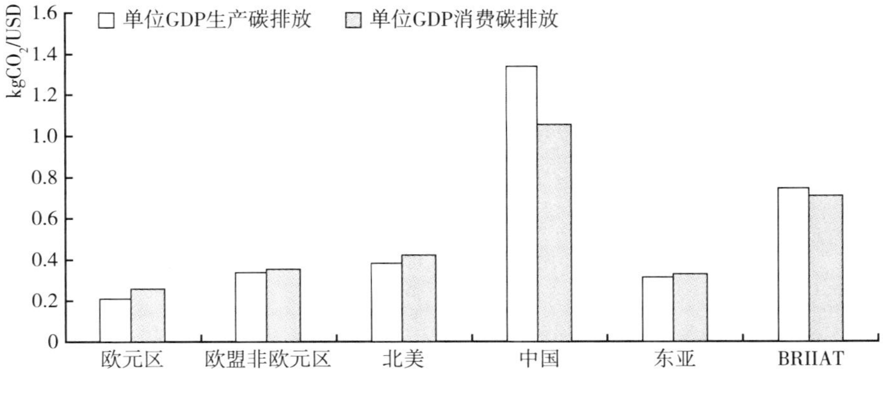

图 1　消费和生产碳排放强度比较

从人均碳排放强度来看（见图 2），不同地区的消费和生产碳排放差距也很大。从生产角度来看，北美的人均生产碳排放是 13.2 t，而中国和 BRIIAT

分别只有5.4 t和2.6 t。也就是说，北美一个人的生产碳排放分别是中国和BRIIAT的2倍和5倍。然而，从消费角度来看，北美的人均消费碳排放高达14.7 t，东亚和欧元区分别是10.5 t和10 t，而中国和BRIIAT的人均消费碳排放却分别只有3.9 t和2.4 t，这些数据说明，北美等发达地区一个人的消费碳排放相当于中国4个人的碳排放或BRIIAT 6个人的碳排放。基于“每个人都有平等的权利使用大气等资源”的原则，在国际气候谈判中应按照人均排放相等原则分配碳排放，而国际贸易却使得这一不平等现象进一步扩大。

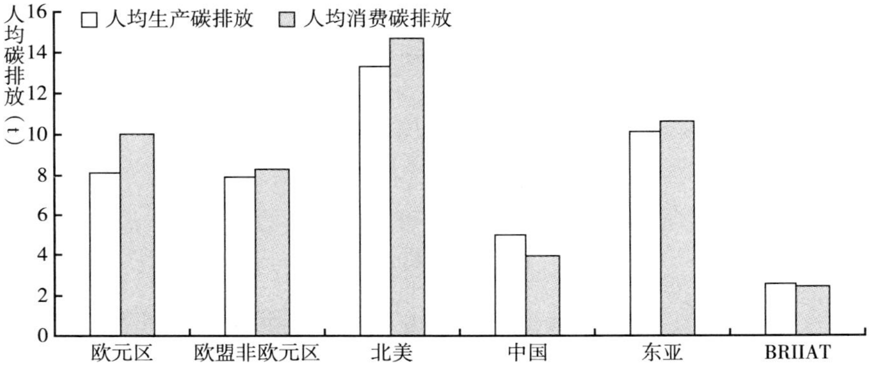

图2 人均消费和生产碳排放比较

（二）碳排放的国际流动

表3表明了隐含碳的国家间流动。隐含碳排放随着各国家和地区间的产品和服务的进出口贸易在国际流动。2009年大约20%（5801 Mt）的碳排放是生产排放地和消费地分离的，也就是说全球国际贸易隐含碳是5801 Mt。从表3可以看出，中国和BRIIAT是最大的隐含碳净出口地区，北美和欧元区是最大的隐含碳净进口地区。仅中国而言，其29%（1975 Mt）的碳排放是由其他国家消费引起的。而欧元区和北美碳排放的33%（1098 Mt）和17%（1111 Mt）是在地区外生产排放的。中国到北美和欧元区的出口隐含碳分别是498 Mt和320 Mt，而中国从北美和欧元区的进口隐含碳却分别只有56 Mt和41 Mt，也就是说中国向这两个地区的出口隐含碳排放是其进口的9倍和8倍。

表 3　碳排放的国际流动（Mt）

	欧元区	欧盟非欧元区	北美	中国	东亚	BRIIAT	RoW	总出口
欧元区		109	82	41	24	51	177	484
欧盟非欧元区	141		45	18	13	26	123	366
北美	99	37		56	48	45	172	457
中国	320	109	498		232	236	580	1975
东亚	52	17	81	96		40	170	456
BRIIAT	184	66	132	113	89		269	853
RoW	302	96	274	170	161	209		1212
总进口	1098	434	1112	494	567	607	1491	5803

四　结束语

本文采用 WIOD 数据库的数据，建立 MRIO 模型测算了 2009 年全球 CO_2 排放，并从单位 GDP 和人均角度对比分析了全球、部门的消费和生产碳排放，从而揭示了碳排放的国际流动。结果表明：2009 年全球碳排放是 28850 Mt，从生产角度来看，中国的碳排放最多，但从消费角度来看，碳排放的国际排名有所改变，北美的消费碳排放全球第一，接下来是中国、BRIIAT、欧元区、东亚和欧盟非欧元区。其中，北美是最大的隐含碳净进口地区（1111 Mt），中国是最大的隐含碳净出口地区（1975 Mt）。地区之间的单位 GDP 差异很大，中国和 BRIIAT 的碳排放强度是最高的，而欧元区和东亚的碳排放强度较低，但国际贸易却能缩小地区间碳排放强度的这种差距。从人均碳排放来看，地区间的差异更大，北美、东亚和欧元区等发达地区的人均碳排放远远高于中国和 BRIIAT。

消费碳排放揭示了国际贸易中隐含大量的碳排放，这些排放没有包含在传统的生产碳排放计算中，国际贸易使得产品在发展中国家和地区（如中国和 BRIIAT）生产并出口，而在发达国家（如北美和欧元区）消费。生产分割使得全球生产加工集中在中国等发展中国家，消费却在发达国家和地区。发展中国家物质产品生产的多，排放的多，但收入却少，发达国家生产的少，排放的少，但取自全球贸易而获得的收入高，消费的多。虽然生产碳排放仍旧是目前全球气候政策的核心，但各国在实施减排政策工具和评价减排效果时也应该考虑消费对碳排放的影响。因为，根据消费排放原则不仅有助于体现平等原则，而且将发展中国家的排放责任部分分配到最终消费国家有助于鼓励发展中国家加入全球气候变化协议。而且，随着全球消费者收入水平的提高，消费碳排放核算目录体系的使用有助于全世界范围内，尤其是新兴经济体国家改变消费模式，从而降低温室气体的排放。

参考文献

[1] Ahmad N. , Wyckoff A. , Carbon Dioxide Emissions Embodied in International Trade of Goods (OECD STI Working Paper 15, Paris, France. 2003).

[2] Andrew R. , Forgie V. , "A Three-perspective View of Greenhouse Gas Emission Responsibilities in New Zealand," *Ecological Economics* 68 (2008): 194 – 204.

[3] Atkinson G. , Hamilton K. , Ruta G. , "Trade in 'Virtual Carbon': Empirical Results and Implications for Policy," *Global Environmental Chang*, 21 (2011): 63 – 574.

[4] Baiocchi G. , Minx J. C. , "Understanding Changes in the UK's CO_2 Emissions: A Global Perspective," *Environmental Science & Technology* 44 (2010): 1177 – 1184.

[5] Bang J. K. , Hoff E. , Peters G. P. , *EU Consumption*, *Global Pollution* (WWF International, Gland, Switzerland. 2008).

[6] Chen Z. M. , Chen G. Q. , "Embodied Carbon Dioxide Emission at Supranational Scale: A Coalition Analysis for G7, BRIC, and the Rest of the World," *Energy Policy* 39 (2011): 2899 – 2909.

[7] Davis S. J. , Caldeira K. , "Consumption-based Accounting of CO_2 Emissions," *Proceedings of the National Academy of Sciences*, 107: 5687 – 5692.

[8] Erickson P. , Allaway D. , Lazarus M. , Stanton E. A. , "A Consumption-based GHG Inventory for the U. S. State of Oregon," *Environmental Science & Technology* 46 (2012): 3679 – 3686.

[9] Gavrilova O. , Vilu R. , "Production-based and Consumption-based National Greenhouse Gas Inventories: An Implication for Estonia," *Ecological Economics* 7 (2012): 161 – 173.

[10] Lenzen M. , Murray J. , Sack F. , Wiedmann T. , "Shared Producer and Consumer Responsibility: Theory and Practice," *Ecological Economics* 61 (2007): 27 – 42.

[11] Nakano S. , Okamura A. , Sakurai N. , Suzuki M. , Tojo Y. , Yamano N. , The

Measurement of CO_2 Embodiments in International Trade: Evidence from the Harmonised Input-Output and Bilateral Trade Database (OECD STI Working Paper, 3, Paris, France. 2009).

[12] Peters G. P., Andrew R., Lennox J., "Constructing an Environmentally-Extended Multi-Regional Input-Output Table Using GTAP Database," *Economic Systems Research* 23 (2) (2011b): 131–152.

[13] Peters G. P., Hertwich E. G., "Post-Kyoto Greenhouse Gas Inventories: Production versus Consumption," *Climatic Change* 86 (2008a): 51–66.

[14] Peters G. P., Hertwich E. G., "CO_2 Embodied in International Trade with Implications for Global Climate Policy," *Environmental Science & Technology* 42 (5) (2008b): 1401–1407.

[15] Peters G. P., Minx J. C., Weber C. L., Edenhofer O., "Growth in Emission Transfers via International Trade from 1990 to 2008," *Proceedings of the National Academy of Sciences* 108 (21) (2011): 8903–8908.

[16] Schweitzer F., Fagiolo G., Sornette D., Vega-Redondo F., "Economic networks: The New Challenges," *Science* 325 (2009): 422–425.

[17] Yan Y. F., Yang L. K., Priewe J., "The Impact of China-EU Trade on Climate Change," *Geopolitics, History, and International Relations* 3 (2) (2011): 122–138.

[18] 丛晓男、王铮、郭晓飞：《全球贸易隐含碳的核算及其地缘结构分析》，《财经研究》2013 年第 1 期。

[19] 闫云凤、赵忠秀：《消费碳排放与碳溢出效应：G7、BRIC 和其他国家的比较》，《国际贸易问题》2014 年第 1 期。

[20] 周新：《国际贸易中的隐含碳排放核算及贸易调整后的国家温室气体排放》，《管理评论》2010 年第 6 期。

附　　录

Appendix

B.20

附录1　中国碳排放数据

表1　中国能源与经济主要指标

年份	1990	1995	2000	2005	2010	2011	2012	2013
人口/万人	114333	121121	126743	130756	134091	134735	135404	136072
城镇人口比重/%	26.4	29.0	36.2	43.0	47.5	51.3	52.6	53.7
GDP增长率/%	3.8	10.9	8.4	11.3	10.4	9.3	7.7	7.7
GDP/亿元	18668	60794	99215	184937	401513	473104	518942	568845
经济结构/%								
第一产业	27.1	19.9	15.1	12.1	10.1	10.0	10.1	10.0
第二产业	41.3	47.2	45.9	47.4	46.7	46.6	45.3	43.9
第三产业	31.6	32.9	39.0	40.5	43.2	43.4	44.6	46.1
人均GDP/美元/人	344	604	949	1732	4434	5450	6086	6204
一次能源消费量/Mtce	987.0	1311.8	1455.3	2360.0	3249.4	3480.0	3617.3	3760.0
原油进口依存度/%	-18.4	-1.1	26.4	36.4	54.5	56.5	56.4	58.1
城镇居民人均可支配收入/元	1510	4283	6280	10493	19109	21810	24565	26955
农村居民家庭人均纯收入/元	686	1578	2253	3255	5919	6977	7019	8896
民用汽车拥有量/万辆	551.4	1040.0	1608.9	3159.7	7801.8	9356.3	10933.1	12683
其中:私人载客汽车	24.1	114.2	365.1	1383.9	4989.5	6237.5	7637.9	—
人均能耗/kgce	864	1083	1148	1805	2426	2583	2672	2763

续表

年份	1990	1995	2000	2005	2010	2011	2012	2013
居民家庭人均生活用电/kWh	42	83	132	217	380	417	460	
全社会固定资产投资/亿元	4517	20019	32918	88774	278140	311485	364835	436528
能源工业固定资产投资/亿元	847	2369	2840	10206	20899	22989	24923	
发电量/TWh	621. 2	1007. 0	1355. 6	2500. 3	4207. 1	4713. 0	4987. 6	5397. 6
钢产量/Mt	66. 4	95. 4	128. 5	353. 2	637. 2	685. 3	717. 2	779. 0
水泥产量/Mt	209. 7	475. 6	597. 0	1068. 9	1881. 9	2099. 3	2210. 0	2414. 4
货物出口总额/亿美元	620. 9	1487. 8	2492. 0	7619. 5	15777. 5	18986. 0	20489. 3	22100. 0
货物进口总额/亿美元	533. 5	1320. 8	2250. 9	6599. 5	13962. 4	17434. 6	18178. 3	19503. 0
SO_2 排放量/Mt	15. 02	23. 70	19. 95	25. 49	21. 85	22. 18	21. 18	20. 44
人民币兑美元汇率	4. 783	8. 351	8. 278	8. 192	6. 7695	6. 4588	6. 3125	6. 1932

注：1. GDP 按当年价格计算，增长率按可比价格计算。

2. 能源工业固定资产投资包括煤炭开采洗选业、石油和天然气开采业、石油加工和炼焦业、电力和热水生产及供应业、燃气生产和供应业。1990 年为全民所有制企业，1995 ~2012 年为城镇固定资产投资。

资料来源：国家统计局；国家海关总署；中国电力企业联合会；环境保护部。

表 2　中国分品种能源产量

年份	原煤/Mt	原油/Mt	天然气/亿 m^3	发电量/TWh	其中水电
1990	1080	138. 3	153. 0	621. 2	126. 7
1991	1087	141. 0	160. 7	677. 5	124. 7
1992	1116	142. 1	157. 9	753. 9	130. 7
1993	1150	145. 2	167. 7	839. 5	151. 8
1994	1240	146. 1	175. 6	928. 1	167. 4
1995	1361	150. 1	179. 5	1007. 0	190. 6
1996	1397	157. 3	201. 1	1081. 3	188. 0
1997	1388	160. 7	227. 0	1135. 6	196. 0
1998	1332	161. 0	232. 8	1167. 0	198. 9
1999	1364	160. 0	252. 0	1239. 3	196. 6
2000	1384	163. 0	272. 0	1355. 6	222. 4
2001	1472	164. 0	303. 3	1480. 8	277. 4
2002	1550	167. 0	326. 6	1654. 0	288. 0
2003	1835	169. 6	350. 2	1910. 6	283. 7
2004	2123	175. 9	414. 6	2203. 3	353. 5
2005	2350	181. 4	493. 2	2500. 3	397. 0
2006	2529	184. 8	585. 5	2865. 7	435. 8
2007	2692	186. 3	692. 4	3281. 6	485. 3
2008	2802	190. 4	803. 0	3495. 8	637. 0
2009	2973	189. 5	852. 7	3714. 7	615. 6
2010	3235	202. 4	948. 5	4207. 2	722. 2
2011	3520	202. 9	1030. 6	4700. 1	694. 0
2012	3650	204. 0	1065. 0	4818. 8	864. 1
2013	3680	209. 0	1170. 5	5397. 6	911. 6

资料来源：国家统计局。

表 3　中国一次能源消费量及结构

年份	能源消费总量/万 tce	构成(能源消费总量 =100)			
		煤炭	石油	天然气	水电、核电、风电
1978	57144	70. 7	22. 7	3. 2	3. 4
1980	60275	72. 2	20. 7	3. 1	4. 0
1985	76682	75. 8	17. 1	2. 2	4. 9
1990	98703	76. 2	16. 6	2. 1	5. 1
1991	103783	76. 1	17. 1	2. 0	4. 8
1992	109170	75. 7	17. 5	1. 9	4. 9
1993	115993	74. 7	18. 2	1. 9	5. 2
1994	122737	75. 0	17. 4	1. 9	5. 7
1995	131176	74. 6	17. 5	1. 8	6. 1
1996	135192	73. 5	18. 7	1. 8	6. 0
1997	135909	71. 4	20. 4	1. 8	6. 4
1998	136184	70. 9	20. 8	1. 8	6. 5
1999	140569	70. 6	21. 5	2. 0	5. 9
2000	145531	69. 2	22. 2	2. 2	6. 4
2001	150406	68. 3	21. 8	2. 4	7. 5
2002	159431	68. 0	22. 3	2. 4	7. 3
2003	183792	69. 8	21. 2	2. 5	6. 5
2004	213456	69. 5	21. 3	2. 5	6. 7
2005	235997	70. 8	19. 8	2. 6	6. 8
2006	258676	71. 1	19. 3	2. 9	6. 7
2007	280508	71. 1	18. 8	3. 3	6. 8
2008	291448	70. 3	18. 3	3. 7	7. 7
2009	306647	70. 4	17. 9	3. 9	7. 8
2010	324939	68. 0	19. 0	4. 4	8. 6
2011	348002	68. 4	18. 6	5. 0	8. 0
2012	361732	66. 6	18. 8	5. 2	9. 4

资料来源：国家统计局。

表 4　中国 2011 年分部门、分品种终端能源消费量

项　目	煤炭（万吨）	石油（万吨）	天然气（亿立方米）	热力（万百万千焦）	电力（亿千瓦小时）
农、林、牧、渔业	1756. 6	1466. 3	0. 6	90. 7	1012. 9
工业	69696. 0	15463. 9	449. 1	228716. 1	31990. 9
用作原料、材料	4357. 6	7081. 0	112. 3		
建筑业	781. 8	2521. 8	1. 3	622. 6	571. 8
交通运输、仓储和邮政业	645. 9	15910. 9	107. 6	1988. 8	848. 4
批发、零售业和住宿、餐饮业	2211. 7	500. 0	33. 6	4304. 6	1503. 1

续表

项　目	煤炭（万吨）	石油（万吨）	天然气（亿立方米）	热力（万百万千焦）	电力（亿千瓦小时）
其他	2112.2	2880.5	27.1	8130.8	2753.1
生活消费	9212.1	3983.9	264.4	70043.9	5620.1
城镇	1744.2	2867.2	263.6	70043.9	3202.0
乡村	7467.9	1116.7	0.7		2418.1
终端消费总量	86416.3	42727.3	883.7	313897.5	44300.2

资料来源：国家统计局，《中国能源统计年鉴2012》。

表5　中国各种运输方式运量、周转量和交通工具拥有量

	2000	2005	2009	2010	2011	2012
运量						
客运/亿人	147.9	189.7	297.7	327.0	352.6	380.4
铁路	10.5	11.6	15.2	16.8	18.6	18.9
公路	134.7	169.7	277.9	305.3	328.6	355.7
水路	1.9	2.0	2.2	2.2	2.4	2.6
民航	0.7	1.4	2.3	2.7	2.9	3.2
货运/亿t	135.87	186.21	278.06	324.18	396.70	409.9
铁路	17.86	26.93	33.33	36.43	39.33	39.0
公路	103.88	134.18	212.78	244.81	282.01	318.8
水路	12.24	21.96	31.90	37.89	42.60	45.9
民航	0.02	0.03	0.44	0.56	0.56	0.1
周转量						
客运/亿人-km	12261	17467	24835	27894	30984	33383.1
铁路	4533	6062	7879	8762	9612	9812.3
公路	6657	9292	13511	15021	16760	18467.5
水路	101	68	69	72	75	77.5
民航	971	2045	3375	4039	4537	5025.7
货运/亿t-km	43321	80258	122133	141837	159324	173771
铁路	13770	20726	25239	27644	29466	29187
公路	6129	8693	37189	43390	51375	59535
水路	23734	49672	57557	68428	75424	81708
民航	50	79	126	179	174	163.9
民用汽车拥有量/万辆	1608.9	3159.1	6208.3	7801.8	9356.3 *	10933.1
其中：私人载客车	365.1	1383.9	3808.3	4989.5	6237.5	7637.9
铁路机车拥有量/台	15253	17473	18922	19431	20721	20797
民用机动船拥有量/万艘	18.50	16.59	14.94	15.56	15.80	15.83
民用机动船净载重量/万t	4264.0	9075.6	13338.5	16898.6	20260.3	21879.4
民用飞机拥有量/架	982	1386	2181	2405	3191	3589

注：＊不包括1228万辆农用三轮汽车和低速货车。

资料来源：国家统计局，《中国统计年鉴2012》。

表 6　中国交通运输能源消费量

年份	2005	2009	2010	2011	2012
公路					
汽油/Mt	46.08	60.35	67.5	72.1	85.1
柴油/Mt	54.60	72.20	77.9	88.2	96.9
铁路					
柴油/Mt	5.61	5.25	6.72	6.85	6.94
电力/亿 kWh	198.1	275.4	307.0	354.4	394.3
水路					
柴油/Mt	5.02	7.40	7.75	8.19	8.9
燃料油/Mt	7.08	12.80	14.70	15.35	15.6
民航					
煤油/Mt	9.52	13.14	16.01	18.0	18.4

注：1. 道路交通用油量包括车用替代燃料。2012 年，车用替代燃料 1095 万 t，其中压缩天然气和液化天然气 700 万 t，燃料乙醇 200 万 t，生物柴油 50 万 t，甲醇 45 万 t，煤制油 70 万 t，电动汽车代油 30 万 t。

资料来源：国家统计局；国家发展改革委；铁道部；中国汽车工业协会；中国汽车技术研究中心；中国石油、石化市场综述，《中国石油报》，2012－02－02；龚金双，我国石油市场 2012 年回顾及 2013 年展望，《国际石油经济》，2013，No.1～2，70～76；金云，朱和，中国炼油工业发展状况与趋势，《国际石油经济》，2013，No.5，24～34；田明，中国船供油市场变化及发展建议，《国际石油经济 2013，No.1～2，155～161；中国电力企业联合会。

表 7　“十二五”时期主要节能指标

指　标	单位	2010 年	2015 年	变化幅度/变化率
工业				
单位工业增加值(规模以上)能耗	%			[－21% 左右]
火电供电煤耗	克标准煤/千瓦时	333	325	－8
火电厂厂用电率	%	6.33	6.2	－0.13
电网综合线损率	%	6.53	6.3	－0.23
吨钢综合能耗	千克标准煤	605	580	－25
铝锭综合交流电耗	千瓦时/吨	14013	13300	－713
铜冶炼综合能耗	千克标准煤/吨	350	300	－50
原油加工综合能耗	千克标准煤/吨	99	86	－13
乙烯综合能耗	千克标准煤/吨	886	857	－29

续表

指　标	单位	2010 年	2015 年	变化幅度/变化率
合成氨综合能耗	千克标准煤/吨	1402	1350	-52
烧碱(离子膜)综合能耗	千克标准煤/吨	351	330	-21
水泥熟料综合能耗	千克标准煤/吨	115	112	-3
平板玻璃综合能耗	千克标准煤/重量箱	17	15	-2
纸及纸板综合能耗	千克标准煤/吨	680	530	-150
纸浆综合能耗	千克标准煤/吨	450	370	-80
日用陶瓷综合能耗	千克标准煤/吨	1190	1110	-80
建筑				
北方采暖地区既有居住建筑改造面积	亿平方米	1.8	5.8	4
城镇新建绿色建筑标准执行率	%	1	15	14
交通运输				
铁路单位运输工作量综合能耗	吨标准煤/百万换算吨公里	5.01	4.76	[-5%]
营运车辆单位运输周转量能耗	千克标准煤/百吨公里	7.9	7.5	[-5%]
营运船舶单位运输周转量能耗	千克标准煤/千吨公里	6.99	6.29	[-10%]
民航业单位运输周转量能耗	千克标准煤/吨公里	0.450	0.428	[-5%]
公共机构				
公共机构单位建筑面积能耗	千克标准煤/平方米	23.9	21	[-12%]
公共机构人均能耗	千克标准煤/人	447.4	380	[15%]
终端用能设备能效				
燃煤工业锅炉(运行)	%	65	70~75	5~10
三相异步电动机(设计)	%	90	92~94	2~4
容积式空气压缩机输入比功率	千瓦/(立方米·分$^{-1}$)	10.7	8.5~9.3	-1.4~-2.2
电力变压器损耗	千瓦	空载：43 负载：170	空载：30~33 负载：151~153	-10~-13 -17~-19
汽车(乘用车)平均油耗	升/百公里	8	6.9	-1.1
房间空调器(能效比)	—	3.3	3.5~4.5	0.2~1.2
电冰箱(能效指数)	%	49	40~46	-3~-9
家用燃气热水器(热效率)	%	87~90	93~97	3~10

注：[ ] 内为变化率。

资料来源：《节能减排“十二五”规划》。

表8 "十二五"各地区节能目标

单位：%

地　区	单位国内生产总值能耗降低率		
	"十一五"时期	"十二五"时期	2006～2015 年累计
全　国	19.06	16	32.01
北　京	26.59	17	39.07
天　津	21.00	18	35.22
河　北	20.11	17	33.69
山　西	22.66	16	35.03
内蒙古	22.62	15	34.23
辽　宁	20.01	17	33.61
吉　林	22.04	16	34.51
黑龙江	20.79	16	33.46
上　海	20.00	18	34.40
江　苏	20.45	18	34.77
浙　江	20.01	18	34.41
安　徽	20.36	16	33.10
福　建	16.45	16	29.82
江　西	20.04	16	32.83
山　东	22.09	17	35.33
河　南	20.12	16	32.90
湖　北	21.67	16	34.20
湖　南	20.43	16	33.16
广　东	16.42	18	31.46
广　西	15.22	15	27.94
海　南	12.14	10	20.93
重　庆	20.95	16	33.60
四　川	20.31	16	33.06
贵　州	20.06	15	32.05
云　南	17.41	15	29.80
西　藏	12.00	10	20.80
陕　西	20.25	16	33.01
甘　肃	20.26	15	32.22
青　海	17.04	10	25.34
宁　夏	20.09	15	32.08
新　疆	8.91	10	18.02

注："十一五"各地区单位国内生产总值能耗降低率除新疆外均为国家统计局最终公布数据，新疆为初步核实数据。

资料来源：《"十二五"节能减排综合性工作方案》（国发〔2011〕26 号）。

表9 “十二五”时期淘汰落后产能目标

行 业	主要内容	单位	产能
电力	大电网覆盖范围内，单机容量在10万千瓦及以下的常规燃煤火电机组，单机容量在5万千瓦及以下的常规小火电机组，以发电为主的燃油锅炉及发电机组（5万千瓦及以下）；大电网覆盖范围内，设计寿命期满的单机容量在20万千瓦及以下的常规燃煤火电机组	万千瓦	2000
炼铁	400立方米及以下炼铁高炉等	万吨	4800
炼钢	30吨及以下转炉、电炉等	万吨	4800
铁合金	6300千伏安以下铁合金矿热电炉，3000千伏安以下铁合金半封闭直流电炉、铁合金精炼电炉等	万吨	740
电石	单台炉容量小于12500千伏安电石炉及开放式电石炉	万吨	380
铜（含再生铜）冶炼	鼓风炉、电炉、反射炉炼铜工艺及设备等	万吨	80
电解铝	100千安及以下预焙槽等	万吨	90
铅（含再生铅）冶炼	采用烧结锅、烧结盘、简易高炉等落后方式炼铅工艺及设备，未配套建设制酸及尾气吸收系统的烧结机炼铅工艺等	万吨	130
锌（含再生锌）冶炼	采用马弗炉、马槽炉、横罐、小竖罐等进行焙烧、简易冷凝设施进行收尘等落后方式炼锌或生产氧化锌工艺装备等	万吨	65
焦炭	土法炼焦（含改良焦炉），单炉产能7.5万吨/年以下的半焦（兰炭）生产装置，炭化室高度小于4.3米焦炉（3.8米及以上捣固焦炉除外）	万吨	4200
水泥（含熟料及磨机）	立窑，干法中空窑，直径3米以下水泥粉磨设备等	万吨	37000
平板玻璃	平拉工艺平板玻璃生产线（含格法）	万重量箱	9000
造纸	无碱回收的碱法（硫酸盐法）制浆生产线，单条产能小于3.4万吨的非木浆生产线，单条产能小于1万吨的废纸浆生产线，年生产能力5.1万吨以下的化学木浆生产线等	万吨	1500
化纤	2万吨/年及以下粘胶常规短纤维生产线，湿法氨纶工艺生产线，二甲基酰胺溶剂法氨纶及腈纶工艺生产线，硝酸法腈纶常规纤维生产线等	万吨	59
印染	未经改造的74型染整生产线，使用年限超过15年的国产和使用年限超过20年的进口前处理设备、拉幅和定形设备、圆网和平网印花机、连续染色机，使用年限超过15年的浴比大于1:10的棉及化纤间歇式染色设备等	亿米	55.8

续表

行　业	主要内容	单位	产能
制革	年加工生皮能力5万标张牛皮、年加工蓝湿皮能力3万标张牛皮以下的制革生产线	万标张	1100
酒精	3万吨/年以下酒精生产线(废糖蜜制酒精除外)	万吨	100
味精	3万吨/年以下味精生产线	万吨	18.2
柠檬酸	2万吨/年及以下柠檬酸生产线	万吨	4.75
铅蓄电池(含极板及组装)	开口式普通铅蓄电池生产线,含镉高于0.002%的铅蓄电池生产线,20万千伏安时/年规模以下的铅蓄电池生产线	万千伏安时	746
白炽灯	60瓦以上普通照明用白炽灯	亿只	6

资料来源:《节能减排"十二五"规划》。

表10　"十二五"时期主要减排指标

指　标	单位	2010年	2015年	变化幅度/变化率
工业				
工业化学需氧量排放量	万吨	355	319	[-10%]
工业二氧化硫排放量	万吨	2073	1866	[-10%]
工业氨氮排放量	万吨	28.5	24.2	[-15%]
工业氮氧化物排放量	万吨	1637	1391	[-15%]
火电行业二氧化硫排放量	万吨	956	800	[-16%]
火电行业氮氧化物排放量	万吨	1055	750	[-29%]
钢铁行业二氧化硫排放量	万吨	248	180	[-27%]
水泥行业氮氧化物排放量	万吨	170	150	[-12%]
造纸行业化学需氧量排放量	万吨	72	64.8	[-10%]
造纸行业氨氮排放量	万吨	2.14	1.93	[-10%]
纺织印染行业化学需氧量排放量	万吨	29.9	26.9	[-10%]
纺织印染行业氨氮排放量	万吨	1.99	1.75	[-12%]
农业				
农业化学需氧量排放量	万吨	1204	1108	[-8%]
农业氨氮排放量	万吨	82.9	74.6	[-10%]
城市				
城市污水处理率	%	77	85	8

注:[ ] 内为变化率。
资料来源:《节能减排"十二五"规划》。

表11 "十二五"各地区化学需氧量排放总量控制计划

单位：万吨

地区	2010年		2015年		2015年比2010年(%)	
	排放量	其中：工业和生活	控制量	其中：工业和生活	增加或减少	其中：工业和生活
北京	20.0	10.9	18.3	9.8	-8.7	-9.8
天津	23.8	12.3	21.8	11.2	-8.6	-9.2
河北	142.2	45.6	128.3	40.7	-9.8	-10.8
山西	50.7	31.2	45.8	27.9	-9.6	-10.6
内蒙古	92.1	27.5	85.9	25.4	-6.7	-7.5
辽宁	137.3	47.0	124.7	42.1	-9.2	-10.4
吉林	83.4	28.8	76.1	26.1	-8.8	-9.4
黑龙江	161.2	47.8	147.3	43.4	-8.6	-9.3
上海	26.6	22.5	23.9	20.1	-10.0	-10.5
江苏	128.0	86.3	112.8	75.3	-11.9	-12.8
浙江	84.2	61.4	74.6	53.7	-11.4	-12.5
安徽	97.3	55.6	90.3	52.0	-7.2	-6.5
福建	69.6	45.8	65.2	43.1	-6.3	-6.0
江西	77.7	51.9	73.2	48.3	-5.8	-7.0
山东	201.6	62.7	177.4	54.6	-12.0	-12.9
河南	148.2	62.0	133.5	55.8	-9.9	-10.0
湖北	112.4	62.1	104.1	59.0	-7.4	-5.0
湖南	134.1	71.8	124.4	66.8	-7.2	-7.0
广东	193.3	130.6	170.1	113.8	-12.0	-12.9
广西	80.7	58.1	74.6	53.6	-7.6	-7.8
海南	20.4	9.2	20.4	9.2	0	0
重庆	42.6	29.4	39.5	27.5	-7.2	-6.5
四川	132.4	75.0	123.1	71.3	-7.0	-5.0
贵州	34.8	28.1	32.7	26.4	-6.0	-6.1
云南	56.4	48.0	52.9	45.0	-6.2	-6.2
西藏	2.7	2.3	2.7	2.3	0	0
陕西	57.0	36.4	52.7	33.5	-7.6	-7.9
甘肃	40.2	25.5	37.6	23.7	-6.4	-6.9
青海	10.4	8.1	12.3	9.6	18.0	18.0
宁夏	24.0	13.3	22.6	12.5	-6.0	-6.3
新疆	56.9	26.2	56.9	26.2	0	0
新疆生产建设兵团	9.5	4.7	9.5	4.7	0	0
合计	2551.7	1328.1	2335.2	1214.6	-8.5	-8.5

注：全国化学需氧量排放量削减8%的总量控制目标为2347.6万吨（其中工业和生活1221.9万吨），实际分配给各地区2335.2万吨（其中工业和生活1214.6万吨），国家预留12.4万吨，用于化学需氧量排污权有偿分配和交易试点工作。

资料来源：《"十二五"节能减排综合性工作方案》（国发〔2011〕26号）。

表 12 "十二五"各地区氨氮排放总量控制计划

单位：万吨

地区	2010 年		2015 年		2015 年比 2010 年(%)	
	排放量	其中：工业和生活	控制量	其中：工业和生活	增加或减少	其中：工业和生活
北京	2.20	1.64	1.98	1.47	-10.1	-10.2
天津	2.79	2.18	2.50	1.95	-10.5	-10.4
河北	11.61	6.98	10.14	6.10	-12.7	-12.6
山西	5.93	4.66	5.21	4.08	-12.2	-12.4
内蒙古	5.45	4.19	4.92	3.79	-9.7	-9.5
辽宁	11.25	7.56	10.01	6.69	-11.0	-11.5
吉林	5.87	3.92	5.25	3.49	-10.5	-10.9
黑龙江	9.45	6.14	8.47	5.49	-10.4	-10.6
上海	5.21	4.83	4.54	4.21	-12.9	-12.9
江苏	16.12	11.98	14.04	10.40	-12.9	-13.2
浙江	11.84	8.96	10.36	7.84	-12.5	-12.5
安徽	11.20	7.07	10.09	6.38	-9.9	-9.8
福建	9.72	6.16	8.90	5.67	-8.4	-8.0
江西	9.45	6.18	8.52	5.57	-9.8	-9.8
山东	17.64	10.06	15.29	8.70	-13.3	-13.5
河南	15.57	8.80	13.61	7.66	-12.6	-12.9
湖北	13.29	8.25	12.00	7.43	-9.7	-9.9
湖南	16.95	10.15	15.29	9.16	-9.8	-9.8
广东	23.52	17.53	20.39	15.16	-13.3	-13.5
广西	8.45	5.63	7.71	5.13	-8.7	-8.9
海南	2.29	1.36	2.29	1.37	0	1.0
重庆	5.59	4.19	5.10	3.81	-8.8	-9.0
四川	14.56	8.50	13.31	7.78	-8.6	-8.5
贵州	4.03	3.19	3.72	2.94	-7.7	-7.8
云南	6.00	4.66	5.51	4.29	-8.1	-8.0
西藏	0.33	0.28	0.33	0.28	0	0
陕西	6.44	4.80	5.81	4.34	-9.8	-9.6
甘肃	4.33	3.70	3.94	3.38	-8.9	-8.7
青海	0.96	0.87	1.10	1.00	15.0	15.0
宁夏	1.82	1.60	1.67	1.47	-8.0	-8.0
新疆	4.06	3.08	4.06	3.08	0	0
新疆生产建设兵团	0.51	0.25	0.51	0.25	0	0
合计	264.4	179.4	236.6	160.4	-10.5	-10.6

注：全国氨氮排放量削减 10% 的总量控制目标为 238.0 万吨（其中工业和生活 161.5 万吨），实际分配给各地区 236.6 万吨（其中工业和生活 160.4 万吨），国家预留 1.4 万吨，用于氨氮排污权有偿分配和交易试点工作。

资料来源：《"十二五"节能减排综合性工作方案》（国发〔2011〕26 号）。

表 13　“十二五”各地区二氧化硫排放总量控制计划

单位：万吨

地　区	2010 年排放量	2015 年控制量	2015 年比 2010 年(%)
北　京	10.4	9.0	-13.4
天　津	23.8	21.6	-9.4
河　北	143.8	125.5	-12.7
山　西	143.8	127.6	-11.3
内蒙古	139.7	134.4	-3.8
辽　宁	117.2	104.7	-10.7
吉　林	41.7	40.6	-2.7
黑龙江	51.3	50.3	-2.0
上　海	25.5	22.0	-13.7
江　苏	108.6	92.5	-14.8
浙　江	68.4	59.3	-13.3
安　徽	53.8	50.5	-6.1
福　建	39.3	36.5	-7.0
江　西	59.4	54.9	-7.5
山　东	188.1	160.1	-14.9
河　南	144.0	126.9	-11.9
湖　北	69.5	63.7	-8.3
湖　南	71.0	65.1	-8.3
广　东	83.9	71.5	-14.8
广　西	57.2	52.7	-7.9
海　南	3.1	4.2	34.9
重　庆	60.9	56.6	-7.1
四　川	92.7	84.4	-9.0
贵　州	116.2	106.2	-8.6
云　南	70.4	67.6	-4.0
西　藏	0.4	0.4	0
陕　西	94.8	87.3	-7.9
甘　肃	62.2	63.4	2.0
青　海	15.7	18.3	16.7
宁　夏	38.3	36.9	-3.6
新　疆	63.1	63.1	0
新疆生产建设兵团	9.6	9.6	0
合　计	2267.8	2067.4	-8.8

注：全国二氧化硫排放量削减 8% 的总量控制目标为 2086.4 万吨，实际分配给各地区 2067.4 万吨，国家预留 19.0 万吨，用于二氧化硫排污权有偿分配和交易试点工作。

资料来源：《“十二五”节能减排综合性工作方案》（国发〔2011〕26 号）。

表 14　“十二五”各地区氮氧化物排放总量控制计划

单位：万吨

地　区	2010 年排放量	2015 年控制量	2015 年比 2010 年(%)
北　京	19.8	17.4	-12.3
天　津	34.0	28.8	-15.2
河　北	171.3	147.5	-13.9
山　西	124.1	106.9	-13.9
内蒙古	131.4	123.8	-5.8
辽　宁	102.0	88.0	-13.7
吉　林	58.2	54.2	-6.9
黑龙江	75.3	73.0	-3.1
上　海	44.3	36.5	-17.5
江　苏	147.2	121.4	-17.5
浙　江	85.3	69.9	-18.0
安　徽	90.9	82.0	-9.8
福　建	44.8	40.9	-8.6
江　西	58.2	54.2	-6.9
山　东	174.0	146.0	-16.1
河　南	159.0	135.6	-14.7
湖　北	63.1	58.6	-7.2
湖　南	60.4	55.0	-9.0
广　东	132.3	109.9	-16.9
广　西	45.1	41.1	-8.8
海　南	8.0	9.8	22.3
重　庆	38.2	35.6	-6.9
四　川	62.0	57.7	-6.9
贵　州	49.3	44.5	-9.8
云　南	52.0	49.0	-5.8
西　藏	3.8	3.8	0
陕　西	76.6	69.0	-9.9
甘　肃	42.0	40.7	-3.1
青　海	11.6	13.4	15.3
宁　夏	41.8	39.8	-4.9
新　疆	58.8	58.8	0
新疆生产建设兵团	8.8	8.8	0
合　计	2273.6	2021.6	-11.1

注：全国氮氧化物排放量削减 10% 的总量控制目标为 2046.2 万吨，实际分配给各地区 2021.6 万吨，国家预留 24.6 万吨，用于氮氧化物排污权有偿分配和交易试点工作。

资料来源：《“十二五”节能减排综合性工作方案》（国发〔2011〕26 号）。

表15　2011年度中国各地区节能目标完成情况表

单位：%

地　区	2011年万元GDP能耗降低目标	2011年万元GDP能耗降低率	“十二五”节能目标完成进度
北　京	6.50	6.94	38.58
天　津	4.00	4.28	22.05
河　北	3.66	3.69	20.17
山　西	3.50	3.55	20.71
内蒙古	2.50	2.51	15.63
辽　宁	3.40	3.40	18.55
吉　林	3.50	3.59	20.95
黑龙江	3.50	3.50	20.42
上　海	4.50	5.32	27.56
江　苏	3.50	3.52	18.06
浙　江	3.50	3.07	15.72
安　徽	3.50	4.06	23.75
福　建	3.20	3.29	19.17
江　西	3.00	3.08	17.93
山　东	3.66	3.77	20.61
河　南	3.50	3.57	20.83
湖　北	3.50	3.79	22.14
湖　南	3.50	3.68	21.49
广　东	3.50	3.78	19.42
广　西	3.30	3.36	21.02
海　南	-6.00	-5.23	-48.27
重　庆	3.80	3.81	22.26
四　川	3.50	4.23	24.77
贵　州	3.20	3.51	21.97
云　南	3.20	3.22	20.13
陕　西	3.50	3.56	20.77
甘　肃	3.20	2.51	15.63
青　海	1.50	-9.44	-85.42
宁　夏	-3.50	-4.60	-27.66
新　疆	2.00	-6.96	-63.71

注：1. 2011年万元GDP能耗降低目标依据各省、区、市人民政府确认函；
2. 2011年万元GDP能耗降低率依据国家统计局核定数（西藏自治区数据暂缺）；
3. 负号表示单位GDP能耗上升。

表 16　2012 年各地区万家企业节能目标完成情况汇总表

地　区	企业数量(家)		企业节能目标考核情况(家)				“十二五”节能量目标(万吨标准煤)	2011～2012 年累计完成节能量(万吨标准煤)
	国家公告万家企业数量	实际考核企业数量	超额完成企业数量	完成企业数量	基本完成企业数量	未完成企业数量		
北　京	241	234	21	87	82	44	224	271
天　津	211	195	46	97	20	32	486	320
河　北	803	730	257	363	89	21	2175	1185
山　西	638	546	48	266	156	76	1395	892
内蒙古	697	555	90	261	158	46	1160	751
辽　宁	524	513	61	322	79	51	1402	870
吉　林	247	231	84	113	14	20	437	383
黑龙江	489	414	127	148	66	73	626	344
上　海	269	269	74	96	57	42	685	772
江　苏	1221	1139	510	575	25	29	2205	1453
浙　江	1220	1184	259	760	76	89	1006	902
安　徽	349	335	143	134	17	41	840	426
福　建	458	458	44	235	147	32	525	319
江　西	297	261	115	100	10	36	620	483
山　东	1188	1110	401	605	20	84	2530	2349
河　南	1032	723	67	424	170	62	1584	752
湖　北	812	812	219	375	218	0	996	610
湖　南	552	505	222	208	26	49	619	449
广　东	970	905	76	549	240	40	1563	718
广　西	440	424	81	175	45	123	446	227
海　南	45	45	8	26	4	7	37	54
重　庆	221	191	30	123	21	17	306	189
四　川	989	794	266	357	139	32	1009	628
贵　州	275	229	20	155	32	22	391	277
云　南	399	380	127	191	34	28	502	478
西　藏	8	8	0	5	2	1	3	6
陕　西	516	516	90	309	57	60	667	332
甘　肃	245	206	84	67	19	36	370	298
青　海	115	100	27	65	3	5	83	34
宁　夏	269	237	58	40	14	125	305	234
新　疆	278	235	87	84	38	26	267	252
新疆生产建设兵团	60	58	18	12	0	28	48	25

资料来源：中华人民共和国发展和改革委员会。

表17　2012年中国淘汰落后产能目标任务完成情况表

单位：万吨（平板玻璃：万重量箱；制革：万标张；印染：万米；电力：万千瓦）

部　门	淘汰产能	部　门	淘汰产能
炼铁	1078	平板玻璃	5856
炼钢	937	造纸	1057
焦炭	2493	酒精	73.5
铁合金	326	味精	14.3
电石	132	柠檬酸	7
电解铝	27	制革	1185
铜冶炼	75.8	印染	325809
铅冶炼	134	化纤	25.7
锌冶炼	32.9	煤炭	4355
水泥(熟料及磨机)	25829	电力	551.2

资料来源：中华人民共和国发展和改革委员会。

表18　2012年中国各省（自治区、直辖市）化学需氧量减排考核结果

地　区	2011年排放量（万吨）	2012年排放量（万吨）	同比上升或下降（%）	2012年减排目标（%）	是否完成年度减排目标
北　京	19.32	18.65	-3.47	-2	完成
天　津	23.58	22.95	-2.67	-2	完成
河　北	138.88	134.91	-2.86	-2.2	完成
山　西	48.96	47.68	-2.61	-1.3	完成
内蒙古	91.9	88.39	-3.82	-1.7	完成
辽　宁	134.34	130.59	-2.79	-2.2	完成
吉　林	82.47	78.75	-4.51	-1.8	完成
黑龙江	157.65	149.87	-4.93	-1.5	完成
上　海	24.9	24.26	-2.57	-2	完成
江　苏	124.62	119.71	-3.94	-2.5	完成
浙　江	81.83	78.62	-3.92	-2.5	完成
安　徽	95.33	92.43	-3.04	-1.5	完成
福　建	67.94	66.00	-2.86	-1.5	完成
江　西	76.79	74.83	-2.55	-1	完成
山　东	198.24	192.12	-3.09	-3	完成
河　南	143.67	139.36	-3.00	-1.5	完成
湖　北	110.47	108.66	-1.64	-1.5	完成
湖　南	130.51	126.33	-3.20	-1.5	完成
广　东	188.45	180.29	-4.33	-3	完成
广　西	79.33	78.03	-1.64	-1	完成

续表

地区		2011 年排放量（万吨）	2012 年排放量（万吨）	同比上升或下降（%）	2012 年减排目标（%）	是否完成年度减排目标
海南		20	19.74	-1.30	0.5	完成
重庆		41.68	40.28	-3.36	-2.5	完成
四川		130.22	126.87	-2.57	-1.4	完成
贵州		34.22	33.30	-2.69	-1	完成
云南		55.47	54.86	-1.10	-1	完成
西藏		2.68	2.57	-4.10	0	完成
陕西		55.77	53.62	-3.86	-2	完成
甘肃		39.66	38.93	-1.84	-1.8	完成
青海		10.32	10.37	0.48	4.5	完成
宁夏		23.37	22.80	-2.44	-0.5	完成
新疆	自治区	57.38	57.95	0.99	1.6	完成
	兵团	9.88	9.97	0.91	2	完成

资料来源：国家环境保护部。

表 19　2012 年中国各省（自治区、直辖市）氨氮减排考核结果

地区	2011 年排放量（万吨）	2012 年排放量（万吨）	同比上升或下降（%）	2012 年减排目标（%）	是否完成年度减排目标
北京	2.13	2.05	-3.76	-2	完成
天津	2.64	2.55	-3.41	-2	完成
河北	11.43	11.07	-3.15	-3.1	完成
山西	5.91	5.69	-3.72	-1	完成
内蒙古	5.38	5.27	-2.04	-1.5	完成
辽宁	11.11	10.75	-3.24	-1.5	完成
吉林	5.82	5.63	-3.26	-0.8	完成
黑龙江	9.65	9.28	-3.83	-2	完成
上海	5.04	4.74	-5.95	-3	完成
江苏	15.72	15.31	-2.61	-1.8	完成
浙江	11.54	11.23	-2.69	-2	完成
安徽	10.98	10.61	-3.37	-2	完成
福建	9.54	9.32	-2.31	-1	完成
江西	9.34	9.10	-2.57	-1	完成
山东	17.29	16.86	-2.49	-2.5	完成
河南	15.38	14.98	-2.60	-1.8	完成
湖北	13.12	12.89	-1.75	-1.5	完成
湖南	16.5	16.13	-2.24	-2	完成

续表

地区		2011年排放量（万吨）	2012年排放量（万吨）	同比上升或下降（%）	2012年减排目标（%）	是否完成年度减排目标
广东		23.09	22.42	-2.90	-2.1	完成
广西		8.39	8.26	-1.55	-0.5	完成
海南		2.27	2.25	-0.88	1.3	完成
重庆		5.5	5.34	-2.91	-2.2	完成
四川		14.37	14.07	-2.09	-1.7	完成
贵州		3.98	3.88	-2.51	-1	完成
云南		5.93	5.87	-1.01	-1	完成
西藏		0.334	0.33	-1.20	0	完成
陕西		6.34	6.19	-2.37	-2	完成
甘肃		4.26	4.10	-3.76	-1.5	完成
青海		0.964	0.98	1.66	4.5	完成
宁夏		1.8	1.74	-3.33	-1	完成
新疆	自治区	4.16	4.19	0.72	1.7	完成
	兵团	0.52	0.53	1.92	2	完成

资料来源：国家环境保护部。

表20 2012年中国各省（自治区、直辖市）二氧化硫减排考核结果

地区	2011年排放量（万吨）	2012年排放量（万吨）	同比上升或下降（%）	2012年减排目标（%）	是否完成年度减排目标
北京	9.79	9.38	-4.19	-2	完成
天津	23.09	22.45	-2.77	-2	完成
河北	141.19	134.12	-5.01	-3.2	完成
山西	139.9	130.18	-6.95	-2	完成
内蒙古	140.94	138.50	-1.73	-1.7	完成
辽宁	112.61	105.87	-5.99	-2.2	完成
吉林	41.32	40.35	-2.35	0	完成
黑龙江	52.19	51.43	-1.46	-0.4	完成
上海	24.01	22.82	-4.96	-3	完成
江苏	105.37	99.20	-5.86	-3	完成
浙江	66.2	62.58	-5.47	-2.5	完成
安徽	52.95	51.96	-1.87	-1.3	完成
福建	38.92	37.13	-4.60	-1.5	完成
江西	58.41	56.77	-2.81	-1.2	完成
山东	182.73	174.88	-4.30	-4	完成
河南	137.05	127.59	-6.90	-3.5	完成
湖北	66.56	62.24	-6.49	-2	完成
湖南	68.54	64.50	-5.89	-2	完成

续表

地区		2011 年排放量（万吨）	2012 年排放量（万吨）	同比上升或下降（%）	2012 年减排目标（%）	是否完成年度减排目标
广东		84.77	79.92	-5.72	-4	完成
广西		52.1	50.41	-3.24	-1	完成
海南		3.26	3.41	4.60	9.9	完成
重庆		58.69	56.48	-3.77	-3	完成
四川		90.2	86.44	-4.17	-2.5	完成
贵州		110.42	104.11	-5.71	-1	完成
云南		69.13	67.23	-2.75	-1.5	完成
西藏		0.42	0.42	0.00	0.4	完成
陕西		91.69	84.38	-7.97	-2	完成
甘肃		62.39	57.25	-8.24	0	完成
青海		15.66	15.39	-1.72	6	完成
宁夏		41.04	40.66	-0.93	4	完成
新疆	自治区	65.82	66.30	0.73	2	完成
	兵团	10.49	13.31	26.88	28	完成

资料来源：国家环境保护部。

表 21　2012 年中国各省（自治区、直辖市）氮氧化物减排考核结果

地区	2011 年排放量（万吨）	2012 年排放量（万吨）	同比上升或下降（%）	2012 年减排目标（%）	是否完成年度减排目标
北京	18.83	17.75	-5.74	-3	完成
天津	35.89	33.42	-6.88	0	完成
河北	180.06	176.11	-2.19	-1.5	完成
山西	128.6	124.40	-3.27	0	完成
内蒙古	142.19	141.90	-0.20	0	完成
辽宁	106.28	103.63	-2.49	0	完成
吉林	60.47	57.59	-4.76	3	完成
黑龙江	78.36	78.06	-0.38	3	完成
上海	43.54	40.16	-7.76	-1	完成
江苏	153.57	147.96	-3.65	-2	完成
浙江	85.91	80.88	-5.85	-3	完成
安徽	95.91	92.13	-3.94	0	完成
福建	49.45	46.72	-5.52	0	完成
江西	61.23	57.71	-5.75	0	完成
山东	179.03	173.90	-2.87	-2	完成
河南	166.54	162.59	-2.37	2.6	完成
湖北	66.96	64.00	-4.42	0	完成
湖南	66.63	60.72	-8.87	0	完成

续表

地　区		2011年排放量（万吨）	2012年排放量（万吨）	同比上升或下降（%）	2012年减排目标（%）	是否完成年度减排目标
广　东		138.82	130.34	-6.11	-2	完成
广　西		49.4	49.83	0.87	3	完成
海　南		9.54	10.33	8.28	8.5	完成
重　庆		40.26	38.27	-4.94	-1	完成
四　川		67.48	65.90	-2.34	0	完成
贵　州		55.32	56.36	1.88	5	完成
云　南		54.85	54.43	-0.77	0	完成
西　藏		4.11	4.42	7.54	15	完成
陕　西		83.19	80.82	-2.85	-1	完成
甘　肃		48.09	47.34	-1.56	9	完成
青　海		12.41	12.61	1.61	6	完成
宁　夏		45.82	45.55	-0.59	9.9	完成
新疆	自治区	65.59	70.47	7.44	7.5	完成
	兵　团	9.92	11.47	15.63	17	完成

资料来源：国家环境保护部。

表22　2012年中国八家中央企业主要污染物减排考核结果

中央企业	化学需氧量					氨氮				
	2011年排放量（万吨）	2012年排放量（万吨）	同比上升或下降（%）	2012年减排目标（%）	是否完成年度减排目标	2011年排放量（万吨）	2012年排放量（万吨）	同比上升或下降（%）	2012年减排目标（%）	是否完成年度减排目标
中国石油	3.42	3.41	-0.29	-0.6	未完成	1.41	1.4	-0.71	-0.3	完成
中国石化	4.13	4.02	-2.68	-2.3	完成	1.2	1.18	-1.67	-1.7	完成

中央企业	二氧化硫					氮氧化物				
	2011年排放量（万吨）	2012年排放量（万吨）	同比上升或下降（%）	2012年减排目标（%）	是否完成年度减排目标	2011年排放量（万吨）	2012年排放量（万吨）	同比上升或下降（%）	2012年减排目标（%）	是否完成年度减排目标
中国石油	23.58	23.2	-1.62	-0.8	完成	19.55	20.18	3.22	3.6	完成
中国石化	38.8	37.29	-3.9	-2.8	完成	21.96	22.24	1.28	0	未完成
中国华能	95.55	84.11	-11.98	-3.7	完成	155.34	139.92	-9.93	-1.6	完成
中国大唐	86.07	76.45	-11.18	-3.7	完成	142.75	128.18	-10.21	-1	完成
中国华电	84.47	80.13	-5.14	-3.3	完成	108.25	100.23	-7.4	-1.1	完成
中国国电	91.32	82.2	-9.99	-3.6	完成	139.29	131.03	-5.93	-1	完成
中电投	62.81	59.06	-5.98	-3.9	完成	85.17	77.29	-9.26	-1.3	完成
中国神华	46.95	44.95	-4.26	-0.8	完成	73.26	69.27	-5.45	0.3	完成

资料来源：国家环境保护部。

B.21

附录2　世界碳排放数据

表1　世界分能源种类历年二氧化碳排放量

单位：百万吨二氧化碳

年份	OECD 国家				非 OECD 国家			
	总计	煤炭使用产生的 CO_2	石油使用产生的 CO_2	天然气使用产生的 CO_2	总计	煤炭使用产生的 CO_2	石油使用产生的 CO_2	天然气使用产生的 CO_2
1971	93769	3133	4753	1483	4198	2062	1560	576
1972	9795	3129	5103	1563	4439	2144	1688	607
1973	10330	3243	5475	1612	4730	2223	1864	644
1974	10121	3218	5275	1628	4949	2278	1987	683
1975	9795	3135	5098	1562	5382	2478	2184	719
1976	10368	3304	5435	1629	5637	2533	2324	780
1977	10624	3358	5624	1641	5961	2668	2460	833
1978	10782	3341	5763	1678	6351	2844	2623	884
1979	11046	3537	5747	1762	6620	2921	2751	948
1980	10705	3598	5352	1754	6802	2970	2818	1014
1981	10441	3675	5038	1728	6863	2947	2834	1083
1982	10081	3645	4783	1653	7047	3017	2865	1165
1983	10014	3733	4668	1612	7254	3103	2911	1240
1984	10338	3870	4744	1725	7498	3272	2884	1342
1985	10436	4031	4680	1725	7677	3354	2884	1438
1986	10453	3968	4813	1672	7988	3498	2942	1548
1987	10688	4073	4855	1761	8392	3718	3033	1640
1988	11005	4159	5023	1823	8740	3897	3118	1725
1989	11157	4169	5088	1901	8967	4001	3140	1826
1990	11110	4148	5034	1928	9219	4176	3165	1878
1991	11147	4083	5068	1996	9317	4195	3190	1932
1992	11167	3977	5153	2036	9177	4202	3097	1878
1993	11251	3948	5191	2113	9193	4256	3076	1861
1994	11446	3955	5317	2172	9103	4282	2998	1822

续表

年份	OECD 国家				非 OECD 国家			
	总计	煤炭使用产生的 CO_2	石油使用产生的 CO_2	天然气使用产生的 CO_2	总计	煤炭使用产生的 CO_2	石油使用产生的 CO_2	天然气使用产生的 CO_2
1995	11668	4016	5310	2281	9461	4522	3112	1827
1996	12051	4142	5443	2406	9635	4569	3192	1875
1997	12230	4207	5495	2463	9672	4458	3338	1876
1998	12206	4163	5504	2475	9795	4529	3346	1911
1999	12287	4102	5562	2552	9818	4426	3409	1983
2000	12625	4321	5578	2648	10281	4758	3485	2038
2001	12661	4344	5615	2625	10497	4862	3535	2100
2002	12628	4268	5578	2702	10871	5071	3608	2192
2003	12853	4361	5674	2735	11724	5708	3686	2329
2004	13009	4412	5741	2778	12673	6329	3911	2432
2005	13024	4415	5744	2792	135484	6920	4003	2561
2006	12957	4439	5632	2807	14332	7511	4133	2688
2007	13120	4513	5585	2934	15065	7995	4267	2803
2008	12789	4371	5363	2968	15598	8252	4406	2941
2009	12021	3965	5087	2876	15901	8524	4490	2887
2010	12510	4178	5152	3080	16863	8956	4760	3147
2011	12341	4074	5078	3070	17844	9699	4880	3265

资料来源：IEA。

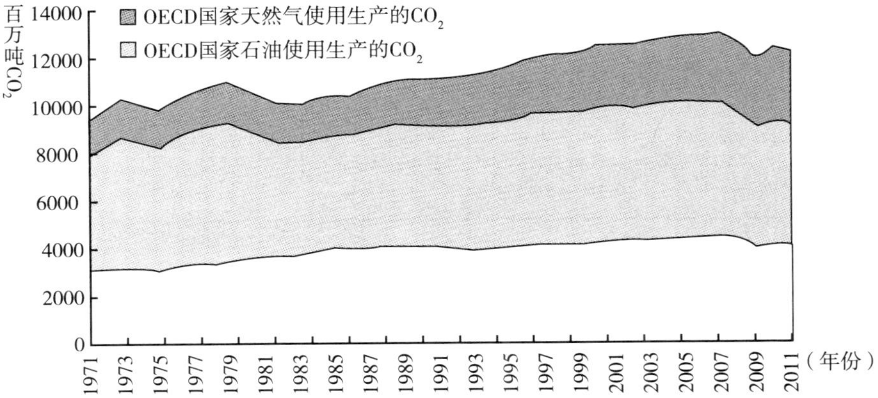

图 1　OECD 国家分能源种类历年 CO_2 排放图

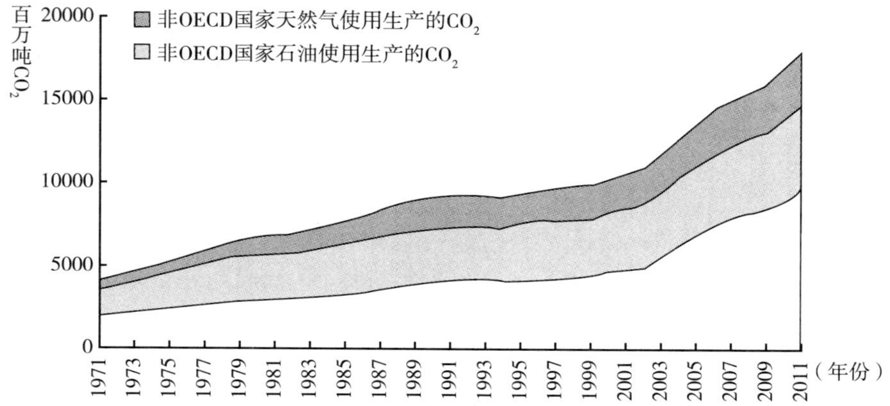

图 2　非 OECD 国家分能源种类历年 CO_2 排放图

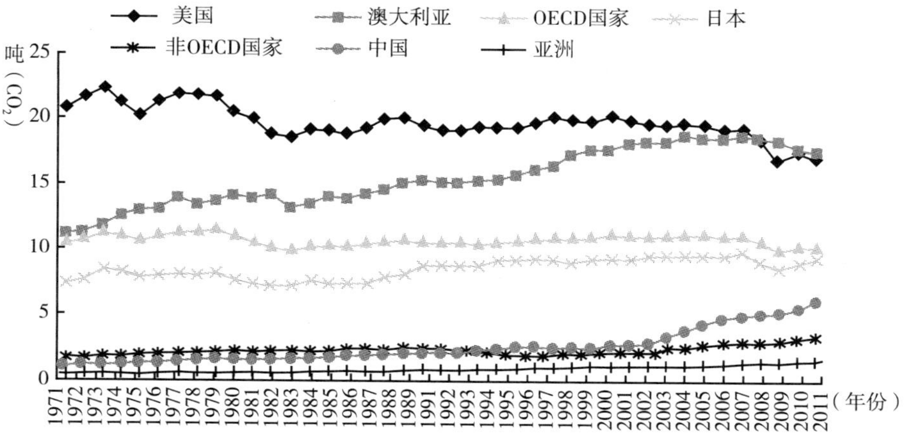

图 3　世界主要国家及地区历年人均 CO_2 排放

表 2　世界主要国家及地区历年人均 CO_2 排放

单位：吨

年份	美国	澳大利亚	OECD 国家	日本	非 OECD 国家	中国	亚洲
1971	20.66	10.92	10.47	7.23	1.46	0.97	0.41
1972	21.59	11.11	10.83	7.50	1.51	1.01	0.42
1973	22.17	11.65	11.28	8.33	1.58	1.02	0.43
1974	21.26	12.53	10.94	8.10	1.61	1.02	0.44
1975	20.19	12.89	10.48	7.66	1.72	1.17	0.46
1976	21.22	12.93	10.99	7.83	1.76	1.19	0.48

续表

年份	美国	澳大利亚	OECD 国家	日本	非 OECD 国家	中国	亚洲
1977	21.87	13.77	11.16	7.99	1.83	1.33	0.49
1978	21.71	13.32	11.22	7.87	1.91	1.49	0.49
1979	21.63	13.58	11.39	8.02	1.95	1.50	0.52
1980	20.47	14.05	10.93	7.52	1.96	1.45	0.54
1981	19.98	13.84	10.57	7.27	1.94	1.42	0.56
1982	18.80	14.03	10.12	7.02	1.95	1.45	0.57
1983	18.50	13.08	9.97	7.02	1.97	1.51	0.59
1984	19.13	13.33	10.22	7.47	2.00	1.62	0.61
1985	19.06	13.90	10.24	7.25	2.00	1.64	0.62
1986	18.79	13.76	10.18	7.21	2.04	1.71	0.65
1987	19.22	14.15	10.33	7.23	2.10	1.81	0.68
1988	19.91	14.51	10.56	7.76	2.15	1.92	0.71
1989	19.96	15.07	10.62	7.96	2.16	1.96	0.74
1990	19.46	15.14	10.48	8.59	2.18	1.98	0.78
1991	19.07	15.03	10.41	8.62	2.17	2.05	0.81
1992	19.03	15.08	10.34	8.66	2.10	2.11	0.83
1993	19.24	15.15	10.33	8.60	2.07	2.26	0.86
1994	19.31	15.33	10.43	9.00	2.01	2.33	0.89
1995	19.28	15.69	10.50	9.09	2.06	2.51	0.95
1996	19.66	16.05	10.76	9.19	2.07	2.54	0.99
1997	20.08	16.30	10.85	9.14	2.04	2.49	1.02
1998	19.84	17.17	10.75	8.86	2.03	2.53	1.01
1999	19.71	17.47	10.75	9.17	2.01	2.43	1.06
2000	20.18	17.58	10.96	9.26	2.08	2.62	1.08
2001	19.91	17.99	10.91	9.13	2.09	2.67	1.09
2002	19.47	18.15	10.81	9.40	2.14	2.82	1.11
2003	19.55	18.07	10.92	9.44	2.27	3.24	1.15
2004	19.65	18.58	10.98	9.44	2.43	3.73	1.20
2005	19.50	18.51	10.92	9.50	2.55	4.14	1.23
2006	19.02	18.44	10.79	9.36	2.67	4.51	1.28
2007	19.10	18.57	10.85	9.64	2.77	4.79	1.33
2008	18.34	18.29	10.50	8.96	2.84	4.90	1.36
2009	16.88	18.28	9.81	8.51	2.86	5.10	1.43
2010	17.53	17.66	10.14	8.89	2.99	5.42	1.49
2011	16.94	17.43	9.95	9.28	3.13	5.92	1.51

资料来源：IEA。

表 3　2011 年世界主要国家及地区分部门人均 CO_2 排放

单位：kg－CO_2／人

国家及地区	能源消耗产生的总 CO_2 排放量	电力及制热	其他能源工业	制造业及建筑业	交通业	其他部门
印　度	1406	725	51	380	137	113
哥伦比亚	1421	142	153	438	508	179
玻利维亚	1512	310	127	172	584	319
巴　西	2075	184	139	637	925	191
古　巴	2486	1506	31	663	122	165
墨西哥	3958	1219	528	527	1392	293
智　利	4419	1680	169	914	1253	403
阿根廷	4503	1240	411	880	1150	822
瑞　典	4752	874	245	959	2375	298
法　国	5042	691	237	927	1875	1311
瑞　士	5065	352	120	673	2143	1777
西班牙	5861	1824	368	982	1979	707
中　国	5918	2962	212	1851	464	430
意大利	6471	2209	292	903	1782	1285
英　国	7062	2655	481	783	1861	1282
南　非	7267	4461	66	1260	1011	468
希　腊	7395	3790	237	640	1723	1006
丹　麦	7485	3222	413	715	2210	924
挪　威	7692	586	2207	1497	2737	665
波　兰	7787	4105	195	926	1231	1330
德　国	9141	3968	318	1396	1819	1641
日　本	9278	4064	326	1915	1718	1255
荷　兰	10452	3327	673	2445	2002	2006
新加坡	12494	4434	1205	5212	1569	73
加拿大	15365	3125	1678	2941	4815	2807
美　国	16944	7089	852	1916	5250	1837
澳大利亚	17432	9130	1489	2193	3779	841

资料来源：IEA。

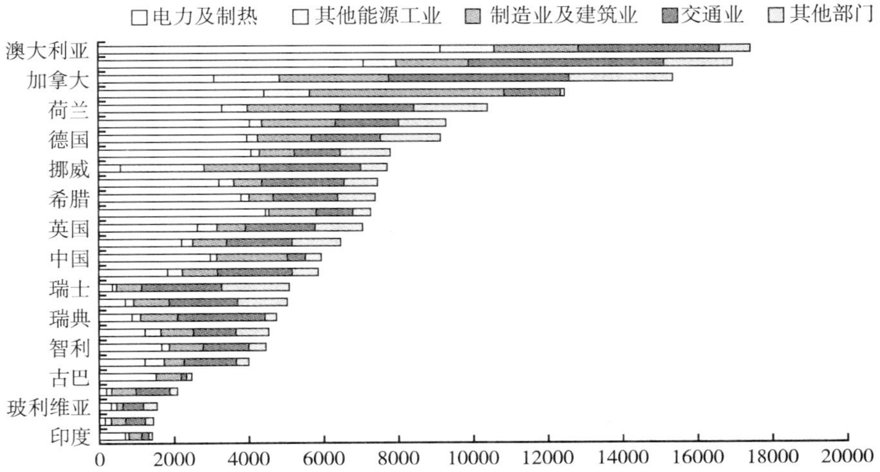

图 4　2011 年世界主要国家分部门人均 CO_2 排放

表 4　世界主要国家及地区历年 CO_2 排放强度

GDP 按照美元 2000 年不变价计算

单位：吨 - CO_2/GDP

年份	OECD 国家	非 OECD 国家	美国	日本	中国	澳大利亚
1971	0.70	1.60	0.98	0.46	6.44	0.56
1972	0.69	1.60	0.99	0.44	6.61	0.56
1973	0.68	1.57	0.96	0.47	6.37	0.57
1974	0.66	1.55	0.94	0.47	6.35	0.62
1975	0.64	1.62	0.90	0.43	6.78	0.62
1976	0.65	1.58	0.91	0.43	7.16	0.61
1977	0.64	1.58	0.90	0.43	7.51	0.65
1978	0.62	1.62	0.86	0.40	7.63	0.61
1979	0.61	1.59	0.84	0.39	7.23	0.61
1980	0.59	1.58	0.80	0.36	6.59	0.62
1981	0.56	1.60	0.77	0.34	6.19	0.60
1982	0.54	1.62	0.75	0.32	5.91	0.64
1983	0.52	1.62	0.71	0.31	5.60	0.57
1984	0.52	1.62	0.69	0.32	5.29	0.56
1985	0.50	1.62	0.67	0.29	4.79	0.57
1986	0.49	1.62	0.64	0.28	4.67	0.56
1987	0.48	1.65	0.64	0.27	4.50	0.55
1988	0.48	1.66	0.65	0.28	4.34	0.55
1989	0.46	1.65	0.63	0.27	4.33	0.56

续表

年份	OECD 国家	非 OECD 国家	美国	日本	中国	澳大利亚
1990	0. 45	1. 69	0. 61	0. 28	4. 27	0. 58
1991	0. 45	1. 69	0. 61	0. 27	4. 10	0. 58
1992	0. 44	1. 65	0. 60	0. 27	3. 76	0. 56
1993	0. 44	1. 62	0. 59	0. 27	3. 56	0. 55
1994	0. 43	1. 56	0. 58	0. 28	3. 28	0. 54
1995	0. 43	1. 55	0. 57	0. 28	3. 22	0. 54
1996	0. 43	1. 51	0. 57	0. 27	3. 00	0. 54
1997	0. 42	1. 45	0. 56	0. 27	2. 72	0. 53
1998	0. 41	1. 44	0. 54	0. 27	2. 58	0. 53
1999	0. 40	1. 40	0. 51	0. 28	2. 33	0. 53
2000	0. 39	1. 39	0. 51	0. 27	2. 34	0. 53
2001	0. 39	1. 37	0. 50	0. 27	2. 21	0. 53
2002	0. 38	1. 36	0. 49	0. 28	2. 15	0. 52
2003	0. 38	1. 38	0. 48	0. 27	2. 27	0. 51
2004	0. 37	1. 39	0. 47	0. 27	2. 39	0. 51
2005	0. 36	1. 38	0. 46	0. 27	2. 39	0. 50
2006	0. 35	1. 35	0. 44	0. 26	2. 32	0. 49
2007	0. 35	1. 31	0. 44	0. 26	2. 17	0. 48
2008	0. 34	1. 28	0. 43	0. 24	2. 04	0. 48
2009	0. 33	1. 27	0. 41	0. 25	1. 95	0. 48
2010	0. 33	1. 26	0. 42	0. 24	1. 89	0. 46
2011	0. 32	1. 26	0. 40	0. 26	1. 90	0. 44

资料来源：IEA。

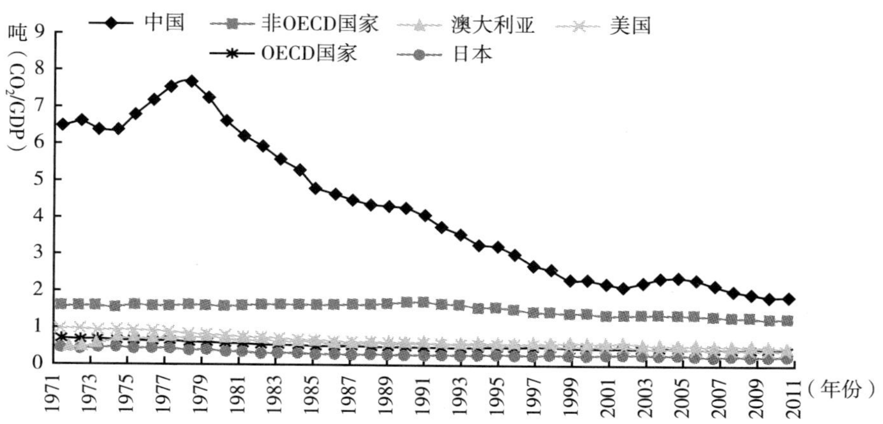

图 5　世界主要国家及地区历年 CO_2 排放强度

（GDP 按照美元 2000 年不变价计算）

表 5　世界主要国家 2011 年 CO_2 总排放量

单位：百万吨二氧化碳

国　家	排放量	占世界总排放的比例(%)	国　家	排放量	占世界总排放的比例(%)
中国	7999. 6	25. 5	意大利	393. 0	1. 3
美国	5287. 2	16. 9	南非	367. 6	1. 2
印度	1745. 1	5. 6	法国	328. 3	1. 0
俄罗斯联邦	1653. 2	5. 3	波兰	300. 0	1. 0
日本	1186. 0	3. 8	土耳其	285. 7	0. 9
德国	747. 6	2. 4	乌克兰	285. 4	0. 9
韩国	587. 7	1. 9	西班牙	270. 3	0. 9
加拿大	529. 8	1. 7	中国台北	264. 7	0. 8
伊朗伊斯兰共和国	521. 0	1. 7	泰国	243. 2	0. 8
联合王国	457. 3	1. 5	哈萨克斯坦	234. 2	0. 7
英国	443. 0	1. 4	马来西亚	194. 0	0. 6
墨西哥	432. 3	1. 4	埃及	188. 4	0. 6
印尼	425. 9	1. 4	阿根廷	183. 6	0. 6
巴西	408. 0	1. 3	荷兰	174. 5	0. 6
澳大利亚	396. 8	1. 3	中国	7999. 6	25. 5

资料来源：IEA。

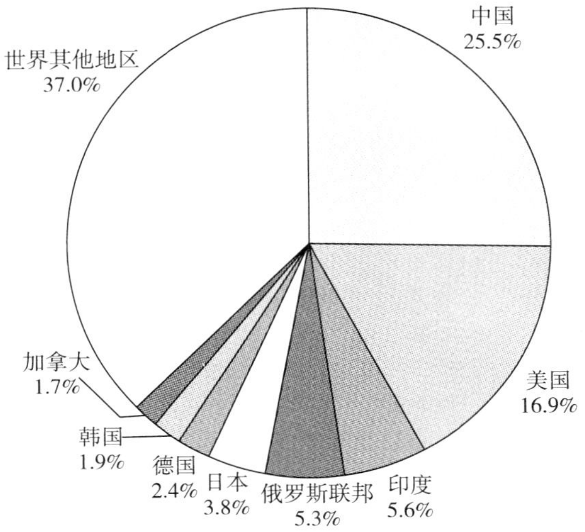

图 6　世界主要国家 2011 年 CO_2 总排比例

表 6　中日碳排放结构

单位：百万吨二氧化碳

年份	中国				日本			
	总计	煤炭使用产生的 CO_2	石油使用产生的 CO_2	天然气使用产生的 CO_2	总计	煤炭使用产生的 CO_2	石油使用产生的 CO_2	天然气使用产生的 CO_2
1971	815.6	693.1	115.2	7.3	758.8	194.1	556.2	8.5
1972	868.3	725.8	133.0	9.5	798.4	199.2	590.4	8.7
1973	902.8	738.1	153.0	11.7	907.6	202.8	691.2	13.6
1974	921.0	730.9	175.3	14.7	894.7	202.7	674.6	17.4
1975	1068.5	855.2	195.9	17.3	856.3	197.7	639.4	19.2
1976	1110.3	859.6	231.0	19.8	885.2	196.2	666.2	22.8
1977	1254.1	982.8	247.5	23.7	911.5	186.1	697.4	28.0
1978	1423.6	1125.4	271.4	26.8	907.0	168.2	700.6	38.2
1979	1449.9	1155.4	266.1	28.3	931.1	181.3	704.7	45.1
1980	1425.4	1146.3	251.2	28.0	880.7	190.8	638.6	51.2
1981	1409.1	1147.2	237.1	24.9	856.6	205.1	598.9	52.5
1982	1466.5	1210.3	232.9	23.4	833.0	217.5	562.1	53.1
1983	1540.4	1279.0	237.5	23.9	839.5	214.4	568.1	56.7
1984	1677.7	1409.0	244.0	24.8	898.3	237.4	584.3	76.2
1985	1724.5	1456.5	246.1	21.9	878.1	248.8	547.4	81.5
1986	1827.4	1536.9	266.9	23.5	877.1	240.1	553.6	82.9
1987	1965.4	1660.4	280.6	24.4	883.8	238.2	559.4	85.6
1988	2112.4	1787.2	300.6	24.5	952.3	258.3	603.6	89.8
1989	2191.7	1859.5	306.2	26.0	980.3	259.4	624.2	96.0
1990	2244.9	1918.5	299.5	26.9	1061.6	290.6	655.4	114.6
1991	2353.7	2003.3	323.4	27.0	1069.2	288.6	657.3	122.4
1992	2462.0	2085.0	349.7	27.3	1079.0	285.5	668.9	123.7
1993	2661.0	2231.5	399.5	30.0	1074.2	292.5	653.9	126.7
1994	2775.0	2352.2	392.3	30.5	1127.3	303.2	690.5	132.5
1995	3021.6	2566.4	423.6	31.6	1141.9	313.9	689.5	137.1
1996	3090.6	2619.8	438.7	32.0	1156.4	324.3	687.4	143.1
1997	3062.8	2542.7	485.2	34.8	1152.5	332.5	669.9	148.0
1998	3139.3	2612.9	491.2	35.2	1121.1	318.6	648.8	150.9
1999	3040.0	2471.4	530.8	37.8	1161.2	336.6	662.1	159.7
2000	3310.1	2698.7	568.0	43.4	1175.8	360.9	647.1	164.8
2001	3396.2	2765.9	581.6	48.6	1161.3	369.7	624.2	164.1
2002	3605.4	2932.9	620.6	52.0	1197.7	390.4	634.7	169.1
2003	4176.6	3436.9	679.0	60.7	1205.0	403.1	623.2	174.9
2004	4837.3	3980.7	785.5	71.1	1205.6	413.9	613.5	174.4
2005	5403.1	4507.8	812.4	82.9	1213.0	422.1	613.0	173.7

续表

年份	中国				日本			
	总计	煤炭使用产生的 CO_2	石油使用产生的 CO_2	天然气使用产生的 CO_2	总计	煤炭使用产生的 CO_2	石油使用产生的 CO_2	天然气使用产生的 CO_2
2006	5913.5	4951.5	861.0	101.1	1197.2	423.8	577.0	191.9
2007	6316.4	5284.2	903.3	128.9	1233.5	441.0	578.6	209.4
2008	6490.0	5423.4	918.2	148.3	1147.2	407.4	530.4	204.9
2009	6793.0	5705.4	923.8	163.7	1089.1	385.8	494.6	204.2
2010	7252.6	5980.4	1060.3	194.7	1138.0	419.1	497.8	215.8
2011	7954.5	6592.8	1102.9	238.5	1186.0	400.0	528.7	249.4

资料来源：IEA。

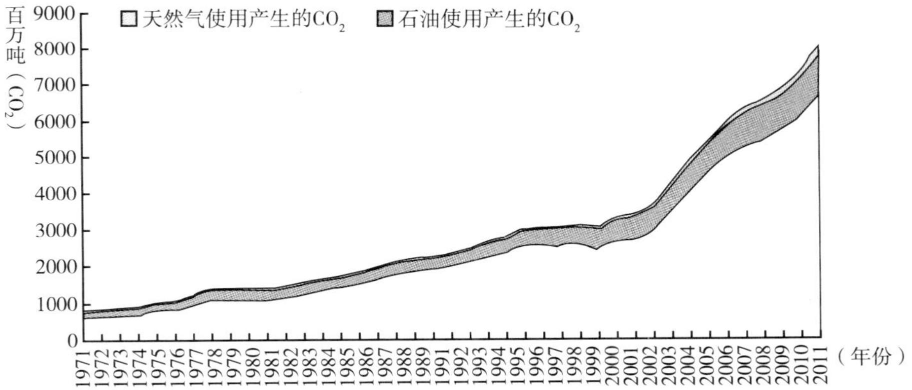

图7　中国碳排放结构图（2011）

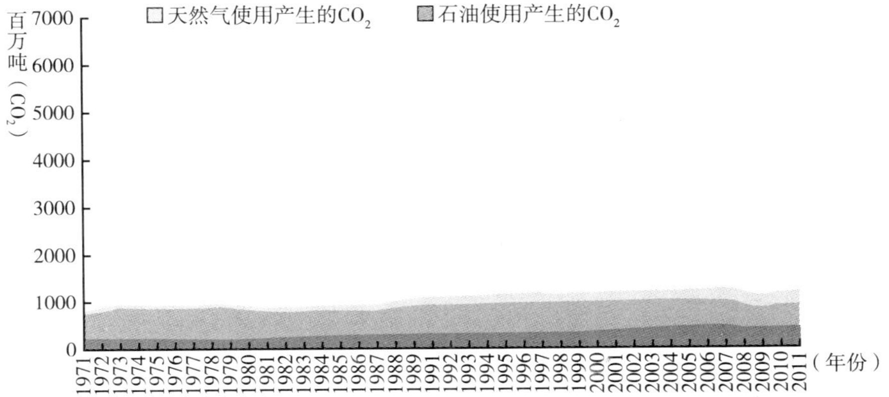

图8　日本碳排放结构图（2011）

表 7　中国一次能源消费量及结构

年份	能源消费总量/万 tce	构成(能源消费总量 = 100)			
		煤炭	石油	天然气	水电、核电、风电
1978	57144	70.7	22.7	3.2	3.4
1980	60275	72.2	20.7	3.1	4.0
1985	76682	75.8	17.1	2.2	4.9
1990	98703	76.2	16.6	2.1	5.1
1991	103783	76.1	17.1	2.0	4.8
1992	109170	75.7	17.5	1.9	4.9
1993	115993	74.7	18.2	1.9	5.2
1994	122737	75.0	17.4	1.9	5.7
1995	131176	74.6	17.5	1.8	6.1
1996	135192	73.5	18.7	1.8	6.0
1997	135909	71.4	20.4	1.8	6.4
1998	136184	70.9	20.8	1.8	6.5
1999	140569	70.6	21.5	2.0	5.9
2000	145531	69.2	22.2	2.2	6.4
2001	150406	68.3	21.8	2.4	7.5
2002	159431	68.0	22.3	2.4	7.3
2003	183792	69.8	21.2	2.5	6.5
2004	213456	69.5	21.3	2.5	6.7
2005	235997	70.8	19.8	2.6	6.8
2006	258676	71.1	19.3	2.9	6.7
2007	280508	71.1	18.8	3.3	6.8
2008	291448	70.3	18.3	3.7	7.7
2009	306647	70.4	17.9	3.9	7.8
2010	324939	68.0	19.0	4.4	8.6
2011	348002	68.4	18.6	5.0	8.0

注：1994 年开始有核电，2009 年核电所占比重为 0.8%，水电占 6.5%。
资料来源：国家统计局；中国电力企业联合会。

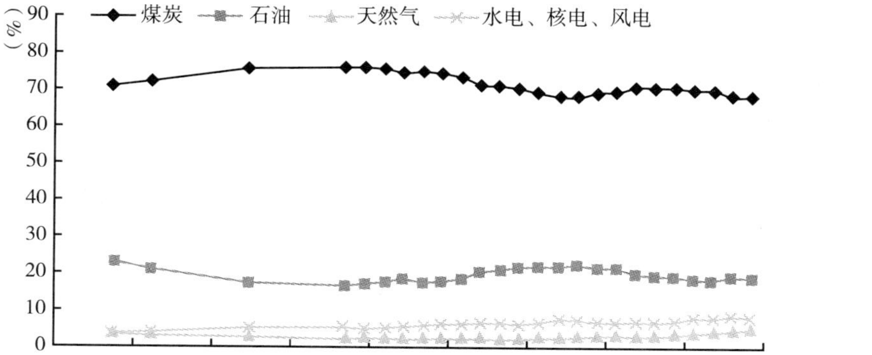

图 9　中国一次能源结构图

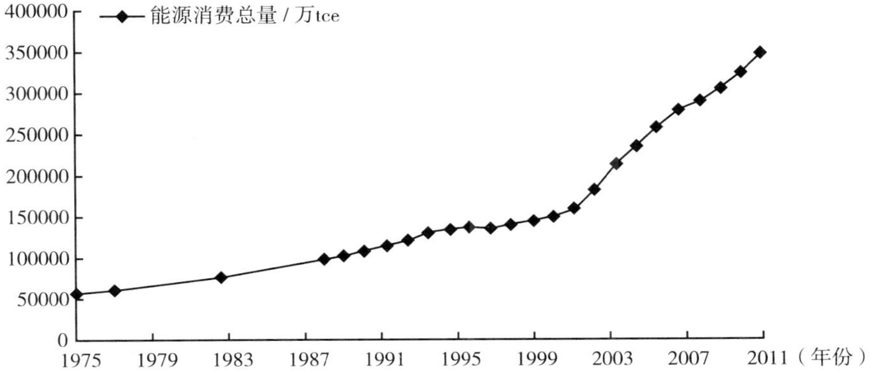

图 10　中国一次能源消费总量

B.22
后　记

本报告的编写得到日本名古屋大学、对外经济贸易大学、国家发改委能源研究所、国务院发展研究中心、中国科学院科技政策与管理科学研究所的大力支持，以及教育部重大科研项目“中国的碳排放体系研究”（首席科学家：赵忠秀），湖北省教育厅“碳排放权交易湖北省协同创新中心（培育）”项目（主任：张奋勤），日本文部省科学研究资助（基盘研究 A：课题负责人薛进军），日本全国银行学术财团（课题负责人：薛进军）、野村财团科学研究基金（课题负责人：薛进军）等财团和学术机构的资助。

在编写过程中，我们还得到了日本名古屋大学校长滨口道成教授，对外经济贸易大学校长施建军教授，国际低碳经济研究所所长助理、外语学院冯晓虎教授，湖北经济学院院长吕宗梅教授、党委副书记张奋勤教授，湖北经济学院环境资源与国际贸易学院院长王丹副教授，中国科学院－清华大学国情研究中心主任胡鞍钢教授，清华大学气候变化国际政策研究中心主任齐晔教授、高宇宁讲师，日本亚洲经济研究所研究员孟渤研究员，日本名古屋大学高桑宗佑门教授、荒山裕行教授、田园正副教授，中国科学院科技政策与管理科学研究所所长王毅研究员、刘宇研究员等的大力支持和鼓励，在此谨表感谢，但文责由编者和各章作者自负。

社会科学文献出版社经济与管理出版中心主任恽薇和责任编辑高雁女士为本书的编辑出版做了大量的工作，在此一并致谢。

国家发改委能源研究所实习生冯超博士、日本名古屋大学环境科学院特别研究员骆晓博士连年帮助我们收集与碳排放相关的中国与世界数据，对外经济贸易大学国际低碳经济研究所所长助理、外语学院冯晓虎教授及外语学院硕士研究生周冰、中国日报社的王亦飞承担了德国章节的翻译工作，日本名古屋大学经济学院硕士研究生史芯瑜承担了日文翻译工作，新谷路、安田成宏、内田成美、胡清等人参与本书一些资料的收集整理，在此一并表示感谢。

中国皮书网

www.pishu.cn

发布皮书研创资讯，传播皮书精彩内容
引领皮书出版潮流，打造皮书服务平台

栏目设置：

- □ 资讯：皮书动态、皮书观点、皮书数据、 皮书报道、皮书新书发布会、电子期刊
- □ 标准：皮书评价、皮书研究、皮书规范、皮书专家、编撰团队
- □ 服务：最新皮书、皮书书目、重点推荐、在线购书
- □ 链接：皮书数据库、皮书博客、皮书微博、出版社首页、在线书城
- □ 搜索：资讯、图书、研究动态
- □ 互动：皮书论坛

中国皮书网依托皮书系列“权威、前沿、原创”的优质内容资源，通过文字、图片、音频、视频等多种元素，在皮书研创者、使用者之间搭建了一个成果展示、资源共享的互动平台。

自2005年12月正式上线以来，中国皮书网的IP访问量、PV浏览量与日俱增，受到海内外研究者、公务人员、商务人士以及专业读者的广泛关注。

2008年、2011年中国皮书网均在全国新闻出版业网站荣誉评选中获得“最具商业价值网站”称号。

2012年，中国皮书网在全国新闻出版业网站系列荣誉评选中获得“出版业网站百强”称号。

社会科学文献出版社

皮书系列

“皮书”起源于十七、十八世纪的英国，主要指官方或社会组织正式发表的重要文件或报告，多以“白皮书”命名。在中国，“皮书”这一概念被社会广泛接受，并被成功运作、发展成为一种全新的出版形态，则源于中国社会科学院社会科学文献出版社。

皮书是对中国与世界发展状况和热点问题进行年度监测，以专业的角度、专家的视野和实证研究方法，针对某一领域或区域现状与发展态势展开分析和预测，具备权威性、前沿性、原创性、实证性、时效性等特点的连续性公开出版物，由一系列权威研究报告组成。皮书系列是社会科学文献出版社编辑出版的蓝皮书、绿皮书、黄皮书等的统称。

皮书系列的作者以中国社会科学院、著名高校、地方社会科学院的研究人员为主，多为国内一流研究机构的权威专家学者，他们的看法和观点代表了学界对中国与世界的现实和未来最高水平的解读与分析。

自 20 世纪 90 年代末推出以《经济蓝皮书》为开端的皮书系列以来，社会科学文献出版社至今已累计出版皮书千余部，内容涵盖经济、社会、政法、文化传媒、行业、地方发展、国际形势等领域。皮书系列已成为社会科学文献出版社的著名图书品牌和中国社会科学院的知名学术品牌。

皮书系列在数字出版和国际出版方面成就斐然。皮书数据库被评为“2008~2009 年度数字出版知名品牌”;《经济蓝皮书》《社会蓝皮书》等十几种皮书每年还由国外知名学术出版机构出版英文版、俄文版、韩文版和日文版，面向全球发行。

2011 年，皮书系列正式列入“十二五”国家重点出版规划项目；2012 年，部分重点皮书列入中国社会科学院承担的国家哲学社会科学创新工程项目；2014 年，35 种院外皮书使用“中国社会科学院创新工程学术出版项目”标识。

法律声明